中国人民大学科学研究基金

（中央高校基本科研业务费专项资金资助）

项目成果

批准号：15XNL014

敦煌文献咒语对音研究丛书

敦煌·对音·初探

——基于敦煌文献的梵、藏汉对音研究

李建强 著

中国社会科学出版社

图书在版编目(CIP)数据

敦煌·对音·初探：基于敦煌文献的梵、藏汉对音研究／李建强著.
—北京：中国社会科学出版社，2017.11
ISBN 978-7-5161-8235-2

Ⅰ.①敦… Ⅱ.①李… Ⅲ.①梵语—语音—研究②古藏语—语音—研究③古汉语—语音—研究 Ⅳ.①H711.1②H214.1③H109.2

中国版本图书馆 CIP 数据核字(2016)第 116828 号

出 版 人　赵剑英
责任编辑　吴丽平
责任校对　周　昊
责任印制　李寡寡

出　　版　中国社会科学出版社
社　　址　北京鼓楼西大街甲 158 号
邮　　编　100720
网　　址　http://www.csspw.cn
发 行 部　010-84083685
门 市 部　010-84029450
经　　销　新华书店及其他书店

印　　刷　北京明恒达印务有限公司
装　　订　廊坊市广阳区广增装订厂
版　　次　2017 年 11 月第 1 版
印　　次　2017 年 11 月第 1 次印刷

开　　本　710×1000　1/16
印　　张　17
字　　数　312 千字
定　　价　76.00 元

序

刘广和

研究汉语的历史语音，依靠韵文、谐声、异文、读若和读如、声训、反切、直音、韵书、等韵什么的是传统的途径，依靠译音、方言、亲属语言是后起的路径。走传统的途径方便做汉语声韵的类别研究，走后起的路径有利于做汉语声韵的音值研究。

李建强学了梵文、藏文、于阗文之后，做了一些对音研究，《敦煌·对音·初探》就是最近几年研究的结晶。

作者挖掘了一批新资料，比方说，菩提流志、提云般若、智严的梵汉对音，《佛顶尊胜陀罗尼》的八份藏文本，《护命法门神咒经》《智矩陀罗尼》《出生无边门陀罗尼》的于阗文本。

他在汉语历史语音的某些问题上提出了自己的见解。比方说，拿梵汉对音、于阗汉对音新资料论证，初唐北方存在以长安为中心的西北方言和以洛阳为中心的中原方言；拿汉藏对音材料论证，唐代汉语于母分开合口，开口跟以母合流，合口到晚唐五代西北方言里还保留一定舌根音成分，声母应该念［ɣ］。

在对音研究的基础上，转过身儿来，又探索古代梵语、藏语、于阗语语音当中的一些问题。比方说，论证梵文 jña 的实际读音情况复杂，根据梵汉对音分析归纳，唐五代除了读成［ʥȵa］、［ȵa］的，还有读成［kȵa］、［gȵa］的，宋朝还有读成［gja］的。于阗字母 g、d、b 的读音有争议，早先普通认为念成擦音［ɣ］、［ð］、［β］，20世纪90年代有人主张不是擦音是塞音，现在他根据梵汉对音、于阗汉对音推断，应当是塞音。

建强同志沉潜笃学，热衷学术，期望他在治学之路上不断进步。

2016年3月

目　录

前言 ………………………………………………………………（1）

第一章　绪论 ………………………………………………………（1）
　第一节　相关研究成果综述 …………………………………………（1）
　第二节　研究意义 ……………………………………………………（5）
　第三节　基本研究方法和步骤 ………………………………………（8）

第二章　从对音材料看汉语语音 …………………………………（9）
　第一节　菩提流志译《不空羂索陀罗尼》咒语对音研究 …………（9）
　第二节　菩提流志译《护命法门神咒经》咒语对音研究 …………（31）
　第三节　提云般若译《智炬陀罗尼》咒语对音研究 ………………（48）
　第四节　智严译《出生无边门陀罗尼》咒语对音研究 ……………（57）
　第五节　从于阗文咒语的对音看武周时期北方方音 ………………（82）
　第六节　敦煌文献《佛顶尊胜陀罗尼》对音研究 …………………（96）
　第七节　唐代西北方音中的于母字 …………………………………（141）

第三章　于阗文文献与于阗语语音研究 …………………………（151）
　第一节　P. 2026、P. 2029、P. 2782 于阗文咒语内容的考订 ………（151）
　第二节　《佛顶尊胜陀罗尼》于阗本和梵本、藏文本的比较 ………（162）
　第三节　于阗语语音的讨论 …………………………………………（168）

第四章　敦煌藏文文献与藏语语音研究 …………………………（188）
　第一节　《佛顶尊胜陀罗尼》敦煌藏文本的版本来源 ……………（188）

第二节 从敦煌吐蕃藏汉对音文献看藏语浊音清化 ……………（202）

第五章 梵文《心经》的对音与梵语语音研究 ……………………（215）
第一节 从不空音译本《心经》看梵文重音的对音 ……………（215）
第二节 从《心经》音译本及其他文献看梵文 jña 的发音 ………（242）

附录一、附录二 ………………………………………………（见折页）

参考文献 ……………………………………………………（253）

后记 …………………………………………………………（261）

前　言

本书是在国家社科基金项目“敦煌文献中的于阗文咒语对音研究”结项报告的基础上修改而成。主要研究材料包括于阗文咒语、藏文对音文献、梵文《心经》等，所讨论的问题涉及汉语语音研究、于阗语语音研究、藏语语音研究、梵语语音研究。

和最初的课题设计相比，于阗文咒语的内容有所压缩，是为了使研究焦点更加集中，增加藏文、梵文的有关内容，是为了使相关研究更加深入。不管是于阗文咒语还是藏文咒语，记录的都是梵文词语或音节，所以本书的内容大体上仍属于梵汉对音。

下面简单介绍一下本书所涉及的文献及研究的主要思路。

1. 于阗文咒语材料的对音研究

所谓于阗文咒语其实是用于阗字母记录的梵文咒语。

现存的于阗咒语文献主要有：出生无边门陀罗尼①、佛顶尊胜陀罗尼②、大白伞盖陀罗尼③、不空羂索咒心经④、智炬陀罗尼⑤、观音咒⑥、

---

① Ananta-mukha-nirhāri-dhāraṇī，见 P. 2855，转写见 Bailey：KT3. 77 - 78。

② Buddhoṣṇīṣa-vijaya-dhāraṇī，见于 Ch c. 001，转写见 Bailey：KT5. 368 第 1—11 行。又见 S. 2529，转写见 Bailey：KT5. 359 第 1—10 行。

③ Sitātapatra-dhāraṇī，见 Ch c. 001，转写见 Bailey：KT5. 368 第 12—198 行。又见 S. 2529，转写见 Bailey：KT5. 359 第 11—151 行。

④ 见 P. 5532，转写见 Bailey：KT5. 325—326。

⑤ Jñānolka-dhāraṇī，见 SI P/3。

⑥ 转写见 Bailey：KT3. 1 - 13。

无量光陀罗尼①、金光明经②、善门陀罗尼③、孔雀明王陀罗尼④等。于阗文献当中还有大量未定名的佛教咒语。

唐代梵汉对音研究目前主要集中在初唐玄奘和盛唐不空两位经师的译作上，玄奘和不空之间，是一小段空白。这个时期，《不空羂索陀罗尼》《智炬陀罗尼》《善门陀罗尼》《出生无边门陀罗尼》都有新的汉译本出现。这二三十年，正是武则天影响唐代政坛的时代，她重视佛教，重用从于阗来华的僧人，这些咒语有新的译本译出，并有于阗本存世，或许不是偶然的。研究这几部咒语，不仅能填补汉语语音史上的一小段空白，也能从微观角度为唐代于阗佛教史研究提供点线索。

《佛顶尊胜陀罗尼》各种传本众多，于阗文献当中佛教咒语文献P. 2026、P. 2029、P. 2782尚未定名，经过比对，就是这部咒的内容。有了异文材料，可对于阗语的读音作进一步的探讨。

其他于阗文的咒语，如《大白伞盖陀罗尼》《孔雀明王陀罗尼》篇幅较长，译本较多，将来可作为单独的课题深入研究；《观音咒》一时找不出对应的汉译本，尚不具备研究的条件。为了不多生枝蔓，这几部咒语，本书暂时不涉及。

2. 藏文对音文献的研究

藏文对音文献包括藏文咒语对音和藏译汉音材料的对音，这是根据藏文本的来源分的。用藏文书写的咒语，大多数是用藏文转拼梵文，对音时，要还原成梵文再和汉文本比较。因此藏文咒语的对音实际上仍然属于梵汉对音。藏译汉音材料是指用藏文字母音译汉文文献，像汉藏对音《千字文》（P. t. 1046/P. ch. 3419）、藏文音译《大乘中宗见解》（India Office C93）等。这是藏文字母音和汉字音直接发生关系，是汉藏对音。

把范围延伸到藏文咒语对音文献，最初是为了探讨于阗文《佛顶尊胜陀罗尼》的版本关系；随着研究的深入，逐步扩展到藏译汉音材料，也探讨了汉语语音史和藏语语音史上的一些问题。具体说来，有以下几个

---

① 见 H. 147 M. BD 24 b，即 IOL. Khot 165。转写见 Bailey：KT5. 61－64。

② 来源较多，见 Prods Oktor Skjærvø，*This Most Excellent Shine of Gold*，*King of Kings of Sutras*，*The Khotanese Suvarṇa Bhāsottama Sūtra*，Harvard：Harvard University，2004，此处不详述了。

③ Sumukhasūtra 见 SI P/65a、SI P/77、Ch c 001. 852－1061。Bailey：KBT135－143 有转写，Emmerick 有翻译。

④ Mahāmāyūrīvidyā-rājñī，见 SI P/30，38，39，58＋59。

方面。

于阗文写本，有的地方与梵本不一致，而与敦煌文献中的藏文本接近，为了说明这层关系，必须引入藏文文献。值得注意的是，这些藏文本与敦煌文献中的一些汉文本《佛顶尊胜陀罗尼》有对应关系，这些汉文本和《大正藏》中所收的几个唐译本有差别，但恰巧又能从敦煌藏文本方面解释清楚。由此就着这些材料，写了一些版本比较和对音研究的文章。

通过版本比较可以探讨敦煌藏文本的来源，从异文拼写角度分析判断敦煌藏文本《佛顶尊胜陀罗尼》多数是藏人从梵本转写来的，而这个梵本，和《大正藏》所收的梵本有些差别。于阗本有些方面和这类藏文本接近。P. t. 396 藏文写本《尊胜咒》很特殊，它是用藏文字母音译汉文本，而且表现出了西北音特色。

唐五代西北方音，罗常培、高田时雄先生从汉藏对音方面做过研究，所用的材料，主要是藏译汉音材料。从唐代不空之后，一直到北宋初，咒语梵汉对音的研究都比较薄弱。《佛顶尊胜陀罗尼》敦煌汉文本数量相当多，又有藏文本与之对应，发掘这些材料，并借助咒语的藏文转写本进行梵汉对音研究，可对前贤的研究作些补充。

在分析敦煌藏文咒语对音文献时，经常发现敦煌藏文本存在清浊字母混用的现象，当时的藏语是否存在浊音清化？为了弄清楚这个问题，把材料扩大到了高田时雄、周季文先生收集的敦煌吐蕃的藏译汉音材料，以汉语次浊声母的对音为突破口，探讨藏语的浊音清化问题。

高田时雄、周季文先生收集的敦煌吐蕃的藏译汉音材料比几十年前罗常培先生撰写《唐五代西北方音》时所见到的材料丰富多了，于母字在晚唐五代西北方音中的面貌，罗先生当年没展开讲，本书在现有藏译汉音材料的基础上，对于母的面貌作了进一步的分析。同时，也讨论了与于母字相关的藏文字母འ的转写。

3.《心经》的对音研究

梵汉对音当中，相对声母、韵母的研究，声调的研究相对薄弱。问题有两个：第一，吠陀梵语的古重音规则在古典梵语中是否适用，现在存在不同说法；第二，依照 Whitney 的 Sanskrit Grammar，梵文重音在不同的语法形式中会发生变化，有时与字典中查到的静态的重音位置不一致。一篇咒语，除去宗教性质的纯音节部分，再除去动词的限定形式（因为根据

Whitney 的 Sanskrit Grammar，动词的限定形式失去重音），剩下的词语能够确定重音的就不多了。梵文《心经》与咒语相比，语法形式相对丰富，敦煌文献及房山石经中有汉语音译本，而且对音字旁边经常出现与声调相关的小注，这是研究梵文重音及汉语声调的非常珍贵的材料，可作为咒语对音的有力补充。

梵文 jña 的读音在印度不同方言中表现并不一致，《心经》中字符 jña 出现的较多，而诸音译本表现不一，其他的文献中也时而出现含有 jñ 音的对音，这是研究梵文方言分歧历史面貌的好材料。

总的看来，课题研究过程信马由缰，导致材料驳杂。不过好在每类研究都利用了敦煌及相关地区的书面历史文献，方法是对音，又是本人在这方面的初次探索，故而起了这么个书名儿。

略语表：

P	Pelliot
P. t	Pelliot tibétains
P. ch	Pelliot chinois
S.	Stein
KT1 - 3	*Khotanese Texts Volume Ⅰ - Ⅲ*, H. W. Bailey, Cambridge: Great Britain at the University Press, 1956
KT5	*Khotanese Texts Volume Ⅴ*, H. W. Bailey, Cambridge, Great Britain at the University Press, 1963
Ch	Ch'ien - fo - tung
SI	Serindia
H	Hoernle
NS	Non - Sanskrit
M. BD	Miscellaneous: Brahmi Document（杂类之下的婆罗迷文献）
IOL	India Office Library
KBT	*Khotanese Buddhist Texts*, H. W. Bailey, London: Taylor's Foreign Press, 1951
Or	Oriental（British Museum）

第一章

绪　　论

第一节　相关研究成果综述

一　梵汉对音

于阗文咒语和藏文咒语大多数是从梵本转写的，以这些材料为基础做对音研究，需要以梵汉对音的成果为背景知识，借鉴梵汉对音研究的理论和方法。从钢和泰《音译梵书和中国古音》、汪荣宝《歌戈鱼虞模古读考》发表以来，90多年来，经过历代学者的不懈努力，梵汉对音研究不断丰富和完善相关的方法理论，成为音韵学研究的一种重要方法。研究内容主要有以下几个方面。

1. 讨论单组声母或韵母的研究。罗常培先生《知彻澄娘音值考》（《史语所集刊》3本1分，1931年，又见《罗常培语言学论文选集》中华书局1963年版）、《切韵鱼虞之音值及其所据方音考》（《史语所集刊》2本3分，1931年，又见《罗常培语言学论文选集》中华书局1963年版）。

2. 历代音系的研究。从后汉三国到元代的语音，都有学者拿梵文咒语和专有名词材料做过对音研究，成果如下（按照音系的时代顺序排列）：

后汉三国对音：俞敏《后汉三国梵汉对音谱》（《中国语文学论文选》，日本光生馆1984年版，后来收在《俞敏语言学论文集》，商务印书馆1999年版）。美国学者柯蔚南（W. South Coblin）也有相关研究：*Note on the Dialect of the Han Buddhis Transcriptions*（Proceedings of the International conference on Sinology, Section on Linguistics and Paleography. Academia Sinica. Taipei. 1981. pp. 121－183）和 *BTD Revisited—A Reconsideration of the Han Buddhist Transcriptional Dialect*（《史语所集刊》第63本第4分，1993年）。

两晋对音：刘广和《西晋译经对音的晋语声母系统》[《中国语言学报》（第十期），商务印书馆2001年版]、《西晋译经对音的晋语韵母系统》（《芝兰集》，人民教育出版社1999年版）、《东晋译经对音的晋语声母系统》（《语言研究》1991年增刊）、《东晋译经对音的晋语韵母系统》（《薪火编》，山西高校联合出版社1996年版），这些文章后来都收入他的专著《音韵比较研究》（中国广播电视出版社2002年版）中。

南北朝对音：施向东《鸠摩罗什译经与后秦长安音》（《芝兰集》，人民教育出版社1999年版）、《十六国时代译经中的梵汉对音（声母部分）》（《中国音韵学研究会第十一届学术讨论会、汉语音韵学第六届国际学术研讨会论文集》，香港文化教育出版有限公司2000年版）、《十六国时代译经中的梵汉对音（韵母部分）》（《天津大学学报》2001年第1期）、《北朝译经反映的北方共同汉语音系》（《音韵论丛》，齐鲁书社2004年版）。这些文章后来都收入他的专著《音史寻幽——施向东自选集》（南开大学出版社2009年版）中。刘广和《南朝梁语声母系统初探》（《音韵论丛》，齐鲁书社2004年版）、《南朝梁语韵母系统初探》（《音史新论》，学苑出版社2005年版）、《南朝宋齐译经对音的汉语音系初探》[《西域历史语言研究集刊》（第八辑），科学出版社2015年版]。储泰松《鸠摩罗什译音研究（声母部分）》（《语言研究》1996年增刊）、《鸠摩罗什译音的韵母研究》（《安徽师范大学学报》1999年第2期）。柯蔚南 Notes on Sanghabhara's Mahāmāyūrī Transcriptions（Cahiers de linguistique-Asie Orientale Volume XIX, Numéro 2, 1990, pp. 195 - 251）。

隋朝对音：尉迟治平《周、隋长安方音初探》（《语言研究》1982年第2期）、《周、隋长安方音再探》（《语言研究》1984年第2期）、《论隋唐长安音和洛阳音的声母系统》（《语言研究》1985年第2期）。

唐朝对音：施向东《玄奘译著中的梵汉对音和唐初中原方音》（《语言研究》1983年第1期）。刘广和《唐代八世纪长安音声纽》（《语文研究》1984年第3期）、《试论唐代长安音的重纽》（《中国人民大学学报》1987年第6期）、《唐代八世纪长安音的韵系和声调》（《河北大学学报》1991年第3期）、《唐朝不空和尚梵汉对音字谱》（日本早稻田大学《中国语学研究·开篇》1993年）、《〈大孔雀明王经〉咒语义净跟不空译音的比较研究》（《语言研究》1994 年增刊）、《〈佛顶尊胜陀罗尼经〉大正藏九种对音本比较研究——唐朝中国北部方音分歧再探》（《中国语言学》第五辑，北京大学出版社 2011 年版）。聂鸿音《慧琳译音研究》（《中央民族学院学报》1985 年第 1 期）。柯蔚南 A Survey of YIJING's Transcriptional Corpus（《语言研究》1991 年第 1 期）。

宋朝对音：张福平《天息灾译著的梵汉对音研究与宋初语音系统》（《薪火编》，山西高校联合出版社 1996 年版）。储泰松《施护译音研究》（《薪火编》，山西高校联合出版社 1996 年版）。

元朝对音：刘广和《元朝指空、沙罗巴对音初释》（耿振生主编《近代官话语音研究》，语文出版社 2007 年版）。

3. 对梵汉对音方法和研究的概括总结介绍。这类文章有：聂鸿音《番汉对音简论》（《固原师专学报》1992 年第 2 期）；储泰松《梵汉对音概说》（《古汉语研究》1995 年第 4 期）；尉迟治平《对音还原法发凡》（《南阳师范学院学报》2002 年第 1 期）。储泰松《梵汉对音与中古音研究》（《古汉语研究》1998 年第 1 期）、《梵汉对音与上古音研究——兼评后汉三国梵汉对音研究》（《南京师大学报》1999 年第 1 期）；尉迟治平《论"五种不翻"——梵汉对音语料的甄别》（《文化语言学》，湖北教育出版社 2000 年版）；施向东《梵汉对音与"借词音系学"的一些问题》（《佛经音义研究——第二届佛经音义研究国际学术研讨会论文集》，凤凰出版社 2011 年版）、《再谈梵汉对音与"借词音系学"的几个问题》[《西域历史语言研究集刊》（第八辑），科学出版社 2015 年版]。

4. 利用梵汉对音分析、讨论具体问题。这类文章有：储泰松《中古佛典翻译中的"吴音"》（《古汉语研究》2008 年第 2 期）；聂鸿音《梵文 jña 的对音》（《语言研究》2008 年第 4 期）、《"波罗密多"还是"波罗蜜多"？——利用音韵学校勘佛经的一个实例》（《文献季刊》2008 年第 3 期）。

5. 利用悉昙资料和其他相关材料对照来研究汉语语音问题。把这类文章从上一类中单列出来，是因为都使用了悉昙资料，主要是尉迟治平先生的研究：《日本悉昙家所传古汉语调值》（《语言研究》1986 年第 2 期）、《论梵文"五五字"译音和唐代汉语声调》[《语言学探索——竺家宁先生六秩寿庆论文集》，（台中）竺家宁先生六秩寿庆筹备会 2006 年版]、《梵文"五五字"译音和玄应音的声调》（《语言研究》2011 年第 2

期)、《"秦人去声似上"和玄应音、慧琳音的声调系统》(《基于本体特色的汉语研究——庆祝薛凤生教授八十华诞文集》,中国社会科学出版社2011年版)、《梵文根本字玄应译音传本考》(《圆融内外 综贯梵唐——第五届汉文佛典语言国际学术研讨会论文集》,花木兰文化出版社2012年版)、《〈涅槃经〉治经和玄应音声调研究》(《民俗典籍文字研究》第10辑,商务印书馆2012年版)、《浊上归去和去声似上》(《大江东去——王士元教授八十岁贺寿文集》香港城市大学出版社2013年版)、《〈法华经·陀罗尼品〉梵汉对音所反映的隋唐汉语声调》[《西域历史语言研究集刊》(第八辑),科学出版社2015年版]。聂鸿音《从梵文字母表的音译汉字看古代汉语的声调》[《西域历史语言研究集刊》(第八辑),科学出版社2015年版]。

前贤的研究不仅为本书的研究提供了丰富的背景知识,也提供了方法的指导。做梵汉对音研究时,学者们都注意到了要依照相关知识和线索,对梵本和汉文本不一致的地方进行校勘分析,避免机械对音。俞敏先生《后汉三国梵汉对音谱》提到"梵本字的拼法也有好些不一致、错误的地方",[①] 他就根据对音规律和Williams的《梵英字典》校正《大正藏》附的梵本。刘广和先生提出要从五个方面对使用的对音材料做整理和分析,一、校勘;二、存疑;三、识别旧译;四、分别梵巴;五、注意音变。[②] 这些方法对本书的研究具有重要的指导意义。

二 汉藏对音

主要是利用敦煌文献中的藏译汉音材料和唐蕃会盟碑中用汉字记录藏文音的材料。里程碑式的著作是罗常培先生《唐五代西北方音》,最早发表于1933年《史语所集刊》甲种之十二,利用当时发现的汉藏对音材料,拟测了唐五代西北地区的声母、韵母系统。后来新的对音材料不断发现,在此基础上,高田时雄先生出版《敦煌資料による中國語史の研究:九·十世紀の河西方言》(东京创文社1988年版)。这部著作主体的材料是汉藏对音,同时也包含了一些于阗文的对音材料。其中的藏文材料,周

① 俞敏:《俞敏语言学论文集》,商务印书馆1999年版,第4—5页。

② 刘广和:《东晋译经对音的晋语声母系统》,《音韵比较研究》,中国广播电视出版社2002年版,第149—150页。

季文、谢后芳编著《敦煌吐蕃汉藏对音字汇》整理发表，做了对音字表。另外，柯蔚南先生也利用这些材料，发表了一系列论文。

罗常培先生《梵文颚音五母之藏汉对音研究》（《史语所集刊》3 本 2 分，1931 年，又见《罗常培语言学论文选集》，中华书局 1963 年版）是拿对音材料讨论梵文颚音五母的音值，也涉及藏文字母的起源问题。

三　于阗字母转拼汉文文献的对音研究

编号为 IOL Khot S. 7（Ch. 00120）是汉文《金刚经》的于阗字母转写本，张清常先生 1940 年客居昆明时，从罗常培先生那里看到这份文献，并利用它研究西北方音，研究成果《唐五代西北方音一项参考材料——天城梵书金刚经对音残卷》初稿完成于 1946 年，正式发表于 1963 的《内蒙古大学学报》。高田时雄《敦煌資料による中國語史の研究：九・十世紀の河西方言》及其《敦煌・民族・语言》［钟翀等（译），中华书局 2005 年版］汇集了于阗文献中的汉语音词，并从音韵学方面概括对音规律。这部书所涉及的材料除了 Ch. 00120 之外，比较典型的就是 S. 5212。S. 5212 是于阗语—汉语对照文献，汉语语句用于阗字母拼出来，旁边用于阗语释义。另外，武内康则对北大 D020 汉文《金刚经》中的于阗字母注音做了研究。[①] 这些研究整理了于阗语—汉语的对音形式，从于阗语语音和汉语音韵学方面总结对音规律。近年来，在新疆等地新发现了一些于阗文材料，其中有些是用于阗字母记汉字音，有些是于阗文咒语，段晴教授撰文进行了解读和研究。

不管是汉藏对音还是于阗文转拼汉文文献的对音研究，咒语材料一般被排除在外。

第二节　研究意义

一　为梵汉对音研究补充新材料

大藏经中，汉文本咒语数量繁多，但是有梵本传下来的，却屈指可数，导致各个历史时期的大量汉语音译本无法从音韵学角度加以利用。这

① 武内康则：《ブ－ラフ－ミ文字で音注を附した漢文経典について——北大 D020『金剛般若波羅蜜経』》，《京都大学言语研究》第 27 期，2008 年，第 169—188 页。

是制约梵汉对音研究的一个难题。于阗本可以弥补一些梵本的缺失。比如“智炬陀罗尼”“善门陀罗尼”都没见《大正藏》中有梵本，正是有了于阗本，才可以发掘这些汉译本中的音韵学价值。

汉译佛经同经异译的现象较为普遍，这些译本可能并非译自同一个梵本。参考于阗本，我们可以为有的汉译本找到更合适的来源。比如“无边门陀罗尼”众多汉译本中，和《大正藏》中收录的灵云寺版《普通真言藏》梵本对应的只是不空译本，而智严译《出生无边门陀罗尼经》（T1018）和 P. 2855 于阗本咒语基本对应，当然于阗本的咒语其实相当于另一种梵本。这说明《大正藏》梵本不一定是所有汉译本的源头。

不过，与汉译本相比，现存的于阗本数量仍然满足不了对音研究的需要。可喜的是，敦煌文献中有大量的藏文本咒语，这些咒语，多数是记录梵词、转写梵本，可当成梵本来看待。把藏文本咒语纳入对音研究，可以大大扩充梵汉对音的研究材料。本书中藏文本《佛顶尊胜陀罗尼》对音研究就是一次尝试。这类材料，有待今后深入系统挖掘。

二　参照平行文本，对梵文、于阗文、藏文咒语进行文献学的研究

利用于阗本可校勘梵本。《大正藏》中有些梵本传抄非常粗劣，如果拿正梵文词汇语法来对，细节方面的疏漏随处可见，而于阗本的质量就好得多，有于阗本作为证据，校勘《大正藏》中的梵本就更具有说服力。

有些于阗咒语，由于缺乏线索，Bailey、Emmerick 等人并未确定名称，只是做过基础转写。其中有一部分能够找出平行的汉文、梵文本，可据此来定名。比如 P. 2026、P. 2029、P. 2782 中都有一部分用于阗文记的佛教咒语，经过和相关文献比对，都是“出生无边门陀罗尼”的于阗文抄本。咒语有些语句有音无义，转写这些语句时无法从语境方面得到提示，写法相近的字母难免有时认不准。我们根据对应的汉文本、梵本，可对前贤的转写做些校正。

藏文咒语版本较多，来源复杂。其中的异文往往包含着诸多信息，分析异文的成因，可以推断藏文咒语的版本来源。

三　利用对音材料的双向性，既探讨汉语的语音面貌，也探讨梵语、于阗语、藏语的语音面貌

从具有对应关系的梵文音出发，探讨汉语的历史语音，这类研究比较

多见，前文已述。其实，由于对音材料具有双向性，也可以由汉语出发，探讨具有对应关系的其他语言的语音。罗常培先生《梵文颚音五母之藏汉对音研究》就拿汉字音探讨了梵文颚音五母的音值，刘广和先生《不空译咒梵汉对音研究》也从梵汉对音角度探讨了这个问题。这都为本书提供了参考。本书在梵语、于阗语、古藏语语音研究方面都有一些探索。

1. 梵语

一般认为吠陀梵语的古重音规则，在古典梵语中已经不适用了，可是梵汉对音研究对调值高低的讨论，主要是依据这个重音规则。依照 Whitney 的 Sanskrit Grammar，梵文词语的重音位置随着语法形式的变化而变化。梵文《心经》全文都是有音有义的符合语法规则的句子，有条件分析在发生了语法变化的句子中梵文重音的位置。以此为基础，选择适当的汉译本，探讨梵语重音和汉语声调的对应规律。

梵文 jña 的读音在印度各方言中有不同表现，《心经》各音译本及其他含有 jña 对音的佛经提供了探讨 jña 读音的历史语言学证据。

2. 于阗语

西方学者确定于阗字母的读音，主要证据有三个方面：一是异文，包括梵文词借用到于阗语之后的形式和梵文形式的差异及不同时期、不同内容的于阗文献当中相同词的拼写差异等；二是同族语的比较，利用构拟出的原始伊朗语的形式来推论于阗语的语音。比如 Emmerick 认为，原始伊朗语结尾位置的 ∗ -āḥ > -e， ∗ -aḥ > -ä，最初的音长和音质两方面的区别演变为单一的音质方面的区别①；三是对音证据，20 世纪 90 年代，Emmerick和音韵学家 Pulleyblank 合作利用汉文《金刚经》的于阗转写本做对音研究，探索于阗语语音问题，修改了自己先前的某些观点。

原先一些未定名的于阗文咒语，通过研究能够确定名称，这样我们就得到一些内容相同、时代接近的于阗文咒语，这是做异文研究的理想材料。Emmerick 使用的对音材料是汉文文献的于阗文拼写本，某个音如果汉语中没有，于阗转写本中也不可能体现出来。而咒语对音，是于阗本直接转拼梵本，有的地方，于阗本和汉文本之间也可能会有直接的联系，先前没有体现出来的于阗音有可能从这些材料中发现对应的形式。所以能在

---

① R. E. Emmerick: *The Vowel Phonemes of Khotanese*, in Festschrift for Oswald Szemerényi, ed. Béla Brogyanyi. Amsterdam. 1979.

于阗语的语音研究方面做些补充。

3. 古藏语

敦煌藏译汉音文献中，藏文单浊音声母音节既对汉语的全浊声母字，也对全清声母字，藏文带前置音 འ 的音节既对汉语的次浊声母字，也对全浊声母字。从这种交错对音现象中，可以看出藏语浊音清化的线索。

第三节 基本研究方法和步骤

本书用文献考证和语言研究相结合的方法，注重对音研究的双向性。具体步骤如下。

一 文献考证为语言研究打好基础

拿于阗本、藏文本和汉文本相比较，需要确定这些本子之间有无对应关系，具体方法是，从现有的汉语中古音及于阗语、藏语语音知识出发，看汉语对音字的中古音形式和于阗本、藏文本记录的形式是否相似或有无规则的对应关系。从现有知识出发并非主观先验，而是建立在前人研究成果的基础上。

对于阗文和藏文文献的版本分析，主要着眼于异文，分析异文产生的成因，结合语言知识，探讨版本之间的关系。

二 从梵本、于阗本、藏文出发，探讨汉语音韵学的问题

以具有对应关系的梵本、于阗本、藏文本为根据，确定对音汉字的梵文、于阗文、藏文拼写形式，制作对音谱，提炼对音规律，探讨汉语音韵学的相关问题。

三 从汉文本出发，探讨梵语、于阗语、藏语语音问题

以具有对应关系的汉文本为根据，分析与之对应的梵文、于阗文、藏文拼写形式，利用汉语中古音知识探讨相关语言的某些问题。

汉语语音和梵语、于阗语、藏语语音分别都有已知部分和未知部分，论证具体问题时，都是从已有确定的知识出发，探求未知的问题，并非循环论证。

第二章

从对音材料看汉语语音

于阗文咒语的发现，为梵汉对音研究补充了新材料。《智炬陀罗尼》《不空羂索陀罗尼》《善门陀罗尼》《出生无边门陀罗尼》这几部咒语唐译本与于阗本最为接近，翻译的时代都在玄奘之后不空之前，而且集中在从武周时期到唐玄宗开元年间的二三十年，译经地点或在洛阳，或在长安。这是探讨唐代 7 世纪后期到 8 世纪前期北方方音的好材料。

敦煌藏文文献《佛顶尊胜陀罗尼》写本很多，有一些写本，与敦煌文献中的汉文本能够对应。利用这些材料，可以从咒语对音角度研究唐代晚期及五代时期敦煌地区的方音。

上述于阗文、藏文的咒语材料，本质是转写梵文咒语，因此，相关的对音研究还是属于梵汉对音的范畴。

罗常培先生《唐五代西北方音》中已经指出于母按照开合发生分化，但没有展开分析。近年来，新发现不少敦煌吐蕃的藏译汉音材料，高田时雄、周季文等学者作了整理，分析这些对音材料可以看出于母在晚唐五代的发展变化。由于音译的方向是拿藏文字母转拼汉字音，因此相关研究属于汉藏对音。

下面分节来讨论。

第一节　菩提流志译《不空羂索陀罗尼》咒语对音研究[①]

一　梵本的校勘

《大正藏》在《不空羂索神变真言经·母陀罗尼真言品》后附了梵

① 本节一部分内容以《菩提流志主译〈不空羂索〉咒语声母对音比较研究》为题发表于《语言科学》2017 年第 1 期，第 89—99 页。

本，是依“灵云寺版普通真言藏”载录的，这个梵本有不少与汉文本对不上的地方，可据于阗本（Pel. chin. 5532）、敦煌藏文本（如 Pel. tib. 56、Pel. tib. 7B 等）和诸汉译本[①]，并且结合梵语知识校勘。梵本与其他诸本的差异，最多的表现在元音长短方面，大约 53 条；其次在于辅音，主要是 m/v、bh/v、d/n、r/l 等的差异，大约有 25 条；再次是元音音质的差异，像 a/u、ai/e、u/o、ṛ/ar 等，大约有 19 条；另外还有整个音节方面的差异，大概有 7 条。各类歧异合起来共有 100 余处。可见利用《大正藏》所收的梵本做对音研究，一定要结合其他材料校勘，不能仅照着《大正藏》梵本机械对音。这条经验是前贤充分证明且强调的，俞敏先生《后汉三国梵汉对音谱》就拿 Williams 的《梵英字典》校刊《大正藏》附的梵本。

下面分类逐条列出修改之处，并注明理由。[②]

表 2－1　　**《不空羂索》咒语校勘表**

大正藏梵本	修改为	理由
buddhā	buddha	sarva-buddha-bodhisattvebhyaḥ是个复合词，只有最后一个词需要发生形态变化
śravaka	śrāvaka	√śru 加上后缀 aka 构成的名词，表示施事者。词根以元音收尾，该元音发生三合变化
atitānagata	atītānāgata	atīta < ati + √i，过去。an－āgata，未来。āgata < ā－√gam
gatanāṃ	gatānāṃ	gata 复数第六格应为 gatānāṃ
śaradhvati-sutaya	śāradvatī-sutāya	śāradvatī，梵文形式以长元音 ī 收尾，suta（子）单数第四格应为 sutāya。按梵英大字典，śāradvatī-suta是 Kṛpī 之子。kīpa 有悲悯之义。śāradvatī-suta 阿目佉译为“舍哩子”
prabha	prabhā	prabhā，光
rajāya	rājāya	rājan，国王，按照正梵文，单数第四格应该是 rājñe，而悉昙本作 rajāya，语尾与以 a 收尾的阳性名词单数第四格语尾相同，这种情况出现在复合词后支，符合巴利语的语法。但语干中 rā 没理由写成 ra，菩提流志“囉去声惹而遮反野”、阿目佉“啰引惹引耶”都能证明第一个音节是长音

① “不空羂索陀罗尼”，《大正藏》共收八个汉译本。唐代宝思维、李无谄两个译本，咒语语句与其他译本不同，应当另有来源，暂且不论。除了菩提流志译本之外，其他的汉译本还有：（隋）阇那崛多译《不空羂索咒经》（《大正藏》1093 号经）、（唐）玄奘译《不空羂索神咒心经》（1094 号经）、（唐）阿目佉译《佛说不空羂索陀罗尼仪轨经》（1098 号经）、（宋）施护译《佛说圣观自在菩萨不空王秘密心咒陀罗尼经》（1099 号经）。

② 我的学生向筱路专门把这段梵文咒语作了语法分析，下面有的话参考了他的文章。

续表

大正藏梵本	修改为	理由
vikrīḍitā rajāya	vikrīḍita rājāya	vi-√krīḍ，过去被动分词（ppp.）vikrīḍita，游戏。rā°音节的长音符号安在了前一音节°ta 上
kuṭā rajāya	kuṭa rājāya	√kuṭ，弯曲，ppp. kuṭa。rā°音节的长音符号安在了前一音节°ta 上
viśvabhūve	viśvabhuve	viśva-bhū 佛名之一，单数第四格是 viśvabhuve
namaddheyāya	nāmadheyāya	nāmadheya 名称，单数第四格
vabhasa	vabhāsa	√bhās，发光，照耀，加直接词缀 a 变成阳性名词，词根元音三合，为 bhāsa
suṃgrama	saṃgrāma	√grah 集合，saṃ-grāma 军众
śrīye	śriye	śrī 的单数第四格是 śriye
prabhaseśvarārajāya	prabhāseśvararājāya	拆开连声后分别是 prabhāsa、īśvara、rājāya
vikraṃta	vikrānta	vikrānta 阔步，vi + √kram 的过去被动分词
gamine	gāmine	gāmin，步行，趋向，单数第四格 gāmine。菩提流志“伽$^{上}_{引}$”对 gā
arya	ārya	ārya，圣。施护“阿$_{引}$”对 ā
karuṇikāya	kāruṇikāya	kāruṇika，由√kṛ 派生出的名词，慈悲。单数第四格是 kāruṇikāya
amogha paśaṃ	amogha pāśaṃ	pāśa，网，阳性，单数第二格 pāśaṃ。施护“播$_{引}$”对 pā
bhaṣitaṃ	bhāṣitaṃ	√bhāṣ，说，ppp. bhāṣita。施护“婆$_{引}$”对 bhā
idānim	idānīm	idānīm = idā，今。施护“泥$_{引}$”对 nī
sarva karyaṇi	sarva kāryāṇi	kārya，业。复数第二格 kāryāṇi。施护“也$_{引}$”对 yā
satvanaṃ	sattvānāṃ	sattva，有情众生，复数第六格 sattvānāṃ
dhava	dhāva	√dhāv，走，第二人称单数命令式主动语态形式为 dhāva。于阗本和 P. t. 0056 藏文本均作 dhāva，施护以“驮$_{引}$”对译 dhā，即表示为长元音
mahāsthama	mahāsthāma	于阗本 mahāsthāma，大势
praptāya	prāptāya	于阗本 prāptāya，prāpta 单数第四格（< pra-āp），施护用“钵啰$^{二合}_{引}$”对 prā，说明是长元音
śarira	śarīra	于阗本 śarīra，舍利。施护“设哩$_{引}$啰”，说明 rī 是长音
bhagavaṃ	bhagavāṃ	bhagavat，阳性单数第一格 bhagavāṃ
sumaditya	somāditya	soma（月）+ āditya（日）。施护以“阿$_{引}$”对译 ā，说明是长元音
gaṇabyarcita	gaṇābyarcita	gaṇa，大众。abhi-arcita（< ṛc），赞颂。连声后的形式是 gaṇābyarcita。于阗本同。Pel. tib. 56gaṇa abhyar°是把连声拆开了。施护“拏$_{引}$”对ṇā，说明梵本是长音

续表

大正藏梵本	修改为	理由
kumara	kumāra	kumāra，童子。于阗本、藏文本同。施护以“摩引”对译 mā
vara dayaka	vara dāyaka	√dā，给，加后缀-aka，表示施事。后缀之前添加 y。于阗本、藏文本作 dāyaka。施护“那引”对 dā
saṃprakaśaka	saṃprakāśaka	pra-kāśaka（<√kāś），光明开示。于阗本、藏文本不误。施护“哥引”对 kā
pāramita	pāramitā	pāramitā，阴性名词。于阗本不误。施护“多引”对 tā
paripuraka	paripūraka	√pūr，充满。加后缀-aka，表示施事，pūraka，于阗本及 P. t. 56 同
iśvara	īśvara	īśvara，自在。于阗本同。施护“壹引”对 ī
mala	mālā	mālā，花鬘。于阗本同。施护以“摩引罗引”来对译
mahād bhūta	mahad bhūta	mahad，大的。藏文本 P. t. 0007B 同
samadhi	samādhi	samādhi < sam-ā-√dhā，音译为“三昧”，意译为“禅定”。于阗本、藏文本作°mā°，施护“摩引”，均是长音
paripacaka	paripācaka	pari + √pac，成就，成熟，后加表示施事的后缀 aka 构成名词，词根倒数第二位的元音 a 三合。于阗本作 paripācaka。施护以“播引”对译 pā
vyadhi	vyādhi	vyādhi，名词，疾患。于阗本同。施护“嚩二合咩引”对 vyā
āśa	āśaya	菩提流志《咒心经》“阿舍也”，梵词 āśaya，心
samaśvasakara	samāśvāsakara	sam + ā + √śvas，安慰。后加表示施事的后缀 aka 构成名词，词根倒数第二位的元音 a 三合。于阗本作 samā śvāsaka。施护“摩引”对 mā，“说引”对 śvās
praśamanaya	praśamanāya	praśamana，名词，澄静，单数第四格形式为 praś amanāya。Pel. tib. 56 同
amoghaya	amoghāya	amogha，不空、不虚，单数第四格 amoghāya，于阗本、藏文本同。施护“伽引”对 ghā
ajitaya	ajitāya	ajita，胜，a + √ji 的过去被动分词，单数为格为 ajitāya。于阗本同。施护“多引”对 tā
aprajitaya	aparājitāya	aprājita，无能胜，单数第四格为 aprājitāya。于阗本同。施护以“啰引”对 rā、“多引”对译 tā
griṇaṃ	gīrṇaṃ	ud + √gṝ，宣说，过去被动分词为 udgīrṇa。施护“儗引兰赧二合引”
pradaya	pradāya	prada，分词，给，源于 pra + √dā。单数第四格 pradāya，于阗本同。菩提流志《神变真言经》“那去”、施护“捺引”都能对长音
taṇana	tāḍana	√tāḍ，打击，加上后缀-ana-词缀构成中性名词，表示状态。于阗本作 tāḍana。施护“多引”对 tā

续表

大正藏梵本	修改为	理由
nayaka	nāyaka	√nī，引导，加后缀-aka 表示施事者，词根元音三合。于阗本和藏文本均作 nāyaka，施护以“那引”对译 nā
vayava	vāyava	vāyava，风
* * * * * *		
pratiṣṭita	pratiṣṭhita	√sthā，立，ppp. sthita。在 r 音后卷舌化为 pratiṣṭhita
minarate	vi-nardite	vi-√nard，吼，ppp. vinardita。菩提流志“弭嚇弹舌轻呼儞羝”大概少译了 na 音节，阿目佉“嚩曩啰儞”大概少译了末音节 te，且释义“光焰”显然是上句 prabhā 的汉语释义
dairya	dhairya	dhairya，坚定不移，固执不变
inamarya	idamārya	阿目佉音译“伊入那此”，“入”字表明 i 后是塞音而不是鼻音 n，施护“壹唐”说明对的梵词是 idam，此。ārya，圣
karakusundāya	krakucchandāya	krakucchanda，佛名。阿目佉译为“迦啰二合举寸娜耶”或是单数第四格形式
'rhatebhyaḥ	'rhadbhyaḥ	arhat，罗汉，复数第四格是 arhadbhyaḥ
bhayeśu	bhayeṣu	bhaya，恐惧。复数第七格是 bhayeṣu。于阗本同。菩提流志、阿目佉用“数”对 ṣu，数，审母二等
micala	vicala	于阗本 vicala，震动，字典中见不着 micala 的词形。阿目佉、施护均用微母字“尾”来对译 vi
pratimandita	pratimaṇḍita	pratimaṇḍita，名词，庄严，是 prati + √maṇḍ 的过去被动分词。于阗本 pratimaṇḍita。菩提流志的两个译本分别用澄母字“雉”、娘母字“抳”对，说明梵本是卷舌音 ḍi
viṣṭu	viṣṇu	于阗本 viṣṇu，玄奘译为毘瑟怒神
bhasava	vāsava	于阗本 vāsava，和 Vasu 神相关的。施护以“嚩引萨嚩”对译
virukita	vilokita	vi-√lok，过去被动分词 vilokita 妙观察。于阗本作 vilokita。菩提流志译作“弭路枳弹”、“费路枳䫂”，“路”未加口旁，当是对 lo
sarvopandrave bhyaḥ	sarvopadrave bhyaḥ	sarva-upadrava，upa-drava，灾。复数第四格为 upadrave bhyaḥ。菩提流志“钵捺啰二合”对 padra
tajana	tarjana	√tarj，威胁，加上后缀-ana-构成中性名词，表示状态。于阗本作 tarjana。菩提流志“䫂嘌社㨾”，“嘌”对 r
cama	carma	carma 兽皮。于阗本同。菩提流志、阿目佉用入声字“折”、施护用“左哩”对的是 car
midhamana	vidhamana	vi-√dham，吹，加上-ana-词缀构成中性名词，表示状态。于阗本作 vidhamana。阿目佉、施护的“尾”、菩提流志的“尾、微”都是对的 vi
ṣa-	ṣaṭ-	ṣaṭ，数词“六”。菩提流志用“瘥咤讫切”对 ṭ
vasina	nivāsin	nivāsin，居住者。ni-√vas（居住）加词缀-in 构成名词，表示施事。词根中的元音 a 三合。于阗本作 nivāsina。菩提流志“儞缚信”应该对 nivāsin

续表

大正藏梵本	修改为	理由
karatara	karatala	kara-tala，手掌。于阗本、藏文本同。阿目佉译本汉语音译旁的小注为“执”，说明梵文是手掌义。菩提流志、施护、阇那崛多译本用“攞、罗”字而不用“囉、啰”，说明对的是 la 而不是 ra
satati	saṃtati	saṃ-√tan，持续，过去被动分词 saṃtati，于阗本同。藏文本 Pel. tib. 07 作 santatï。诸汉译本“散、珊”都是寒韵系字，对 saṃ
viranaya	vīrāya、vīradāya	vīra，阳性名词，精进。阿目佉译“尾啰那耶”，菩提流志《真言经》“缚啰那去野”，原词或是 vīradāya，藏文本 Pel. tib. 07 就作 baradāya。vīra 的单数第四格是 vīrāya，菩提流志《咒心经》“费囉也”对的应该是它
vahu	bahu	bahu，多。菩提流志“婆”、阇那崛多“蒱”都是並母，施护“末”是明母，对梵文的 b
śatra	śastra	śastra，刀杖。于阗本同。菩提流志“舍塞怛二合啰”、“舍娑怛囉”，“塞、娑”都是对 s
śara	cara	菩提流志“者囉”、“柘啰”，阿目佉“者啰”，首字都是章母，不当对 śa
prahma	brahma	brahma，梵天。于阗本同。菩提流志“没、勃”对 b
	* * * * * *	
suṃghe	saṃghe	saṃghe，僧
suṃghebhyu ati°	saṃghebhyo 'ti°	saṃghebhyaḥati° = saṃghebhyo 'ti°。菩提流志“瓢毘遥反”对 bhyo
suvarṇu	suvarṇa	suvarṇa，金色。菩提流志“拏”对ṇa
udgata	udgata 或 udgīta	ud-gata，ut-√gam 的过去被动分词，升、高。阿目佉译文“乌峙誐二合哆高”正是此词。菩提流志“嗢乌骨反特祇辨”，意译本为“赞叹”，对应的梵词应该是 ud-gīta，是 ut-√gai 的过去被动分词
ebhyu	ebhyo	指示代词 idam 复数第四格是 ebhyaḥ，在 na 前，aḥ变 o。于阗本作 ebhyo。菩提流志“瓢毘遥反”、阿目佉“鼻遥二合”对 bhyo
bhaiṣaijya	bheṣaja、bhaiṣajya	√bhiṣaj，治疗。词根元音二合，加上词缀 a，构成名词 bheṣaja。佛教混合梵语有 bhaiṣajya，菩提流志“佩灑疎賈反尔耶”对的应该是这个词形
mukhdigriṇaṃ	mukhodgīrṇaṃ	udgīrṇa 已见上文分析。a + u > o。菩提流志“枯”、阿目佉“驱”、施护“枯引”都能证明梵本是 kho
mahāprṣaṃ	mahat-pariṣad	mahat，大。正梵文 pariṣad，众，源于 pari-√sad，坐在周围。这个词有不少异体。巴利语没有ṣ音，故为 parisā。《梵英字典》中还有 pāriṣada、pārṣada的异体词，佛教混合梵语有 parṣā、parṣadā。阿目佉“钵哩沙”像对 parisā。施护“波哩沙二合那”像对 pārṣada、parṣadā

续表

大正藏梵本	修改为	理由
bhūdaya	bodhaya	√budh，第二人称单数命令使动形式为 bodhaya，Pel. tib. 56 同
ehye ehi	ehyehi	ehi ehi 连声后变为 ehyehi
mahātamuṃdhakara	mahātamo'ndhakāra	mahātamas 大，andhakāra 黑暗，-as 在 a 前变为 o，后面的 a 被吞掉，转写时用 ' 代替，故形成° mo'n° 的连声。andha，黑，kāra < √kṛ。于阗本作 mahātamondhakāra
viśuddhaka	viśoddhaka	viśoddhaka，净化，清净，vi + √śudh 后加 aka 构成名词，词根倒数第二位的元音 u 二合。于阗本 viśoddhaka。菩提流志“输去”对 śo
jñaṃpamita	jñopavīta	于阗本作 jñopavīta，拆开连声为 jñā-upavīta，智慧纽。菩提流志“饶、乳”对的是 ño
mohu	muhu	于阗本、藏文本 muhu，各汉译本两字均用模韵系字
moru	muru	于阗本、藏文本 muru，各汉译本两字均用模韵系字
moya	muya	于阗本、藏文本 muyu，各汉译本前字均用模韵系字
kulo	kulu	于阗本、藏文本 kulu，各汉译本后字均是模韵系字
śvetaye	śvetaya	śveta，白。派生出动词 śvetaya，变白。现在时主动语态分词是 śvetayat。菩提流志《真言经》用“拽移结反”对 yat。在复合词中，与下一个词 jño 首音发生同化，变为° yaj。菩提流志《咒心经》“失吠夠也”，“也”对 ya 可能是这么来的
vecitra	vicitra	vi-citra，杂色。菩提流志、阿目佉用“尾”对 vi

*　*　*　*　*　*

大正藏梵本	修改为	理由
namaḥstriya	namas trya-	namaḥ在 tri 前读 namas，tri 后跟 a 变为 trya-。菩提流志“娜么塞桑讫反室丁吉反二合㘑野杨可反”对的是这个形式
vipaśine	vipaśyine	vi-√paś，观察，构成施事者名词 vipaśyin，词根 paś和词缀 -in 之间多出个 y。单数第四格是 vipaśyine
enyeya	eṇeya	eṇeya，阳性名词，似鹿羚羊类的动物。于阗本及藏文本同。玄奘译为“医泥耶”，用音译。阿目佉译为“翳宁耶二合”，原词或是 eṇī，阴性名词，鹿，单数属格 eṇyā
sarvasattvanāṃca	sarvasattvāṃśca	sattva，有情。各经师所传的梵本，语法形式或有不同。菩提流志“萨缚萨埵途扩反二合罔室者”“萨缚縒怛防去音失者”对应的应是复数宾格形式 sattvān。阿目佉“萨嚩萨嘚嚩二合难遮”对应的应是属格形式 sattvanāṃ
satvāśa	sattvāśaya	sattva + āśaya，āśaya 心。菩提流志“阿舍也”对 āśaya
itaṃ sucame	idaṃ ca me	idaṃ，此。ca，连词和，me，第一人称代词。菩提流志“缢但者米”、“伊上音诞者谜”对应的是这几个词
bhyadhibhyaḥ	vyādhibhyaḥ	vy-ādhi，疾病，复数第五格 vyādhibhyaḥ。阿目佉“尾也二合”对 vyā，菩提流志“絁名夜反地瓢入声”，“絁名夜反”可以对 vyā 或 byā，但一般不对 bhya

二 菩提流志两个译本对音音系的比较

《不空羂索咒心经》和《不空羂索神变真言经》都是唐代经师菩提流志主译，前者相当于后者的第一品。两份文献都收有“母陀罗尼真言”，二者内容大体一致①。根据《大周刊定众经目录》，《不空羂索咒心经》是武周长寿二年（693）于佛授记寺译，根据《开元释教录》，《不空羂索神变真言经》是神龙三年（707）夏于西崇福寺译，至景龙三年（709）春功毕。佛授记寺在东都洛阳，西崇福寺在西京长安附近。两部经的译经时代只相差十几年，然而，比较两份咒语的对音汉字，却能发现，反映的音系特点明显不同，前者与玄奘、义净的对音规律相近，表现出洛阳音规律，而后者与不空对音特点相近，反映出长安音特色。

（一）声母的对音情况

1. K 组

（1）k《咒心经》：（见母）计加迦剑羯矩讫枳。《真言经》：（见母）鸡迦剑羯矩句讫诎俱鬱反枳。

（2）kh《咒心经》没出现。《真言经》：（溪母）枯契弃，（群母）趌②。

（3）g《咒心经》：（群母）伽祁趌。《真言经》：（群母）伽祇，（疑母）蘖诣誐，（见母）羯③。

（4）gh《咒心经》：（群母）伽。《真言经》：（群母）伽祇。

2. C 组

（1）c《咒心经》：（章母）折者旨主。《真言经》：（章母）遮折者柘旨主。

（2）j《咒心经》：（禅母）社实视。《真言经》：（日母）尔驲入若（禅母）肾④。

---

① 按《大正藏》所收版本的标号，《不空羂索咒心经》中“母陀罗尼”184 句，《不空羂索神变真言经》中 278 句。但后者是把该经中“应先敬礼三世一切诸佛诸大菩萨独觉声闻”至“即说不空羂索心王母陀罗尼真言曰”部分的梵本用记音的方式重复译出，故多出 94 句。

② 出现一次，对（śi）khi。趌，《广韵》其迄、极乙二切，都是群母，《集韵》也只收这两个音。菩提流志译《不空羂索神变真言经·广大明王央俱舍真言品》中，趌字注音其乙反。《龙龛手镜》趌，其迄反。

③ 出现一次，对 agni 中的 g。

④ 对 j（ñ）。

（3）ñ《咒心经》:（日母）乳若。《真言经》:（日母）饶惹。

3. Ṭ 组

（1）ṭ《咒心经》:（知母）痓（咤讫切）吒徵窒柱。《真言经》:（知母）吒徵拄。

（2）ṭh《咒心经》:（彻母）侘（勅可切）。《真言经》:（彻母）耻㡜（摘矩反）詑（魑贾反）。

（3）ḍ《咒心经》:（澄母）荼雉。《真言经》:（娘母）拏抳。

（4）ṇ《咒心经》:（娘母）㜷（拏可切）耐（拏计切）抳努（拏古切）。《真言经》:（娘母）拏抳努（尼矩反）制（尼励反）。

4. T 组

（1）t《咒心经》:（端母）怛（多讫切）底（丁旨切）谛都覩𦄂（丁也切）𩒨（丁可切）。《真言经》:（端母）怛戴耽得瓶底帝谛䶵（丁也反）覩多埵弹跢窒窋（丁聿反）拄（丁庚反）。

（2）th《咒心经》:（透母）他。《真言经》:（透母）他詑。

（3）d《咒心经》:（定母）达地第柁姪（徒也）诞。《真言经》:（定母）但驮提头陀，（泥母）那娜泥䵷（寧也反）特（能邑反）禰儞䵿（寧吉反）。

（4）dh《咒心经》:（定母）鄧（陀澄切）地杜柁姪（徒也）。《真言经》:（定母）待地殿度陀驮悌陀杖（亭样反）著（亭药反）皲（停夜反），（泥母）特（能邑反）①。

（5）n《咒心经》:（泥母）弩（那矩切）榱（那可切）儞。《真言经》:（泥母）那娜纳捺②南难曩儞怒（轻呼）。

5. P 组

（1）p《咒心经》:（帮母）霸（必也切）般（比讫切）跛补。《真言经》:（帮母）般半比𣬈（并也反）钵播跛补布。

（2）ph《咒心经》:（滂母）叵。《真言经》:（滂母）怖。

（3）b《咒心经》:（並母）罢勃步婆伴。《真言经》:（並母）勃薄步婆菩曝𩔇（毘灭反），（明母）满没。

（4）bh《咒心经》:（並母）罢部婆伴鼻。《真言经》:（並母）避薄步畔瓢皤。

---

① 大正藏所附的梵本是 adhvanugata，或许是 adhva 与 anu-gata 构成的复合词，特（能邑反）对 dh。

② 捺有一例对 nd。prahma-indra 连声之后读为 prahmendra，《真言经》译为“没（二合）啰歌米捺（二合）啰”，米是阴声韵，对 me，则泥母字捺对 nd。

（5）m《咒心经》：（明母）漫闷弭面么母木慕。《真言经》：（明母）漫莽每闷米弭蜜藐么摩谟沫莫亩目暮。

6. 半元音

（1）y《咒心经》：（以母）也裔逸[①]。《真言经》：焰耶野曳拽。

（2）r《咒心经》：（来母，弹舌）嚩噜啰囉喏嘌啰攞罗[②]。《真言经》：（来母，弹舌）啰啰喇烂弹舌唎哩噜囉嚇逻没卢骨反利[③]。

（3）l《咒心经》：（来母）履鲁路攞。《真言经》：（来母）路攞。

（4）v《咒心经》：（奉母）筏房也切饭防吠縛房可切费房费切，（並母）部[④]。《真言经》：（微母）缚无可反嚩袜罔尾庑无苦反，（非母）废，（並母）畔毘婆皤，（明母）米弭皤名夜反。

7. 唑音

（1）ś《咒心经》：（书母）输捨失始戍。《真言经》：（书母）苫奢舍捨湿始室输戍。

（2）ṣ《咒心经》：（生母）灑瑟史。《真言经》：（生母）灑瑟杀讪使数。

（3）s《咒心经》：（心母）萨三散苏素娑玺信縒[⑤]。《真言经》：（心母）参縒栖萨塞三散僧莎窣素娑悉枲徙巽[⑥]。

8. 喉音

h《咒心经》：（晓母）虎呬訡醯嗽诃讫切賗呼暗切歌呼可切。《真言经》：（晓母）郝訶虎醯呬歇歌，（匣母）紇。

9. 其他

（1）kṣ《咒心经》：（初母）叉。《真言经》：乞叉上、乞灑、訖二合灑。

（2）Ø（以元音起始的音节）《咒心经》：（影母）阿闇榱乌可切伊翳印。《真言经》：（影母）唵隖嗢乌骨反旖乌可反逸缢伊异反翳印。

---

① 逸，夷质切，入声，对 ya（vāyava 缚逸缚），存疑。

② 攞罗个别对 ra，可能是少加了口旁。

③ 没卢骨反对 rud，利对 rī。

④ sarva-upa°对“萨部跛”，部对 vo，大概因为梵文 b、v 书写混乱。

⑤ 縒对 sa，《广韵》有苏可切一读，心母。但是经中该字加有小注“麁可切”，清母。不过看来此处不当按小注音读。

⑥ 巽，苏困反。从汉字音来反推，似乎应对 sun，佛教混合梵语有 kakusunda（拘留孙）这样的词形。

（二）声母的讨论

刘广和先生《〈大孔雀明王经〉咒语义净跟不空译音的比较研究》[①]指出，唐代北方存在两大方言区，一是以洛阳为中心的东部地区方言，一是以长安为中心的西部地区方言，前者以玄奘、义净对音为代表，后者以不空对音为代表。各经师的对音特点可以参看施向东先生《玄奘译著中的梵汉对音研究》[②]和刘广和先生《不空译咒梵汉对音研究》[③]。下面把菩提流志译《咒心经》《真言经》分别和玄奘、义净、不空对音特点进行分类比较。

1. 次浊声母疑、娘、泥、明母

《咒心经》娘母对ṇ，泥母对 n，明母对 m，次浊声母读单纯的鼻音，与玄奘、义净的对音规律相同。《真言经》疑母对 g，娘母对ṇ 和 ḍ，泥母对 n 和 d，明母对 m 和 b。捺有一例对 nd。prahma-indra 连声之后读为 prahmendra，《真言经》译为“没二合啰歌米捺二合啰”，“米”是阴声韵，对 me，则泥母字“捺”对 nd。这说明《真言经》译音次浊声母鼻辅音后头有同部位的浊塞音，与不空对音特点相同。

2. 全浊声母

玄奘和义净全浊声母是不送气浊音，表现在对音上，群母对 g 也对 gh，澄母对 ḍ也对 ḍh，定母对 d 也对 dh，並母对 b 也对 bh，全浊声母对送气音是音近替代。不空全浊声母绝大多数对梵文送气的浊音 gh、ḍh、dh、bh，而梵文不送气浊音用次浊声母来对。菩提流志《咒心经》，梵文 g、gh 都用群母字对，d、dh 都用定母字对，b、bh 都用並母字对，这与玄奘、义净的对音特点一致。《真言经》梵文送气浊音都用全浊声母对，问题在于梵语不送气浊音既用次浊声母对，也用全浊声母对。

g 对疑母字詣 1 次，誐 26 次，蘖 1 次；对群母字祇 3 次，伽 3 次。

ḍ对娘母字拏 1 次，抳 2 次。

d 对泥母字捺 4 次，娜 5 次，那 4 次，禰 1 次，泥 1 次，儞 1 次，黏寧吉反2 次，⿰寧也寧也反1 次，特能邑反2 次；对定母字头途邑反2 次，陀 1 次，驮 1 次，但

① 刘广和：《音韵比较研究》，中国广播电视出版社 2002 年版，第 131—147 页。
② 施向东：《音史寻幽——施向东自选集》，南开大学出版社 2009 年版，第 1—79 页。
③ 刘广和：《音韵比较研究》，中国广播电视出版社 2002 年版，第 1—118 页。

1次，提1次。

合起来看，梵语不送气浊音对次浊声母字14个，共52次，对全浊声母字7个，共12次，不管从总字数上还是从对音的次数上看，梵语不送气浊音对次浊声母字都远多于对全浊声母字，不空对音特点还是很明显的。

3. v的对音

《咒心经》用奉母字5个，並母字只出现一个字“部”，对vo，大概因为梵文b、v书写混乱。奉母对v，而不再是喻三和匣母合口对v，说明轻重唇已经分化，奉母独立出来。这与玄奘、义净的对音既有相同的地方，也有明显的区别。玄奘、义净的对音单从材料上看都是並奉两母同对v。施向东先生认为，凡是v后面是前元音的，玄奘对译用並纽三等字[①]，凡是v后面是后元音的，玄奘对译用奉纽字，轻重唇还是分得开的[②]。菩提流志译的《咒心经》v后跟前元音也用奉纽字对。比如vi，玄奘用並母字避、阰、毘、鼻，《咒心经》用费房费切对，“费”字有兵媚切一读，帮纽，特意加小注表明读奉母音。义净对v，用並纽字8个：婆毗仳鼻勃跋鞞苾，用奉纽字3个：乏伐吠，刘广和先生认为，並奉两纽轻重唇尚未分化。而菩提流志《咒心经》对v绝大多数是奉纽字。

《真言经》对v用微母字6个，非母字1个，並母字4个，明母字3个。这与不空对音有同有异，不空对音是奉微两母同对v，奉微不分。《真言经》並、明两母对v只能从梵本方面找原因，梵文b、v字形接近，有的宗派可能读v为b。而明母对b是正是不空西北音对音的特点。《真言经》非母字“废”对ve，这也与不空用字相同。区别在于，不空对v，不仅用微母字（11个），而且用奉母字（7个），奉母字占的比例还不小，而菩提流志《真言经》对v绝大多数是微母字，竟无一个奉母字。换句话说，《真言经》咒语对音字中，通篇没出现奉母字。

在梵语v的对音方面，菩提流志译经特点与玄奘、义净、不空的都不

---

① 不变轻唇。因为按照陆志韦先生的说法，后面的主元音是中后元音才有可能变轻唇。

② 梵文v后头跟着前元音，容易读成b，v后头跟前后元音，就读成v，语法书上似乎没见着这个规则。不如用梵文b、v容易混解释起来更方便。念成b，自然得用並母字对，这并不否认汉语奉母已经变轻唇。

完全一致，等材料多了再深入讨论。

4. 梵文 j 的对音

玄奘、义净对 j 用禅母字，不用日母字，不空主要用日母字，也用禅母字。《咒心经》ja 对“社”5 次，ji 对“视”2 次，j(va)对“实”2 次，都是禅母字，与玄奘、义净对音相同。《真言经》ja 对“惹”13 次，ji 对“爾”3 次，j(va)对“入”3 次，j(rī)对“馹”1 次，以上都是日母字，反映出不空对音的特点。

梵文 jñ，玄奘用日母字对，施向东先生认为，玄奘是把 jñ 念成 ñ。《咒心经》jño 对“实乳”、jñā 对“实若而可切”，“实”是禅母，是浊塞擦音，“乳、若”都是日母字，故《咒心经》依据的梵本，梵文 jñ 念［dʑȵ］。

梵文 jñā，不空用“枳孃二合”对，《真言经》jño 对“肾二合饶去”，jñā 对“肾二合惹”，下字是日母字，可上字换成了禅母，而对单独的 j 时，《真言经》用日母。日母有舌面鼻音和同部位的浊塞擦音两个成分，单独对 j 时是用其塞擦音成分，放在禅母字后面对(j)ñ 时是用其鼻音成分，如果两个日母字连起来用，不管是传授还是识读咒语都会带来不必要的麻烦，把上字换成禅母或许是为了避开这些麻烦。同时也证明《真言经》依据的梵本，梵文 jñ 也念［dʑȵ］。

5. 梵文 kṣ的对音

施向东先生说，梵文 kṣ，k 受 ṣ的影响发音部位前移，kṣ > ṭṣ，听感上像送气塞擦音，玄奘用初母字对，当处在音串中间时，有时念 kṭṣ，玄奘用收-k 尾的入声字对前一个辅音。《咒心经》rakṣa 对“略叉”2 次，mokṣa 对“木叉”1 次。洛，铎韵，木，屋韵，都是收-k 尾，叉，初母，与玄奘的对音方式相同。

不空对 kṣ，习惯上用溪母字加初母字。比如《佛母大孔雀明王经》中，乞察二合、乞创二合引、乞产二合引就对过 kṣ-，从汉字音反推，梵文应该念［kʻtʂʻ］。《真言经》rakṣa 对“嚩乞叉上”1 次，“嚩乞灑”2 次，mokṣa 对“亩䞨二合灑”1 次，乞，溪母，䞨，小注其力反，群母，如果按照不空音系来理解，群母送气，而 kṣ在元音中间可能浊化，故也能用群母字对。与不空对音不同的是，末字“灑”是生母，从这个音反推，梵文应该念［kʻʂ］。

6. 泥娘有别

从菩提流志主译的这两篇咒语对音看，泥娘二母不混用。对梵文 n 的都是泥母字，只有“儞”字需要讨论。《广韵》中没有“儞”字，但收录“伱”，乃里切。《慧琳音义》卷十八：儞，泥以反。两条反切虽然切下字是三等韵，但切上字都用一四等字，恐怕不是偶然的，暗示着泥娘有别。《真言经》中，这个字还对过 d，只有理解成泥母，才容易解释得通。

对梵文ṇ的多数是娘母字，有时虽用泥母字，但是加注反切，切上字都是娘母。比如“嬭”，《广韵》奴礼、奴蟹二切，“奴”字泥母，译经中加小注“拏可切”，“拏”字娘母。耐，奴代切，泥母，小注“拏计切”，“拏”字娘母。努，奴古切，泥母，小注“拏古切、尼矩切”，切上字娘母。这些都说明，在译经所用的方言中，泥母和娘母是严格区别的。

（三）韵母的对音情况

1. 阴声韵

（1）果假摄

表 2－2　**果假摄对音表**

调	韵	《咒心经》	《真言经》
平	歌	阿 ā	多他 ā；詑陀 a、ā
上	哿	頞(丁可切)他(上音)柁歌(呼可切)攞 a、ā，㮈(那可切)縒(乌可切)囉①囉 a	多(上)陀(上)縒歌(呼可切)娜攞(卢可反)a；詑(他可反)ā；囉縛(无可反)a、ā
	戈系→哿②	迦(讫可切)a、ā	迦(斤邏反)a
	纸→哿		旖(乌可反)ā
	麻系→哿	吒(吒可切)侘(勅可切)灑(沙可切)者(之可切)捨(尸可切)社(时可切)也(药可切)a，若(而可切)ā	野(杨可反)、奢(尸可反)a；舍(尸可反)、癉(都我反)a、ā
	蟹→哿	嬭(拏可切)a	
	药→哿	縛(房可切)ā、a	
去	箇		驮跢(多箇反)那 a、ā；邏訶(呼箇反)ā
	歌→箇		訶(呼箇反)ā 娑(桑箇反)a
平	戈		伽摩磨 a、ā 誐(銀迦反)a
上	果	跛叵婆(上音)a，伽(上音)a、ā	跛 a 埵 vā 麼 a、ā
去	戈→过		皤(蒲饿反)a、ā
	过		播 a、ā

① 囉，《广韵》鲁何切，《集韵》还有哿韵郎可切一读。菩提流志译《不空羂索神变真言经》小注云：“凡罗字口傍作者皆上声弹舌呼之为正”。故归在哿韵。

② 指戈系字改读成哿韵，下面再出现就不注了。

续表

调	韵	《咒心经》	《真言经》
平	麻二	叉 a	拏 a、ā 灑 a
	麻三		遮 a 耶惹（而遮反）a、ā
	歌→麻系		詑（魑贾反）a
上	马二	荼（上音）a	
	马三		者捨吒（知贾反）若 a；羋（并也反）𪜶（丁也反）𩌦（寧也反）-ya
	屑→马三	姪（徒也切）-ya	
	其他韵→马三	霸（必也切）罷（薄也切）縿（丁也切）加（吉也切）-ya	
	月→马三	筏（房也切）-yā	
去	祃三		柘 a 䋦（名夜反）𩌦（停夜反）-ya

（2）止摄

表 2－3　**止摄对音表**

调	韵	《咒心经》	《真言经》
平	脂		毘 i
上	旨	雉履旨视 i，嚟 i、īḥ	比旨 i，嚟 ī、i、r、ṛ
	脂→旨	伊（上音）i、ī	
	止→旨	徵（吒旨切）i	徵（知履反）i
	荠→旨	底（丁旨切）i	
	纸→旨	枳（吉旨切）抳（孀旨切）i	
去	至	鼻地呬（火贰切）i	地弃 i 唎 ī、i、r、īḥ
上	止	史始儞 i，哩 ṛ	枲耻哩使始 i；儞 i、ī
	至→止		呬（呼以反）i
去	荠→志		底（丁异反）ī
	寘→志		缢（伊异反）i、ī
平	支		衹 i
上	纸	玺 i	徙尔枳抳 i；衹上 ī；弭 i、ī
	荠→纸		底（丁枳反）i
去	寘		避 i
上	尾		尾 i
去	未	费（房费切）i、ī	

（3）遇摄、流摄

表2－4 **遇流摄对音表**

调	韵	《咒心经》	《真言经》
平	模	都 u	菩谟 o、u；枯 o
上	姥	覩杜虎鲁噜努(拏古) u；补 u、ū；部 u、ū、o	隝覩虎怒 u；补噜 u、ū
	模→姥	苏(上音) u	
	麌→姥	柱(吒古切) u	拄(知古反)、数(诗古反) u；庑(无苦反) o
	暮→姥		素(苏古反) o、u
去	暮	素路 o；步 o、u	布度 u；路暮 o；步 o、ū、u
上	麌	矩主 u	拄(丁庾反) -yu 矩主 u
	虞、侯→麌	输(上音) u	廔(摘矩反) u
	姥→麌	弩(那矩切) iu	努(尼矩反) u
去	遇	戍乳 o	句 u；输(去) o、u
上	厚	母 o、u	亩 o、u

（4）蟹摄

表2－5 **蟹摄对音表**

调	韵	《咒心经》	《真言经》
平	齐		瓶提栖雞 e
上	荠		米禰泥(上) e
去	霁	谛第计翳 e	翳帝谛悌泥契诣 e；嚟 i、e、ai
	齐→霁	醯(去音) e	醯(去) e
	脂→霁	祁(祁计切) e	
	支→霁		祇(虬曳反) e
	代→霁	耐(拏计切) e	
	废→霁		废(微计反) e
	祭	裔 -ye	制(尼励反) e 曳 -ye
	废	吠 e	
上	贿		每 ai
	海		待 ai
去	代		戴 a（i）
去	泰	嚩 ai	

（5）效摄

仅《真言经》出现效摄字，对音字如下：号韵曝 o，宵韵瓢毘遥反 yo、瓢入声 yaḥ，效韵饶去 o。

2. *阳声韵*

梵文的 anusvāra（转写为 ṃ）是加在音节上的辅助性的符号。如果这个带 anusvāra 音节在咝音（包括 ṣ、ś、s）和 ha 前，则该音节元音鼻化。如果在塞音、塞擦音前，则 anusvāra 读为同部位的鼻辅音。读下面的表时，要注意这一点。

（1）臻摄

表 2－6　**臻摄对音表**

调	韵	《咒心经》	《真言经》
去	慁	闷 o'n、uñ	巽 un；闷 uñ、o'n
去	震	印信 in	印 in

（2）山摄

表 2－7　**山摄对音表**

调	韵	《咒心经》	《真言经》
上	旱	诞 aṃ	
去	翰	散去音 aṃ	散但 aṃ 難去爛 āṃ
上	缓		满 an
去	换	伴 an、añ	半漫 aṃ、an 畔 āṃ、añ
去	谏		讪 an
去	愿	饭 āṃ	
去	霰		殿 yan

（3）宕、曾摄

表 2－8　**宕曾摄对音表**

调	韵	《咒心经》	《真言经》
上	荡		曩轻呼、莽牟广反 a
上	养		罔 āṃ
去	漾	防去音 āṃ	杖-yaṃ
去	证		僧斯孕反 iṃ
去	登→嶝		僧去 aṃ
去	蒸→证	鄧陀证切 yaṃ	

（4）咸摄

表 2－9　　咸摄对音表

调	韵	《咒心经》	《真言经》
平	谈		
去	阚	三(去音) aṃ	参(去)三(去) aṃ
平	覃		耽(轻呼) aṃ 南 āṃ
上	感		唵 oṃ
去	勘	闇 oṃ	
去	阚→勘	賗(呼暗切) uṃ	
去	梵→勘	剑(俱暗切) aṃ	剑 aṃ
平	盐		苫 aṃ
去	艳		焰 yaṃ

3. 入声韵

梵文是音节文字，最自然的书写单位是 akṣara，有人译作“字符”或者“字”。每个 akṣara 记录的音节都以元音收尾，这个元音前面可以出现多个辅音，所以有的先生表述为“梵文音节的划分是尽可能把一连串儿辅音放在音节头上”①。开头的辅音可以不止一个，对音过程中，有时拿入声字对单个辅音，有时把开头的辅音和前面音节的元音读在一起，也拿入声字对音。

表 2－10　　入声韵字对音表

韵	《咒心经》	《真言经》
没	勃 b-	勃嗢(乌骨反) 没(卢骨反) ud；跛(比没反) p-、没 b-；纥 h-、窣 s-
迄	趷(其讫切) g-、讫 k-	塞(桑讫反) s-、得(登讫反) t-、喇(卢乞反) r-、乞讫 k-
质	窒 ṭ-、故(火吉切) h（ye）、嘌 r、失 ś-	悉 id；黏(寧吉反) it、ḍ-；驲 j-、蜜 m-、祇(虬逸反) g-、室 ś-
屑→质		窒(丁吉反) t-
物		诎(俱鬱反) uc

① 俞敏：《后汉三国梵汉对音谱》，《俞敏语言学论文集》，商务印书馆 1999 年版，第 8 页。

续表

韵	《咒心经》	《真言经》
栉	瑟ṣ-	瑟 ṣ-
术		窋丁聿反 -yut
遇→术		戍输律反 ud
质→迄	实时讫切 j-	
至→迄	痓咤讫切 ṭ-	
月→迄	噉诃讫切 h-	
末→迄	般比讫切 p-	
曷→迄	怛多讫切 t-、达陀讫切 d-	
歌→迄	娑思讫切 s(t)-	
曷	萨 ar	萨 ar、at；怛 ad、ar、as、at、t-；捺 at；剌 aś；喇 楞割反 at；歇呼葛反 at、ad
末		般抪 aṭ；钵 ad、aś、at、ar；沫 ad
黠		殺 aṭ
月	羯 ar	襪羯 ar
薛	折之设切 ar	顃毘灭反 -yar；折 ar；蘖 g-
薛→屑		拽移结反 ya（j）
铎	咯 a（kṣ）	薄 a（g）、a（h）；嗒 ak；莫郝 aḥ
药		著亭药反 yā（h）
屋	木 ok	目 ukh
觉		藐 -yaḥ、-yak
缉		涉桑邑反 s(vā)；特能邑反 dh(v)-、d-；头入声 d(bh)-；头途邑反 d(m)-；入繦口舌呼之 j；湿 ś(v)-、ś(m)-
合		纳 a(p)

（四）韵母的讨论

1. 韵尾

阳声韵山臻摄-n 韵尾、咸摄-m 韵尾，曾摄-ŋ韵尾，这是两份文献共同的规律，宕摄阳声韵尾有区别，《咒心经》"防去音"对 āṃ，有-ŋ韵尾，《真言经》"曩轻呼、莽牟广反"都只对 a，阳声韵尾没对出来，表现出西北音的对音特点。

入声韵山臻摄入声字出现最多，对-t、d、r、s、ṭ等，应该收-t 尾。

通江宕摄入声韵尾对-k、-kh、-h，应该收-k 尾。

深摄入声只对单个辅音，但是这个辅音后头往往紧跟着唇音 m、p、

v，所以缉韵应该收-p 尾。

咸摄入声合韵“纳”对 a（p），说明也收-p 尾。

2. 介音

一二等韵开口无介音。合口或者有 u 介音，或者主要元音是合口的。

止摄三等韵一般对 i，其他摄的三等开口字能对出 i 介音来，如麻三“⿰并也(并也反)⿰丁也(丁也反)⿰寧也(停夜反)⿰寧也(寧也反)”对-ya，麌韵“拄(丁庾反)”对-yu。如果该韵有重纽对立，那一定选择重纽四等来对含有 i 的音节，比如至韵重四“鼻弃呬”对 i，支韵系重四“祇避弭”也对 i，宵韵系重四“瓢”对 yo。

蟹摄四等齐韵系一般对 e，其他摄的四等开口字也能对出 i 介音来，如霰韵“殿”对 yan。

见组和章组的三等韵的对音形式经常不含 i 介音，那原因大概在梵文方面。梵文 c、ch、j 等是舌叶音，和元音相拼时，中间容易滋生出 i 来，但这个增生的音不会写在文字上，所以出现章组字“者”对 ca、“舍”对 śa 之类的现象。梵文 k、kh、g 之类的音，在印度某些方言中，发音部位靠前，与元音相拼时，也容易滋生出 i 来，[①] 这个增生的音也不会写在文字上，故出现见组字“诎(俱鬱反)”对 kuc 之类的现象。

3. 主要元音

（1）果假摄

歌戈韵对 a、ā，戈韵一般只出现唇音声母字，其他声母字多数用歌韵系字。歌韵系不拼知照组声母，对 ṭa、ṣa 之类的音就得用麻韵系二等，但是往往加个小注，改读成歌韵系一等音，比如“吒(吒可切)、侘(勅可切)、灑(沙可切)”都对 a，这说明麻韵主元音与歌戈韵既相近，又有区别，普通把果摄一等主元音拟成［ɑ］、假摄主元音拟成［a］，与梵汉对音的材料不矛盾。

（2）止摄

《咒心经》对 i、ī 主要集中在脂韵系字上，支之韵系对 i、ī 的较少，而且，往往是脂韵系没有合适的字，才用支之韵系字，这说明主元音脂与支之有别。而之韵系也对 ṛ，支韵系却不对 ṛ，说明主元音之与支也有别。脂支韵系唇音字不变轻唇，遇到 vi、vī 这样的音，就只能用微韵系字对了。

《真言经》对 i、ī 似乎不太集中在某个韵系，脂支之三韵系都不少。

---

① 施向东：《玄奘译著中的梵汉对音研究》，《音史寻幽——施向东自选集》，南开大学出版社 2009 年版，第 45 页。

脂韵系也对ṛ，涵盖了之韵的领域，似乎在这个方言中，脂之主元音比较接近。微韵系仍然只对 vi、vī 这样的音。

（3）遇流效摄

遇摄模虞韵系对 u、o，鱼韵系字不出现，说明模虞韵系主元音接近，而鱼韵系主元音与模虞差别较大。唐代流摄唇韵字读音同遇摄，故也能对 u、o。

《真言经》出现了效摄字，多数对 o，“瓢入声”也对 yaḥ。

（4）蟹摄

四等齐韵系对 e，齐韵系没有的音节，用支、祭等韵系字代替。一等灰咍泰韵系对 ai。

（5）山咸宕曾摄

山咸宕摄主元音对 a、ā，咸摄一等覃韵也对 o，暗示着或许一等重韵覃谈主元音有别。曾摄也对 a，这是因为梵文的 a 实际发音接近［ɐ］，曾摄比宕摄主元音舌位略高，故能用 a 对。曾摄三等有时直接对 i，是突出其介音成分。

（6）臻摄

一等合口字主元音对 u、o，三等开口主元音对 i。对梵文单个辅音，用迄韵字最多，说明这个韵的主元音发起来最轻松自然，容易被忽略，一般构拟为央元音［ə］。

（五）余论

从上面的分析可以看出，《真言经》译音反映出明显的长安音特点，而《咒心经》译音没有这些特点，和玄奘、义净等人的对音规律接近，记录洛阳音。《真言经》在 8 世纪初年就已经译成，此时，不空金刚才四五岁，这说明，在不空之前，不空对音所体现的西北音就已经存在于经师的口中了。刘广和先生根据《佛顶尊胜陀罗尼》佛陀波利的两个译本对音音系不同，指出“西北方音存在时间的上限至少提前到初唐”，并非始自不空，“不空是集大成者”①。菩提流志的这两个译本也能够证明，在不空之前，已经有人用西北音译经了。

这两部经都是菩提流志主译，为何反映出的音系差别如此之大？恐怕和

① 刘广和：《〈佛顶尊胜陀罗尼经〉大正藏九种对音本比较研究——唐朝中国北部方音分歧再探》，《中国语言学》第五辑，北京大学出版社 2011 年版，第 57—70 页。

译场构成人员的口音有关。根据《开元释教录》及《宋高僧传》的记载，菩提流志是南印度婆罗门，聪叡绝伦，12 岁外道出家，洞晓声明、数论、阴阳、历数、地理、天文、咒术、医方等，年登耳顺，专学佛乘，未越五年，通达三藏。[①] 唐高宗永淳二年（683）遣使迎接，至武周长寿二年（693）才到东都，算起来他至少已经是七十多岁的老人了。如果他早年没有学习汉语的经历，此时翻译密咒恐怕只能完全依靠译场工作人员选定汉字了。

直接选定汉字的人员最可能是笔受。《宋高僧传》卷三："次则笔受者，必言通华梵，学综有空，相问委如，然后下笔。"[②] 北宋天息灾译场，除了笔受之外，还有书字梵学僧，而且，二者有明确的分工，这在《佛祖统纪》中有记录："第四，书字梵学僧，审听梵文，书成华字，犹是梵音（𑖎𑖴[③]𑖟𑖧翻为纥哩第野。𑖭𑖳𑖝𑖿𑖨𑖽为素怛览）。第五，笔受，翻梵音成华言（纥哩那野，再翻为心。素怛览，翻为经）[④]。"天息灾译场中，书字梵学僧是把梵语音译成汉字，笔受再据此意译。充当这些职位的人员，都得梵汉皆通。

如果译主不通汉语，译场中还得设"译语"一职，把译主所宣诵的梵文进行解释，使参译者均能领悟。《宋高僧传》卷三："次则度语者，正云译语也。传度转令生解，亦名传语，如翻《显识论》，沙门战陀译语是也。"[⑤]

智昇《续古今译经图纪》记录了菩提流志于佛授记寺、大周东寺译《宝雨经》《护命法门神咒经》《不空羂索咒心经》等 20 部佛经的译场构成："沙门行感等同译。沙门战陀、婆罗门李无谄译语。沙门慧智证译语。沙门处一等笔受。沙门思玄等缀文。沙门圆测神英等证义。司宾寺丞孙辟监译。"[⑥]

《宝雨经》末尾有译场的说明，沙门处一是"大周东寺都维那、清源县开国公"[⑦]。提云般若在大周东寺翻译《华严经法界无差别论》时，亦是沙门处一等笔受[⑧]。《旧唐书》中提到沙门处一，是"洛阳大德"[⑨]。可

---

① 可是没记载他学过汉话。

② （宋）赞宁：《宋高僧传》，中华书局 1987 年版，第 56 页。

③ 𑖎𑖴拉丁转写为 kṛ。"心"一词梵文应作 hṛdaya，hṛ悉昙字作𑖮𑖴。此处或书写有误，或另有所本。

④ 《大正藏》第 49 册，2035 号经，第 398 页。括号中的内容为小注，原文用双行小字排列。

⑤ （宋）赞宁：《宋高僧传》，中华书局 1987 年版，第 57 页。

⑥ 《大正藏》第 55 册 2152 号经《续古今译经图纪》，第 371 页。

⑦ 《大正藏》第 16 册，0660 号经，第 292 页。

⑧ （宋）赞宁：《宋高僧传》，中华书局 1987 年版，第 33 页。

⑨ 见《旧唐书·武承嗣列传·附薛怀义》，中华书局 1975 年版，第 4741 页。

以推测，沙门处一，久居洛阳，应该熟悉洛阳方言。

根据《开元释教录》的记载，菩提流志译《不空羂索神变真言经》（三十卷），由弟子般若丘多助宣梵本，沙门云观等笔受。除了这部《真言经》外，菩提流志译的《一字佛顶轮王经》《广大宝楼阁善住秘密陀罗尼经》《千手千眼观世音菩萨姥陀罗尼身经》《如意轮陀罗尼经》《文殊师利宝藏陀罗尼经》《金刚光焰止风雨陀罗尼经》也是沙门云观等笔受。这 7 部经是在翻译《大宝积经》（一百二十卷）的空隙中译的，沙门云观以“次文”的身份参与到《大宝积经》的译场中。这些经都是在西崇福寺译的，或许可以推测，沙门云观等人熟悉长安方言。

这样看来，《咒心经》和《真言经》译音语音特点不同，就容易理解了，译主不熟悉汉语时，笔受等助译人员的口音就至关重要了。同时，也能证明，至晚在 7 世纪末 8 世纪初，唐代北方方言就分东西两大方言区。

第二节　菩提流志译《护命法门神咒经》咒语对音研究[①]

一　于阗本介绍

《护命法门神咒经》（以下称《神咒经》）于阗本见 Ch. c. 001，852—1061 行，这是于阗文献中保存完整的一部佛教经籍，Bailey 先生有转写，定名为 Sumukha Sūtra（善门经）[②]，田久保周誉先生对照菩提流志译本和藏译本（西藏大藏经第七卷 No. 309，P. 235），对 Bailey 的转写作了校订，就咒语部分而言，许多地方有所更改，并且附有图版[③]。Emmerick 对这个于阗本做过翻译研究[④]，他的研究虽然晚出，但咒语的转写，似乎与 Bailey 的没什么不同。因此，本书依旧以田久保氏的转写作为底本。

如果以对音研究为目的，则不能机械地依照于阗本，而应当遵从对

① 本节内容以《菩提流志〈不空羂索咒心经〉〈护命法门神咒经〉咒语对音研究》为题发表于《语言研究》2015 年第 2 期，第 53—62 页。

② Bailey, *Khotanese Buddhist Texts*, London: Taylor's Foreign Press, 1951, pp. 135 - 143.

③ 田久保周誉：《燉煌出土于闐語秘密経典集の研究》，（东京）春秋社 1975 年版，图版在第 99—115 页，转写在第 165—193 页。

④ Emmerick, *The Khotanese Sumukha Sūtra*, Indologica Taurinensia Volume 23 - 24, Professor Gregory M. Bongard-Levin Felicitation Volume, Torino, 1997 - 1998, pp. 387 - 421.

音规律，参考其他证据，合理确定音译词的源头形式。比如 Ch. c. 001 第885行，三位先生均转成 baddhani，从于阗文的字形来看，这么转成没什么不妥，但是汉文本作“畔柁儞”，“畔”字分明有鼻韵尾，而且藏文本作 bandhani，看来问题在于阗本。于阗文 ndha 作，ddha 作，区别就在叠加字符两部分连接的位置，若上部是 n，则在该字符右下角与 dha 相连，若上部是 d，则在该字母左下角与 dha 相连。这个区别太细微，不能排除于阗本传抄有误。类似这样的情况，转写都依照藏文本做了改动。还有个别地方，汉文本与于阗本、藏文本都对不上，这些对音字只有忽略不计了，好在这类现象并不多，不影响大局。

二　菩提流志译《护命法门神咒经》对音特点

这部经《大正藏》中收有四个译本，分别为《金刚秘密善门陀罗尼咒经》（T20，1138a）、《金刚秘密善门陀罗尼经》（T20，1138b），这两部经译者不明，附东晋录，另外有菩提流志《护命法门神咒经》（T20，1139）、法贤《佛说延寿妙门陀罗尼经》（T20，1140）。本节探讨菩提流志译本的对音特点。根据《续古今译经图纪》记载，菩提流志《护命法门神咒经》（以下称《神咒经》）与《不空羂索咒心经》（以下称《咒心经》）都是在洛阳译的，而且译场相同，所以放在一起比较讨论。

（一）《神咒经》《咒心经》声母对音特点

《神咒经》《咒心经》咒语对音字声母特点与玄奘译音的洛阳方音特点大致相同。请看具体对音材料（按照梵文辅音的分组排列）。

1. K 组

（1）k《神咒经》（见母）迦鸡枳俱拘矩计紧建剑羯讫；《咒心经》（见母）计加迦剑羯矩讫枳。

（2）kh《神咒经》（溪母）弃；《咒心经》没出现。

（3）g《神咒经》（群母）伽耆具祁乾揭堀趌；《咒心经》（群母）伽祁趌。

2. C 组

（1）c《神咒经》（章母）者遮旨主制障斫质；《咒心经》（章母）折者旨主。

（2）ch《神咒经》（昌母）瞋；《咒心经》没出现。

（3）j《神咒经》（禅母）阇社恃逝誓常蟾赡折十，禅字对 duṃ，存疑。《咒心经》（禅母）社实视。

3. Ṭ 组

（1）ṭ《神咒经》（知母）吒徵株齭卓皆反；《咒心经》（知母）痓吒讫切吒徵窒柱。

（2）ṭh《神咒经》（彻母）耻；《咒心经》（彻母）侘勅可切。

（3）ḍ《神咒经》（澄母）茶雉；《咒心经》（澄母）茶雉。

（4）ḍh《神咒经》（澄母）茶；《咒心经》没出现。

（5）ṇ《神咒经》（娘母）若尼也反拏尼；《咒心经》（娘母）嬭拏可切耐拏计切抳努拏古切。

4. T 组

（1）t《神咒经》（端母）多䫂底柱丁庚反堵低谛带怛；《咒心经》（端母）怛多讫切底丁旨切谛都覩縿丁也切䫂丁可切。

（2）th《神咒经》（透母）他梯㖒体替；《咒心经》（透母）他。

（3）d《神咒经》（定母）陀柁姪徒也反啼地杜提惮蚶陀盐反达；《咒心经》（定母）达地第柁姪徒也切诞。

（4）dh《神咒经》（定母）陀柁地杜提；《咒心经》（定母）鄧陀證切地杜柁姪徒也切。

（5）n《神咒经》（泥母）檨那可切那儞怒泥祢泥南涅纳；《咒心经》（泥母）弩那矩切檨那可切儞。

5. P 组

（1）p《神咒经》（帮母）波跛播比卑臂补篦奔般钵必；《咒心经》（帮母）霸必也切般比讫切跛补。

（2）ph《神咒经》（滂母）叵普；《咒心经》（滂母）叵。

（3）b《神咒经》（並母）婆畔勃；《咒心经》（並母）罷勃步婆伴。

（4）bh《神咒经》（並母）婆毘鼻部鞞薜朋跋；《咒心经》（並母）罷部婆伴鼻。

（5）m《神咒经》（明母）摩麽弭谟莽慕迷谜牟门闷曼漫瞢末莫蜜目；《咒心经》（明母）漫闷弭面麽母木慕。

6. 半元音

（1）y《神咒经》（以母）耶夜野也庚曳；《咒心经》（以母）也裔逸。

（2）r《神咒经》（来母，弹舌）囉唎嚧哩嚕啰唎唎嚟嚩嚂喇嘌；《咒心经》（来母，弹舌）嚩嚕啰囉咯嘌嚧攞罗。

（3）l《神咒经》（来母）罗攞梨履卢犂梨隶例嚂利；《咒心经》（来母）履鲁路攞。

（4）v《神咒经》（奉母）吠嚩筏（並母）婆毘鼻跋；《咒心经》（奉母）筏(房也切)饭防吠费(房可切)，（並母）部。

7. 咝音

（1）ś《神咒经》（书母）赊捨奢尸始输世扇胜苫闪设失湿室；《咒心经》（书母）输捨失始戍。

（2）ṣ《神咒经》（生母）沙师史铩瑟涩；《咒心经》（生母）洒瑟史。

（3）s《神咒经》（心母）娑私斯苏素僧三萨窣娑悉；《咒心经》（心母）萨三散苏素娑玺信縒。

8. 喉音

h《神咒经》（晓母）訶歌呬虎醯喝嗷(如字)故(许日反)黑；《咒心经》：（晓母）虎呬故醯嗷(诃讫切)賘(呼暗切)诃(呼可切)。

9. 其他

Ø（以元音起始的音节）《神咒经》（影母）阿伊乌邬翳因安应遏；《咒心经》（影母）阿闇檼(乌可切)伊翳印。

《神咒经》和《咒心经》声母的对音规律几乎完全相同。次浊声母只对梵文的鼻音，比如明母对 m、泥母对 n、娘母对 ṇ，这与玄奘对音规律相同。

从细节上看，《神咒经》拿奉母字"吠嚩筏"、並母字"婆毘鼻跋"对梵文的 v，这不仅与玄奘的对音规律相同，而且连用字都一样。梵文 h，《神咒经》《咒心经》全拿晓母字对，而唯一出现的匣母字"纥"与"唎"一起对 ṛ，那是在描写发梵文舌尖颤音前的气流，似乎显示匣母与晓母还有差异。不过仅凭这点材料要说当时有的方言晓匣两母还保持清浊对立，有点冒险，暂时留下线索，等以后深入研究。

总之，在声母方面，《神咒经》与《咒心经》有相同的规律，与玄奘对音相近，而与不空对音差异较大。

（二）《神咒经》《咒心经》韵母对音特点

《神咒经》和《咒心经》韵母对音既具有相同之处，也各具特点。先按阴声韵、阳声韵、入声韵分三类讨论各摄的对音特点，最后讨论三等韵的对音。

对音汉字加了小注，有的注出反切，有的注了声调。这说明需要照着小注读，才能较为准确地念出梵文音。分析统计时，当然应该以小注表示的音为准。

下面按照各摄罗列对音情况，每一组都是先列出对音情况，再加以分析。

1. 阴声韵

(1) 果假摄

表 2-11　**果假摄对音表**

调	韵	《神咒经》	《咒心经》
平	歌	阿诃多陀他 a、ā，罗 a	阿 ā
	麻三→歌	赊尸阿反耶药何反阇时何反 a	
上	哿	㝹榛那可切攞囉歌呼可切 a，柁娑上啰 a、ā	㝹丁可切他上音柁歌呼可切攞 a、ā，榛那可切縒㰕乌可切啰囉 a
	戈系→哿		迦讫可切 a、ā
	麻系→哿	沙师可反 a。者之可反捨尸可反 ā、a	吒吒可切佗勑可切灑沙可切者之可切捨尸可切社时可切也药可切 a，若而可切 ā
	蟹→哿		孋拏可切 a
	药→哿	缚房可切 a	缚房可切 ā、a
去	箇	那 ā、a	
	祃→箇	夜药箇反 ā	
平	戈	波婆 a，摩 a、ā，迦 a、ā，伽 a，伽长声呼 ā、ā	
上	果	跛叵麼 a，	跛叵婆上音 a，伽上音 a、ā
	戈→果	迦上伽上 a，婆上音 a、ā	
去	过	播 ā	
	戈→过	迦去 ā，莎去声 -vā	
平	麻二	吒拏 a	叉 a
	麻三	奢 a，遮 ā、a	
	歌→麻系	多丁耶反、丁也反 -ya	

续表

调	韵	《神咒经》	《咒心经》
上	马二	茶上音 a	茶上音 a
	马三	者、社 a，野 ya，也 ya、yā	
	药→马三	若尼也反 -ya	
	屑→马三	姪徒也反 -ya	姪徒也切 -ya
	脂→麻系	毘蒲也反、毘耶反 -yā，尼尼也反 -ya	
	其他韵二→马三		霸必也切 罷薄也切 縿丁也切 加吉也切 -ya
	月→马三		筏房也切 -yā

梵文 a、ā 都对歌（戈）系一等。戈韵有 u 介音，莎去声对 svā。汉语唇音音节不分开合，戈韵系一等唇音字对梵文唇辅音拼 a、ā 的音节。

梵文喉音 k、g、gh 拼 a、ā 的音节，用“迦”“伽”字对，按照韵书，迦伽都是戈韵三等开口，李荣先生为这些音节构拟出一个韵母 iâ，â 代表后元音［ɑ］。① 不过，李荣先生的体系中，三等韵主元音一般不用后元音［ɑ］，比如三等阳韵系主元音是［a］，与一等唐韵主元音［ɑ］有别。把果摄开口三等主元音拟成［ɑ］是没有办法的事，因为戈韵一三等同韵，只能构拟相同的主元音。如果换个角度想想，果开三这个韵母之所以拟音时遇到麻烦，或许汉语中最初并不存在，长期的梵汉对音实践使得梵语某些音节进入汉语，之后按照汉语的语音规律演变，在某些方言中形成了这个韵母。这个看法，董同龢先生曾经提到过②，他认为“伽”类字后起，而且都是翻译佛经用字。

从现有的《切韵》系韵书残卷来看，果摄开口三等诸韵像是增加字。《切三》（S2071）歌韵最后一个小韵是伽小韵，只收伽一字，无释义，连反切都没有，“无反语，噱之平声”③，有理由猜测《切韵》原书未必收此音节。从《王一》（P2011）、《王三》开始，歌韵又增加了见母“迦”、溪母“佉”两个小韵，这些字也是对音字。由于韵书中收了同韵类的字，“伽”小韵补充了反切注音“求迦反”④，三个小韵反切下

① 李荣：《切韵音系》，科学出版社 1956 年版，第 150 页。

② 董同龢：《汉语音韵学》，台北：文史哲出版社 1996 年版，第 174 页。

③ 周祖谟：《唐五代韵书集存》，中华书局 1983 年版，第 121 页。

④ 同上书，第 459 页。

字系联成一类。在歌戈分韵时，这三个小韵被分到了戈韵。

按照汉语声韵配合规律，一等歌韵不拼群母，但是梵汉对音的实践需要经常译写梵文 ga、ghā 之类的音节，于是利用“伽”字来表示这个音节。等到等韵学兴起之后，按照等韵原理来分析，群母只拼三等韵，只能把“伽迦”等理解成三等，《现代汉语词典》“伽蓝”之伽注音为 qié，就是按照开口三等定的音。可是梵文的对音形式中间分明没有 i 这样的音。这让人怀疑“伽”字对音用时可能最初就念［gɑ］。《广韵》中和“伽”同小韵的“茄”，上海话就念［gɑ］①。其实，在普通话中，一些外来词的读音也游离于汉语声韵拼合规律之外，比如字母词“阿Q”、“CT”，一般的念法［k‘iu］和［si］都是汉语音节所无的。“伽迦”等作为译梵音使用的字，或许也存在这种可能。总之，果摄开口三等韵这个韵母值得深入讨论。

梵文卷舌音及腭音、半元音 y 拼 a、ā 的音节用麻韵系二等知组、庄母字、麻韵系三等章组、日母、以母字对，以上声母都不拼歌、戈韵，所以只能用相近的麻韵字来对音。值得注意的是，《咒心经》中，不管对音字是麻二还是麻三，大多数都加注反切，切下字为一等哿韵“可”②。《神咒经》中，也有存在这类现象，比如沙师可反、者之可反、捨尸可反对 a、ā。这说明麻韵系和歌韵系元音有差异。麻韵系主元音与 a、ā 相近但与歌系不同，一般构拟麻韵系主元音为舌位偏前的［a］，歌韵系主元音为舌位偏后的［ɑ］，能够得到对音证据的支持。

梵文-ya 用麻韵系三等字对。由于麻韵三等只拼精组、章组和以母，故梵文唇音、舌音、齿音、喉音辅音拼 ya 的音节，对音字多是借用他韵之字，同时再加麻韵三等反切。《咒心经》多数用借用麻系二等字，如霸必也切、罷薄也切、縿丁也切都对-ya，而《神咒经》对译这些音节时，似乎回避借用麻韵二等，而去借用歌韵、脂韵字，如多丁耶反、丁也反对-ya，毘蒲也反、毘耶反对-yā，如此选字不知有没有语音方面的考虑。

歌、麻韵不拼奉母，梵文半元音 v 拼 a、ā、yā 构成的音节，都借用轻唇十韵系中月韵、药韵的字对，同时加注反切，切下字分别属歌一、麻三韵系。

① 李荣主编，许宝华、陶寰编纂：《上海方言词典》，江苏教育出版社 1997 年版，第 71 页。这条线索是施向东先生告知的，在此表示感谢。

② 只有两个字没加，不能排除抄手之误。

比如，缚(房可切)对 ā、a，筏(房也切)对-yā。

（2）止摄

表 2－12　　止摄对音表

调	韵	《神咒经》	《咒心经》
平	脂	尸毘师私 i 尼 i、e①；梨 i、ī、e；㗻 i，ä、ī、e	
	齐→脂	啼(田脂反)i；鸡(吉夷反)e	
	至→脂	弃(平声呼之)ī	
上	旨	雉履旨比(卑旨反)i；㘓 ī	雉履旨视 i，㘓 i、īḥ
	脂→旨	伊(上)i、ī	伊(上音)i、ī
	止→旨	徵(张履反)i	徵(吒旨切)i
	荠→旨	底(丁履反)体(他旨反)i	底(丁旨切)i
	纸→旨		枳(吉旨切)抳(孀旨切)i
去	至	鼻地唎利 i，呬 i、ī	鼻地呬(火贰切)i
平	止→之	儞(平声呼)i、ī、e②	
上	止	史始恃耻 i 哩 ṛ、r③	史始儞 i，哩 ṛ
平	支	卑 i 斯 e	
上	纸	枳 i 弭 i、e	玺 i
去	寘	臂 ī	
去	未		费(房费切)i、ī

梵文 i、ī 用止摄支脂之韵系字对，说明这三个韵系读音接近。但是它们对音又有明显的区别，说明在这种方言中，支脂之三分。

i、ī 多数用脂韵系开口字对，《咒心经》中集中用上声旨韵，去声至韵字也用过，《神咒经》脂旨至韵字都大量出现。《神咒经》中，“尼梨㗻”也对过 e，但是藏文本是 i，恐怕于阗本有疏。另外，“鸡(吉夷反)捨”对 keśa，本来用齐韵字“鸡”来对 ke 正合适，却加了小注改读成脂韵，保不准有抄手的问题。

---

① 藏文本作 ni，下梨㗻均同。

② 《神咒经》“儞”字对 i、ī 共 41 次，对 e 只有 5 次，这里面或许还有变格的因素。可见“儞”字对 i、ī 是大势。

③ “哩尼”对 rṇe。

脂韵有重纽对立的音节，用重纽四等对 i、ī，比如鼻、呬、伊、弃、比都是重四。脂韵系是三等韵，本来不拼定母，“地”对 dhi 应该是声母上古音强势保留。

之韵系除了对 i 之外，止韵“哩”对梵文元音舌尖颤音 ṛ，发这个音时，舌尖在口腔中部向前快速颤动，并带有 i 的余韵，一般把之韵系主元音构拟为央元音 ə，与梵汉对音不矛盾。

支韵系除了对 i 之外，还对 e。它的主元音一般拟为 e。

实际上，支之微齐韵系字对梵文 i、ī 的现象，大多可以找到原因，恰能说明这些韵本来与脂读音不同。

旨韵心母只有一个“死”字，或许出于避讳的原因，选用纸韵心母字“玺”对 si。

旨韵山母无字，对 ṣi 就用止韵“史”。

《广韵》：伱，乃里切，与“儞”同音。切上字“乃”是一等韵，表示泥母，对 ni 正合适。而旨韵柅，女履反，切上字是三等，娘母，不应当对 n。

旨韵书母有“矢”字，为何用止韵“始”来对 śi？或许仍然是避粗俗，矢屎同音。

脂韵系唇音不变轻唇，遇到梵文 vi、vī 的音节，只有用微韵系字对。

脂旨韵见母只有重纽三等，一般不对 i。对梵文 ki 需要用支韵系见母重纽四等“枳”。

脂韵帮母重四、旨韵明母重四都无字，故分别用支韵的“卑、弥”替代。

按照《广韵》，抳，女氏切，纸韵；柅，女履切，旨韵。抳柅二字太像了，“抳”对ṇi 或许为旨韵“柅”之误，而且加了小注“孀旨切”。

《广韵》旨韵知母音节小韵首字是“黹”，彻母音节小韵首字是“緐”，《韵镜》也用这个字作为音节代表字。这些字太生僻，故选用止韵字“徵”“耻”代替。

脂韵系不拼端母，对 ti 用四等齐韵字“底”替代。

唯一难解的是《神咒经》中对 ji，不用旨韵禅母“视”字，而用止韵禅母“恃”字。或许正说明支脂之三韵相差不远。

（3）遇摄、流摄

表 2－13 **遇流摄对音表**

调	韵	《神咒经》	《咒心经》
平	模	都谟苏 u；乌 ū、u；卢 u、o	都 u
上	姥	邬补杜虎莽普 u；堵部 ū；噜 u、o、ū①	覩杜虎鲁噜努拏古 u；补 u、ū；部 u、ū、o
	模→姥		蘇上音 u
	麌→姥		柱吒古切 u
去	暮	素略慕怒 o	素路 o；步 o、u
平	虞	俱拘株 u	
上	麌	矩主庾 u；柱丁庚反 -yu	矩主 u
	虞→麌	输上 u	输上音 u
	姥→麌		弩那矩切 iu
去	遇	具 o、u	戍乳 o
平	尤	牟 u	

梵文 u、ū、o 对模、虞韵系字，鱼韵系字没出现。u、ū 比 o 出现的次数多，可见模、虞韵系的主元音应该是 u。梵文 o 是长元音，主要用去声暮韵和遇韵字对，那是因为汉语去声长。姥韵字“弩”要加上小注改读麌韵才能对 niu，柱丁庚反对-yu，麌韵字“柱”改读姥韵才能对 ṭu，这都说明模虞二韵有别，姥韵无介音，麌韵有 i 介音。但是虞韵系章组字对应梵文 cu、śo 之类的音，见组字对梵文 ku、ko，i 介音没对出来，或许和梵文的发音有关，详见 4“三等韵的对音”。

尤韵唇音字“牟”对 u，与遇摄字相同。根据前贤的研究，后汉时期，幽部的尤韵字主要对 u，鱼部的模虞韵对 a，比如度、屠对 dha，无芜对 ma②，西晋时期，模韵、尤韵虽然都是 u、o 两对，但是，模韵对 o 的多，尤韵对 u 的多，说明模韵 o 音色强，尤侯韵 u 音色强③。东晋对音，模虞韵主要对 o，尤侯韵主要对 u④。南朝梁语、十六国、北朝译经、周隋译经也

① 藏文本是 u。

② 俞敏：《后汉三国梵汉对音谱》，《俞敏语言学论文集》，商务印书馆 1999 年版，第 39 页。

③ 刘广和：《西晋译经对音的晋语韵母系统》，《音韵比较研究》，中国广播电视出版社 2002 年版，第 198 页。

④ 同上书，第 163 页。

是这样①。到了唐代，有证据证明模虞韵主元音是 u，比如梵文含 u 的音节，旧译用尤侯韵字对，玄奘都改为模虞韵②，字母 ū、o 对音，慧琳都用模韵“污”来对，前者注“不开牙”，是保持 u 音本色，后者注“大开牙”，是模韵不念 o。而尤侯韵主体已经读为复合元音③，但是唇音字与遇摄读音相同，还念 u。通常的说法是尤韵系唇音字转入虞韵系④，结合从后汉到隋唐的对音发展脉络，真实情况或许是流摄唇音字韵母保持 u 未变，而其他声母字，由于受到模虞韵韵母变成 u 的推动而继续高化，转变成复合元音。⑤

（4）蟹摄

表 2－14　　**蟹摄对音表**

调	韵	《神咒经》	《咒心经》
平	齐	篦(比奚反)鞞迷低梯提泥犂嘥鸡醯 e	
上	荠	挮祢 e	
去	霁	薜谜谛替第泥隶𠽋计翳 e	谛第计翳 e
	齐→霁		醯(去音)e
	脂→霁	耆(耆西反、祁西反)祁(祁奚反)e；耆(祁西反)-re	祁(祁计切)e
	代→霁		耐(拏计切)e
	祭	錣制逝誓世 e；曳例-ye	裔-ye
	废	吠 ve	吠 ve
平	其他韵→皆	𪘏(阜皆反)茶(茶皆反)泥(尼皆反)e	
去	泰	带 ai	㘓 ai

① 刘广和：《南朝梁语韵母系统初探》，《音史新论——庆祝邵荣芬先生八十寿辰学术论文集》，学苑出版社 2005 年版，第 213 页；施向东：《十六国时代译经中的梵汉对音》，《音史寻幽——施向东自选集》，南开大学出版社 2009 年版，第 116 页，施向东：《北朝译经反映的北方共同汉语音系》，同上，第 130 页；尉迟治平：《周、隋长安方音初探》，《语言研究》1982 第 2 期，第 27 页。

② 施向东：《玄奘译著中的梵汉对音研究》，《音史寻幽——施向东自选集》，南开大学出版社 2009 年版，第 53 页。

③ 刘广和：《不空译咒梵汉对音研究》，《音韵比较研究》，中国广播电视出版社 2002 年版，第 67 页。

④ 比如，唐作藩：《汉语语音史教程》，北京大学出版社 2011 年版，第 85 页。

⑤ 黄笑山先生在郑州大学指导我写本科学年论文和毕业论文时就提到过这样的看法，那大概是 1996 年到 1998 年间的事了。

梵文 e 对蟹摄齐韵系字，主要对平声齐韵和去声霁韵，上声荠韵很少用，《咒心经》一个也没有，《神咒经》只出现两个字。因为梵文的 e 是长元音，汉语上声短。《咒心经》连平声字也很少用，因为平声比去声短。霁韵晓母无常用字[1]，故《咒心经》借平声“醯”字，并加注“去音”。

霁韵不拼群母，对 ge 选择脂韵重纽三等字“祁耆”加注反切。重三和重四的区别，下文还要说。

霁韵不拼庄、章组和以母，故用三等祭韵字“鏺、制逝誓世、曳例裔”代替来转写相应的梵音。

霁韵不拼知组，《神咒经》用皆韵字，或者把齐韵、麻韵字加小注改读成皆韵来对 ṭe、ḍe、ṇe。《咒心经》用代韵字加小注改读成霁韵对ṇe。

霁韵唇音字不变轻唇，故用废韵字“吠”表示 ve 这样的音。

梵文 ai 用去声泰韵字对。

2. 阳声韵

梵文的 anusvāra（转写为ṃ）是加在音节上的辅助性的符号。如果这个带 anusvāra 音节在咝音（包括 ṣ、ś、s）和 ha 前，则该音节元音鼻化，如果在塞音、塞擦音前，则 anusvāra 读为同部位的鼻辅音。读下面的表时，要注意这一点。

（1）臻摄

表 2-15 **臻摄对音表**

调	韵	《神咒经》	《咒心经》
上	魂→混	门$_{上}$ uṇ（ḍ）	
去	慁	闷 uñ[2]	闷 o'n
平	真	因 in	
上	轸	紧 in	
去	震		印信 in
去	真→震	瞋 in	

真韵系对 in，“因印紧”都是重纽四等，“瞋”是昌母，“信”是心母，从反切结构来看，与重纽四等归成一类。

魂韵系对 un、uñ、on，都是唇音字。

① 《广韵》有欪字，《集韵》以奤为小韵首字，但都较生僻。

② 于阗本和藏文本均作 muca。词根 muc 的现在时中间词干是 muñca。

（2）山摄

表 2-16 **山摄对音表**

调	韵	《神咒经》	《咒心经》
平	寒	安 aṃ	
上	旱		诞 aṃ
去	翰	惮 ān	散(去音) aṃ
平	桓→寒	般(比寒切) aṃ	
平	桓	曼 aṃ	
去	换	畔漫 an、aṃ	伴 an、añ
平	仙	乾 aṃ	
去	线	扇 āṃ 禪 uṃ	
去	愿	建 āṃ(t)	饭 āṃ

山摄开口对 aṃ、āṃ、añ，实际读音都是 an。禅字对 uṃ 存疑①。

（3）宕、曾摄

表 2-17 **宕曾摄对音表**

调	韵	《神咒经》	《咒心经》
平	阳	常 āṃ	
去	漾	障 āṃ	防(去音) āṃ
平	登	僧曹 aṃ	
去	证	應勝 aṃ	
去	登→嶝	朋(去) aṅ	
去	嶝→证		鄧(陀證切) yaṃ

宕摄的阳声韵，均带着后鼻音韵尾，这与不空音系的特点明显不同。梵文的元音 a，实际接近［ɐ］，故能对曾摄。对宕摄用 ā 而不用 a，说明宕摄主元音比曾摄要低。

① udumbare（优昙钵花）《神咒经》用“鄔禪婆(上)梨”对。

（4）咸摄

表 2－18　**咸摄对音表**

调	韵	《神咒经》	《咒心经》
平	谈	嚂南 aṃ	
去	阚	嚂三 aṃ	三去音 aṃ
平	梵→凡	剑平 aṃ	
去	勘		闇 oṃ
去	阚→勘		䁖呼暗切 uṃ
去	梵→勘		劎俱暗切 aṃ
平	盐	蟾 a̧m	
去	豔	苫闪赡 am、āṃ	

咸摄一等谈韵系对 aṃ，在《咒心经》和《神咒经》中都能找到证据。覃韵系除了 aṃ 之外，也对 oṃ 和 uṃ，《咒心经》中有直接的证据，似乎暗示着咸摄一等重韵谈覃有别。但是证据太少，暂时还下不了结论。

3. 入声韵

梵文音节中的辅音，有时单独提取出来，用单个入声字对，有时把开头的辅音和前面音节的元音读在一起，也拿入声字对应。《咒心经》中入声字对单个辅音比较多，对应整个音节的现象相对较少，《神咒经》中，入声字对整个音节的较多。这说明，两份译文的翻译习惯并不完全相同。

表 2－19　**入声韵字对音表**

韵	《神咒经》	《咒心经》
没	勃 b、bud，窣 s	勃 b
迄	讫 k，趷其乞反 g	趷其讫切 g、讫 k
质	失 ś，质 ar，蜜 m，欯许日反 h，嘌 r，悉 s、el、id，必 il，室 ś，儞儞逸反 ir	窒 ṭ、欯火吉切 h（ye）、嘌 r、失 ś
屑→质	涅乃逸反 ir	
薛→质	折常逸反 j	
物	堀 ur	
栉	瑟 ṣ	瑟 ṣ
质→迄		实时讫切 j
至→迄		痓咤讫切 ṭ-
月→迄		嚇诃讫切 h

续表

韵	《神咒经》	《咒心经》
末→迄		般（比迄切）p
曷→迄	喝（诃迄反）h	怛（多迄切）t、达（陀迄切）d
歌→迄	多（多迄反）t，娑（思迄反）s，诃（诃迄反）h	娑（思迄切）s
德→迄	黑（诃迄反）h	
曷	萨 ar、at，怛 ad、达 d，喝 a(n) 喇 at、遏 aṭ	萨 ar
末	跋 ar、aj、at、ha（n）、aṭ，钵 p、aḍ、ar、ac，末 ār、a(n)	
月	羯 at、ar、aṭ，筏 ar，嚩（如字）ar，揭 aḍ、ar	羯 ar
薛	设 at	折（之设切）ar
铎	莫 akh	咯 a（kṣ）
药	斫 ak	
屋	目 ukh	
缉	濕 ś(v)，涩 ṣ(p)，十 j(v)	
合	纳 a(m)	

从对音来看，p、t、k 三种入声韵尾区别分明。山臻摄入声对-t、-ṭ、-c、-d、-r、-l、-ḍ，都是舌音，主要是舌尖音，也有舌面音。宕通摄入声对-k、-kh，收舌根音。深咸摄入声多数对单个辅音，但是后面紧跟着唇音，比如ś(v)、ṣ(p)，说明这些入声字是以唇音塞音收尾的。

对单独辅音的字，以迄韵、质韵、缉韵为多，也有用没韵、末韵的。用迄韵的最多，这说明迄韵的主元音最容易脱落，一般构拟为央元音[ə]是有道理的。

4. 三等韵的对音

为了方便讨论，把三等韵分成普通三等、重纽三等、重纽四等三类。普通三等韵包括李荣先生所分的子类、丑类韵和寅类韵中重三、重四之外的音节。

(1) 重纽四等的对音

梵文元音 i 放在其他元音前面，与其他元音相连时，要变成半元音 y。重纽四等字绝大多数对应梵文元音 i、ī 或含有 y 的音节。

脂韵系：毘 bhi、vi，毘（蒲也反）、（毘耶反）vyā，伊 i、ī；比 pi；鼻 bhi、vi，弃 khī，呬 hi。

支韵系：卑 pi，臂 pī，弭 mi、me；枳 ki，《咒心经》小注吉旨切，改读为旨韵音，对 ki。

真韵系：因 in，紧 kin，印 in；必 pil。

显然，重纽四等字都带有比较突出的 i 音色，这个 i 可以是主要元音，也可以是介音。

（2）重纽三等的对音

重纽三等字对音出现的比较少。只出现三个字，其中两个和梵文元音 e 有关，这个元音主要用四等齐韵系字来对。但齐韵不拼群母，梵文音 ge 只有用其他韵的字来转写。菩提流志的两份译文都是选用脂韵重纽三等字“祁、耆”来替代，同时，加注反切，改读齐韵。耆祁西反还对过 gre。仙韵重纽三等字“乾”对 gan，梵文形式也没有类似 i 的音。这至少说明重纽三等的介音或主要元音比重纽四等偏低或偏央。

（3）普通三等的对音

从对音形式上看，一类是能对含有 i 的音节，包括梵文元音 i、ī 和半元音 y。对梵文元音 i、ī 的主要是止摄、臻摄（包括入声）三等开口字，在前面都列过了。此处，主要讨论含有梵文 y 音节的对音。从声母上看，主要是帮组、端组和喻四声母字，也有娘母和见母的少数字。

帮组：霸必也切 pya，罷薄也切 bhyaḥ、bya，筏房也切 vyā，毘蒲也反、毘耶反 vyā。

端组：多丁耶反、丁也反 tya，柱丁庾反 tyu，縿丁也切 tya，姪徒也反 dya、dhya，鄧陀證切 dhyaṃ，蛐陀盐反 dya(ṃ)，弩那矩切 niu，例 lye。

喻四：野 ya，也 ya、yā，庾 yu，裔 ye。

娘母：若尼也反 ṇya，尼尼也反 ṇya。

见母：加吉也切 kya。

从上面的材料看，三等字应该有 i 介音。但是，有一类三等韵字，经常对梵文不含 y 的音节，下面把这些字列出来。变轻唇的字不算，因为 i 介音可能已经被吞掉了；只对梵文单个辅音的入声字也不算。其余的字按声母排列：

章组：遮 cā、ca，者 ca，主 cu，制 ce，障 caṃ，斫 cak，折之设切质 car（以上章母）；社 ja，逝誓 je，常 jāṃ，蟾赡 jaṃ（以上禅母）；奢 śa，输 śu，戍 śo，世 śe，扇 śāṃ，勝 śaṃ，苫 śāṃ，闪 śam，设 śat（以上审母）；乳 ño（日母）。

见组：俱拘矩 ku，具 go、gu，建 kāṃ(t)，剑 kaṃ，羯 kat、kar、kaṭ（以上见母）；揭 gaṭ、gar，堀 gur（群母）；嚩如字 har（晓母）。

其他：株 ṭu（知）；鎩 ṣe（生）；應 aṃ（影）；目 mukh（明）。

规律显而易见，章组字和见组字占绝大多数。正如施向东先生所说①，章组字所对的梵文音，大概是舌叶音［tʃ］、［tʃʻ］之类，和元音相拼，容易在中间滋生出类似 i 这样的音，故可以对应汉语的三等韵。见组声母对梵文的喉音 k、kh 之类，这组音，在古印度方言中有分歧，有的方言发音部分靠前。净严《悉昙三密抄》：“𑖎，南天竺音カ(ka)，中天竺音キヤ(kya)”。如果照着中天竺音念，就应该用三等字来对。

知母和生母，有的学者拟为卷舌辅音，卷舌音容易把后头的三等介音 i 吞掉，故可以对不含 i 的梵文形式。

（三）《神咒经》《咒心经》声调对音特点

入声放在韵母里头说了，此处只谈平上去三声。一般谈声调，要从音高和音长两个方面说，由于材料少，又参差不齐，目前只能证明去声长，平声也长，由此推断上声短。

去声较长，这有两方面的证据。

一是梵文 e、o 用去声对的最多，因为梵文 e、o 是长元音。《咒心经》中对音字绝大多数是上声，但是对 e、o 却一定换成去声字。e 对霁韵字 4 个，用齐、脂、代韵字对、并加霁韵反切的一共有 3 个，对祭韵和废韵的各 1 个，那是因为齐韵系不拼以母和奉母。o 对暮韵字 3 个，遇韵字 2 个，上声字对过 o 的只有姥韵的“部”，恰巧是浊上，或许有读为去声的可能。《神咒经》对 e、o 既用去声字也用平声字，比如暮韵字“素嗧慕怒”对 o，齐韵字“篦比奚反鞞迷低梯提泥犂嚟鸡醯”对 e，这说明平声与去声都读得较长。但是上声字绝对少用，对 o 的只有一处用上声“噜”字，对 e 的只有两个上声字“挮禰”，《集韵》挮字还有去声霁韵他计切一读。由此可推测，上声与平声、去声不同，听起来较短。

二是 in、aṃ 等元音后面加上鼻辅音或 anusvāra 的音节用去声字对的最多。带 anusvāra 的音节算长音节，短元音后面跟着两个辅音的音节，包括一个鼻音加上一个塞音，也算长音节，《咒心经》中这样的音节对去声字 12 个，只有一例用上声字对了，恰恰又是浊上：诞，徒旱切，定母旱

① 施向东：《玄奘译著中的梵汉对音研究》，《音史寻幽——施向东自选集》，南开大学出版社 2009 年版，第 45 页。

韵，对(i)taṃ(ca)。梵文 t 在两个元音之间可能浊化成 d，可以对定母，上声字“诞”对长音节，或许可用浊上变去来解释。《神咒经》中，这类音节对去声 14 字，对平声 15 字，对上声只有 2 字。这同样能够说明，去声和平声长，上声短。

从上面的分析可以看出，《咒心经》和《神咒经》译音在声调方面略有不同。《咒心经》对 e、o、in、aṃ 等长音节，只用去声，连平声也规避，而《神咒经》则既用去声也用平声。这或许反映出译者审音能力的差别。

第三节 提云般若译《智炬陀罗尼》咒语对音研究①

《大正藏》中收录（唐）提云般若等译《智炬陀罗尼经》（No. 1397），（宋）施护译《佛说智光灭一切业障陀罗尼经》（No. 1398）。另外，段晴教授《于阗僧提云般若》② 一文中指出，（隋）阇那崛多译《五千五百佛名神咒除障灭罪经》第三卷中也收录了这段咒语③。《大正藏》中这几份汉译本后面都没附梵本。幸运的是，该经的于阗文写本残卷中有五份都包含咒语部分。其中彼得罗夫斯基（Petrovsky）获取的编号为 SI P 3④ 的文献咒文部分完整，其余四份都属霍恩雷（Hoernle）收集品，残缺较为严重，断断续续能发现咒语语句。可以根据这些文献进行对音研究。本节只讨论提云般若译本的对音情况。

根据段晴教授的介绍，提云般若是于阗国著名的高僧，于公元 689 年左右⑤来到洛阳，在大周东寺译经。大约在 691 年或 692 年去世，在洛阳生活的时间不过三四年，他的工作主要是译经。魏国西寺沙门法藏参加提云般若主持的译场，他为提云主译的《大乘法界无差别论》作疏，介绍

① 本节内容曾发表于《西域历史语言研究集刊》第八辑，科学出版社 2015 年版，第 225—234 页。

② 段晴：《于阗·佛教·古卷》，中西书局 2013 年版，第 45—56 页。

③ 《大正藏》第 14 册 0443 号经。

④ SI 为 Serindia（西域）的缩写。图版在 R. E. Emmerick and M. I. Vorob'ëva-Desjatovskaja, *Saka Documents VII*, *the St. Petersburg collections*, London：SOAS 1993，Plates 2 - 6。

⑤ 法藏著《大乘法界无差别论疏》记载提云于“垂拱年内届至神都”（《大正藏》第 44 册 1838 号经，第 64 页），《宋高僧传》记载“永昌元年来届于此”（《宋高僧传》，中华书局 1987 年版，第 33 页。）

说提云“赍梵本百有余部，于垂拱年内届至神都”，在洛阳期间，三四年内共译出六部经籍，工作强度是很大的，但并未完成宏愿，“其余经论，并未及译，三藏遂便迁化”。[①] 从上面的材料可推测，提云恐怕不会花太多时间和精力学习汉语，那么译咒时选字定音恐怕主要靠译场工作人员。根据《大周刊定众经目录》，提云般若译《智炬陀罗尼经》是在天授二年（691），地点是在大周东寺。根据《开元释教录》，他的译场构成如下：“沙门战陀、慧智等译语，沙门处一等笔受，沙门复礼等缀文，沙门德感、慧俨、法明、弘景等证义。”其中沙门战陀、沙门处一同样参加菩提流志在佛授记寺译《不空羂索咒心经》时的译场，职位也相同。

一　于阗本校勘

做对音研究，关键的一步是找出与汉文本切合的对音形式。于阗本与提云译本个别词语不甚切合，需要根据其他版本及相关知识分析校勘。这份咒语还有藏文本，德格版编号为 No. 522。汉文本除了提云译本之外，还参考（宋）施护译《佛说智光灭一切业障陀罗尼经》、（隋）阇那崛多译《五千五百佛名神咒除障灭罪经》第三卷中的一段。下面把有问题的地方分类讨论。

（一）提云译本与于阗本不合，却能用《佛教混合梵语词典》中收的词形或藏文形式来解释

1. SI P 3：sar yathīva，H. 142 NS 81：sar yath < e >。提云译为“娑野替音他地反谈”，与《佛教混合梵语词典》中 sayyathīdam 对应，于阗本另有所本。

2. SI P 3：velu velu。提云“陛罗上”，阇那崛多“鞞罗”，施护“吠引啰”，最后一字都是果摄字，藏文本作 belā belā，《佛教混合梵语词典》中，velu 又写作 velā，故提云对的应该是 velā。

3. SI P 3：cakṣu prabha。梵文 prabhā，阴性名词。但是佛教混合梵语也有 prabha 的形式，提云“斫刍上钵罗婆上”能对应，上声一般对短音。

4. SI P 3：itithaṃsa。提云“壹炭娑上”，于阗本大概误增了 ti，或者另有所本。提云对音的源词大概是 ithaṃsa，藏文本作 id than sa。

5. SI P 3：tturudhusi turu turudhusi。藏文本 turudusi turudusi。提云“咄噜杜斯 咄噜杜斯”，提云的汉译与藏文本所记录的词形对应。

---

① 法藏：《大乘法界无差别论疏》，《大正藏》第 44 册，1838 号经，第 64 页。

6. SI P 3：dhasu dhasu。H. 142 NS 81 同。提云“杜苏 杜苏”与藏文本 dhusu dhusu 对应。于阗本可能另有所本，施护“驮酥”，就能和于阗本对应。

7. SI P 3：rede，H. 142 NS 81 同。提云“梨提苏$_{上}$喋”，藏文本 redhesudhare，如果藏文本去掉音节 dha，就能和提云译本对应了。

（二）于阗本所记录的梵词不符合正梵文的语法，提云译本照着于阗本译

SI P 3：garjitarājebhya。梵词 garjita，雷鸣，rājan，王，复数为格形式是rājabhyaḥ。于阗本 ja 作 je，大概是按照阳性以 a 收尾的名词变格了，正如下句 gata 的变格形式一样。不过提云本为“遏啰是瓢萨”，是，纸韵，主元音对 e 不对 a，说明正是对应于阗本这样的形式。“萨”字似乎对的是 bhyaḥ的尾音 s，在这个版本中，bhyas 没变成 bhyaḥ。

（三）其他

1. SI P 3：cakṣur dada。梵文 cakṣu，眼睛，单数第一格形式 cakṣuḥ，visarga 在 da 前变为-r。于阗本记录的是连声音变后的形式。提云“斫刍$_{上}$达陀”是翻译名词 cakṣu 的原形形式，没对出-r 尾。

2. SI P 3：sīraṭa，H. 142 NS 81 同。梵词 sī-rata，调伏。提云“苏$_{上}$啰咤$_{都假反}$”。“咤”字特意注出反切“都假反”，切上字是端母而不是知母，说明对的是梵文的 ta。

3. SI P 3：sīraṭa，H. 142 NS 81 同。提云“苏$_{上}$啰拕”，《大正藏》“拕”字注又作“柁”，《中华大藏经》收录的高丽藏作“拖”。阇那崛多“苏啰$_{上}$驮”，施护“酥啰那”。诸汉译本最后一字皆为浊音，且不卷舌，而于阗本是清音卷舌，或许二者来源不同。

4. SI P 3：suthāsa，H. 142 NS 81：sutā… 后面残缺。提云“苏$_{上}$哆$_{丁佐反}$娑$_{上}$”，能够和 H. 142 NS 81 对应。

5. SI P 3：sathāsa sathāsa。提云“悉他$_{上}$娑 悉他$_{上}$娑”。悉，心母质韵，主元音一般不对 a，提云本可能另有所本。阇那崛多“萨他$_{引}$娑$_{去}$”、藏文本 sad thā sa 都与于阗本一致。

6. SI P 3：yijuru。提云“以竖”，阇那崛多“树$_{引}$嚧”，于阗本似乎是这两个汉译本的叠加。

7. SI P 3：karmāpaṇi karmāpaṇi。提云“羯摩 羯摩”，只对应 karma，于阗本的 paṇi 没有着落。

8. SI P 3：lāru vuddhe，提云“罗噜 勃低”，梵文 v、b 容易混，提云的“勃”对 bud。低，端母，对 dhe，存疑。

9. SI P 3：mālani，H. 144 NS 74：mālini，提云“摩理你”与 H. 144 NS 74 对应。

10. SI P 3：sattyatara。提云“萨埵(颠也反)曷啰多”只有前半句“萨埵”能和于阗本对应；或许于阗本 tara 为 rata 之误。[①]

11. SI P 3：budhe，H. 144 NS 74：budhi。提云“勃提(徒咨反)”。提，齐韵，本应该对 dhe，加注反切“徒咨反”，脂韵，那么主要元音是 i，与 H. 144 NS 74 对应。

12. SI P 3：avrrate。提云“苏跋赖低”。梵文 avrata，敬神；su-vrata，持戒。提云本对的是 su-vrata。于阗本另有所本，也有抄错、认错的可能。在 SI P 3 中，婆罗迷字 su 作，a 作，形体较为接近。

13. SI P 3：tathāgatebhya。提云“怛他揭帝瓢”。梵词应该是 tathāgatebhyas，提云本这句末尾没加“萨”，那是因为下一句是 siddhyaṃtu，开头是 s，把语尾 s 吞掉了。

二　提云般若译《智炬陀罗尼》咒语对音规律

（一）声母对音情况

1. K 组

（1）k（见母）迦矩计鸡讫屈(居勿反)吉羯；（2）kh（溪母）屈(音屈申之屈)；（3）g（群母）祇揭

屈申之屈对 kh，居勿反之屈对 k，选用有异读的字，不同读法对应不同的对音形式，靠加音注来区别，这种现象笔者还是第一次见到。而且，从小注来看，这位译者深谙汉语音义关系。“屈申之屈”当指《易・系辞下》：“往者，屈也。来者，信也。”《周易音义》：“屈，丘勿反”，而楚国的屈氏，当读见母音，桓公十一年的“屈瑕”、宣公十二年的“屈荡”、成公二年的“屈巫”、襄公十五年的“屈到”、襄公二十二年的“屈建”、襄公三十一年的“屈狐庸”、昭公四年的“屈申”，《左传音义》俱音“居勿反”。这位译者所加的两个音注，都能在儒学传统文献中找到影子，看来这位译者对儒学经典是了然于心的。提云般若在大唐仅生活三四年，

① 这是施向东先生提示我的，在此表示感谢。

他对汉语音义关系的认识断不会如此精深，如此选字加注，应该是借助一些饱学宿儒的帮助。译这部经时，笔受是沙门处一等人，处一是“大周东寺都维那、清源县开国公”①。有如此高的社会地位，应该不会是白丁。

2. C 组

（1）c（章母）斫质遮；（2）j（禅母）是竖树

禅母依三十六字母，是细正齿音浊，相当于浊擦音，但在梵汉对音中，都是对浊塞擦音 j，这是常识，不多说了。

3. Ṭ 组

（1）ṭ（知母）徵张里反；（2）ḍ（澄母）柱；（3）ṇ（娘母）拏腻

徵，《广韵》有蒸韵陟陵切一读，加注反切表明读止韵对 ṭi。

4. T 组

（1）t（端母）多哆丁佐反埵颠也反答怛帝咄都低底都履反吒都假反；（2）th（透母）他替他止反炭他邓反闼；（3）d（定母）驮提地昙谈姪达陀；（4）dh（定母）陀拖驮提地殿徒杜度达；（5）n（泥母）那奴你南昵奴吉反。“吒”字特意注出反切“都假反”，说明对的是 ta，详细的说明见校勘部分（三）2。

你，《广韵》乃里切，切上字是泥母，对 ni。

昵，《广韵》尼质切，本属娘母，对 nir 就加注“奴吉切”，声母注成泥母。

上述细节都能证明端知组分立、泥娘有别。

5. P 组

（1）p（帮母）簸蓖篦补奚反钵必；（2）b（並母）勃；（3）bh（並母）婆上鼻蒲瓢；（4）m（明母）摩米漫忙没（微）無

到了唐代，轻重唇已经分化了，不该再出现微母字对 m 的现象。“無”对 mo，全都出现“南無”对 namo 的条件下，这分明是继承前代旧译。

6. 半元音

（1）y（以母）野耶以哥反以曳衍去

（2）r（来母，弹舌）啰依罗字本音而转舌呼之罗喋梨嚩唎嚧噜赖、“遏啰”②

（3）l（来母）洛罗理卢鲁

① 《大正藏》第 16 册，0660 号经，第 292 页。

② “遏啰”两个字对 rā，用影母字“遏”来描写发颤音前喉部紧张的动作。

（4）v（並母）婆毗鞞陛勃跋

梵文的 v，在隋之前是用匣母合口和喻三字来对，从玄奘、不空开始，用奉微母字对。提云用並母字对，说明他见到的本子，v 都读成 b。

7. 咝音

（1）ś（书母）成；（2）ṣ（生母）涩；（3）s（心母）娑上琐苏括反写斯舸反斯苏上萨逊窣苏骨反悉飒

8. 喉音

h（晓母）诃（匣母）户

匣母字“户”对 h，说明已经清化。

9. 其他

（1）kṣ（初母）刹刍上；（2）jñ（日母）壤；（3）Ø（以元音起始的音节）（影母）阿遏伊翳於鸡反壹嗢

初母字对 kṣ，说明提云所传的梵本 kṣ读成［tʂʻ］。

日母字对 jñ，说明提云所传的梵本 jñ 念成 ñ。于阗本中有这么个词，jñānolkasya，是梵词 jñāna（智慧）加上 ulkā（火炬），a 和 u 连声变为 o，提云译为“壤奴嗢迦上写斯舸反”，壤，日母养韵，单用日母字对 jñ，说明此处 jñ 读作 ñ［ȵ］。提云般若是于阗人，于阗语《赞巴斯特之书》把梵词 saṃjñā（想）写作 saṃñā，同样是 jñ 读作 ñ。这两条证据可以互相印证。而该经施护译本“惹拏二合曩”是用日母字“惹”加上娘母字“拏”对 jñā，说明他所传的本子这个组合字母念［dʑȵ］。看来梵文字母 jñ，不同的学派所传之音可能有所不同。

总的看来，娘母只对 ṇ，泥母只对 n，明母只对 m，g 只对群母，不对疑母，j 只对禅母，不对日母，上述各组声母的共同特点是，次浊声母只对鼻音，而不对同部位的浊塞音，这都与玄奘译音所反映出的中原音对音规律一致。①

（二）韵母的对音情况

1. 果假摄

歌：多啰 a，陀罗娑诃 a、ā，他阿 ā；哿：娑上阿上多上a，罗上诃上a、ā，他上ā；箇：那拖诃去a，驮 ā、a

麻三→歌：耶以哥反a；马三→哿：写斯舸反ya；麻三→箇：遮之箇反ā

① 施向东：《音史寻幽——施向东自选集》，南开大学出版社 2009 年版，第 32 页。

戈：摩 a，婆迦纪伽反 ā；果：婆上 ā，迦迦之上声簸 a；过：婆去迦去 ā

麻二：拏长声 ā；祃二：吒 a；马三：野 ya

果→马三：埵顛也反 ya

梵文 a、ā 主要对歌戈韵系，戈系只出现唇音字。“迦”字，按照《广韵》分韵是在戈韵，但是对音从来是跟着歌系走，不含合口成分。麻韵系字和歌韵系字对音有差别，“耶、写、遮”要注上歌系的反切才对 a、ā 和 ya，说明两个韵主元音有差别。一般构拟麻韵系为舌位偏前的［a］，歌韵系为舌位偏后的［ɑ］，能够得到对音证据的支持。歌戈韵系主要是一等韵，梵文 - ya 需要用三等字对，只有用麻韵系三等。麻韵系不拼端母，对 tya 借用端母果韵的“埵”字对，加注马韵三等反切。

2. 止摄

脂：毗 i，梨 i、e，伊嚟 e；旨：伊上、㖛、腻尼履反 i；至：地 i、ī，鼻 ī，唎 i；齐→脂：提徒咨反 i；荠→旨：底都履反 i；霁→至：替音他地反 ī

支：祇斯 i、ī；纸：祇上 ī，是 i、e

止：徵张里反理你以 i；霁→止：替他止反 i

从对音来看，脂支之音近，但有区别。

脂韵系主要对 i、ī。例外的只有梨嚟字，梨字 3 次对 i，1 次对 e。嚟只出现 1 次，对 e。这可能是“犂”字的误写，犂有齐韵一读。

三等脂韵系一般不拼端组，故转写梵文 ti、dhi 这样的音只有借用齐韵系字，加上反切，改读成脂韵系音，这也说明齐韵主元音与脂韵不同。

支系与之系也对 i、ī，说明支脂之这三个韵系读音接近。但是大多数是替代脂系缺少的音节，又说明与脂系读音有别。群母只与脂系重纽三等相拼，对 i、ī 需要重纽四等，就用支系重纽四等的“祇”字替代。旨韵知母音节字少且生僻，《韵镜》拿“黹”当代表字，故用止韵的“徵”替代。用止韵“你”字对 ni，是因为“你”字音“乃里切”，切上字一等，而旨韵的“柅”字，女履切，切上字是三等，这恰能证明泥娘有别。旨韵不拼以母，故用止韵的“以”替代。

支韵系还可以对 e，这也是支与脂之的差别。

之脂有别，还可以拿菩提流志《护命法门神咒经》与《不空罥索咒心经》的对音来当旁证。这两部经也是在洛阳译的，笔受也是沙门处一。那两部经中，都出现了止韵字“哩”对 ṛ的现象，而脂韵系没有对 ṛ的。梵文 ṛ

算作元音，是舌尖颤音，发这个音时，舌尖从口腔中部向前快速颤动，并带有 i 的余韵。一般把之韵系主元音构拟为央元音 ə，与梵汉对音不矛盾。

如果上面的分析能够成立，那么《智炬陀罗尼》所反映的洛阳音支脂之三分，主元音分别为 e、i、ə。

3. 遇摄

模：蒲都徒嚧苏 u，奴盧 o；姥：苏上 ū，鲁噜户 u，杜 u、ū；暮：度 u、ū

虞：無 o；麌：刍上竖柱 u，矩 ū；遇：树 o，戍 u、o

遇摄平上声主要对 u、ū，鱼韵系字不出现。去声字出现不多，但多数对 o、ū。“南無”对 namo，大概是继承前代旧音，因为初唐轻重唇已经分化，微母字不该对 m 了。于阗本 namo 出现三处，分别为 namo jñānolkasya、namo suvarṇaprabhā、namo satya，第二、第三处都不符合连声规则，在清辅音前，namo 应该读成 namas，而于阗本照样写成 namo，似乎也有把 namo 当成固定短语的倾向。所以这个词的对音当属例外。

4. 蟹摄

齐：蓖篦补奚反鞞低鸡翳於鸡反 e；荠：米陛 e；霁：帝计 e

祭：曳 ye

泰：赖 at

齐韵系对 e。齐韵不拼喻四，故对 ye 要用三等祭韵字。

泰韵在唐代一般不会再对 at，从赖得声的字，有不少是曷韵的，或许是某个曷韵字之误。

5. 效摄

只出现宵韵一字“瓢”，照于阗本，是对 bhya，可是按照梵文的规则，应该是 bhyaḥ。瓢对 bhyaḥ 并不稀奇，在唐代不空对音中能够找到相同的形式。

6. 阳声韵

慁：逊 ūṃ；换：漫 aṃ；线：衍去 yaṃ；霰：殿 yaṃ；唐：忙 a；养：壤 ā；嶝：炭他邓反 aṃ；谈：谈 aṃ；覃：南 aṃ

阳声韵字太少，所以各摄放在一起说了。梵文的 anusvāra（转写为 ṃ）是加在音节上的辅助性的符号。如果这个带 anusvāra 音节在咝音（包括 ṣ、ś、s）和 ha 前，则该音节元音鼻化。如果在塞音、塞擦音前，则

anusvāra 读为同部位的鼻辅音。所以各摄 anusvāra 的实际音值是不相同的，臻山摄收-n 尾，曾摄收-ŋ 尾，咸摄收-m 尾。

宕摄的对音引人注目，“忙”（“杜忙”对 dhūma）、“壤”（“壤奴”对 jñāno > ñāno）二字都没对出后鼻音韵尾来，似乎体现出不空对音特点。其实，玄奘对音中，用“钵剌壤”对 prajñā，养韵字“壤”对 ñā，也对不出阳声韵尾。另外，玄奘对音，宕摄字“赏仗霜傥”都对过-n，“商赏饷房防”对过-m，“商创”对过-ṇ，施向东先生说，收舌根音的字，尾音弱化得厉害①。看来，宕摄阳声韵尾消变并非不空对音特有的现象，提云般若“忙壤”没对出后鼻韵尾，并没有超出玄奘的对音规律。

阳声韵的对音字绝大多数是去声字，这是因为梵文带 anusvāra 的音节算长音节，去声读得较长。也可以对平声字，因为平声也是长音。没见着用上声字对的，上声是短音。

7. 入声韵

曷：怛 at、ad、ar，达 ad、a(n)，阏 as，萨 at、as，遏 ār，“遏啰”对过 rā，“遏”对发舌尖颤音前的气流；末：钵 ad、ar、a(n)、p(r)-，跋 ar、v(r)-；辖：刹 kṣa(n)；月：羯 ar、a(n)，揭 ar、at；屑：姪 yat

没：没 ūr、勃 ud、咄 ur、窣苏骨反 ur、嗢 ol；物：屈居勿反、屈音屈申之屈 ur；质：必 iḍ，吉、昵奴吉反 ir，悉 id，壹质 it；迄：讫 k(l)-

铎：洛 ak；药：斫 ak

合：答 ap、飒 s(v)-

缉：涩 ṣ(m)-

山臻摄入声韵尾对 t、d、r、s，宕摄入声韵尾对 k，深咸摄入声韵尾对 p，这说明提云对音中，-t、-k、-p 三类韵尾是区分的。山臻摄入声钵、跋、讫对单个辅音，这个辅音后面紧跟着舌音 r、l，与入声韵尾-t 发音部位相同，深咸摄入声飒、涩对单个辅音，这个辅音后面紧跟着唇音 v、m，与入声韵尾-p 发音部位相同，这也能证明-t、-k、-p 三类韵尾的区分。

但是，有个别入声字，似乎没对出入声韵尾来。“戍达你”对 śodhani，“达”对 dha；“钵腻”对 paṇi，“钵”对 pa；“卢羯你”对 lokani，“羯”对 ka；“洛刹拏”对 lakṣaṇa，“刹”对 kṣa。共同特点是，紧跟在后的辅音是个鼻音。或许在鼻音前，同部位的塞音容易被同化，梵文辅音 t 在 na 前，就变

① 施向东：《音史寻幽——施向东自选集》，南开大学出版社 2009 年版，第 36 页。

为 n。

阳声韵和入声韵主要元音一块说。山摄、咸摄一二等字及宕摄元音对 a、ā，三、四等字元音对 ya，三等见组、章组声母字主元音也对 a，那是因为在印度某方言中，k、g 等辅音发音部位偏前，与 a 之间容易滋生出 i 来。梵文的 c 组音本来就是舌面音，与 a 之间增生出 i 来是很自然的。曾摄一等主元音也对过 a，那是因为梵文的 a，舌位比 [a] 高，有的教材拟音为 [ɐ]，故能对曾摄字。

臻摄合口一等主元音对 u、ū、o，合口三等见组字也能对 u，同样是因为梵文的 k 组发音部位偏前，与随后的元音之间容易滋生出 i 来。

臻摄开口三等韵主元音对 i。唇音和牙喉音若有重三重四对立，一定选重纽四等字来对 i。

总的看来，提云般若《智炬陀罗尼经》对音，次浊声母娘母、泥母、明母只对鼻音，而不对同部位的浊塞音，这与玄奘译音所反映出的中原音规律一致，而韵母出现了宕摄阳声韵尾消变的现象，但并没有超出玄奘的对音规律。[①] 区别之处在于，止摄支脂之三分，主元音分别为 e、i、ə；鱼韵系主元音不宜拟为 o，具体音值待考。他翻译咒语用的是洛阳音，与菩提流志《不空羂索咒心经》咒语音系相同。这两部经都在洛阳译，笔受又是同一批人，音系特点相同就不奇怪了。

第四节　智严译《出生无边门陀罗尼》咒语对音研究

一　P. 2855 于阗文咒语与汉译本的关系[②]

根据 Emmerick 的介绍[③]，于阗文"出生无边门陀罗尼"咒语部分见于 Bailey：KT 3. 77 - 78[④]，那是伯希和 2855 卷子上的一部分内容[⑤]。我们

---

① 施向东：《音史寻幽——施向东自选集》，南开大学出版社 2009 年版，第 58—59 页。

② 这部分内容以《伯希和 2855 于阗文咒语版本比较研究》为题，发表于《中西文化交流学报》2009 年第一卷第一期，第 104—117 页。

③ R. E. Emmerick, *A Guide to the Literature of Khotan*, Tokyo: The International Institute for Buddhist Studies, 1992.

④ H. W. Bailey, *Khotanese Texts*, *Volume Ⅲ*, Cambridge: Great Britain at the University Press, 1956. pp. 77 - 78.

⑤ 于阗文咒语抄在藏文的《毘卢遮那佛命名仪轨》和汉文的《回向发愿文》之后。图版见上海古籍出版社、法国国家图书馆编《法国国家图书馆藏敦煌西域文献》第 19 册，上海古籍出版社 1994 年版，第 132—135 页。

逐篇查阅 Bailey 先生的著作 Khotanese Texts，发现还有三段文字，也是这部咒语的内容，分别为 P.2026 第 100—112 行、P.2029 第 3—15 行、P.2782 第 62—72 行①，这几份文献，都没有定名。本节先讨论 P.2855，其他几份文献，放到第三章讨论。

这篇咒，目前尚存一个悉昙体梵本②，六个汉语音译本③，一个意译本④。

P.2855 于阗本和《大正藏》所收的《普通真言藏》梵本相比，虽然大多数词能规则对应，但是也有存在明显差别的地方，应该是源自另外一个梵本。六个汉语音译本表现出不同的远近关系，智严译本大多数能够与 P.2855 于阗本对应，阇那崛多译本有的地方与智严本近。不空译本和《普通真言藏》梵本对应。（刘宋）功德直、玄畅译本和（梁）僧伽婆罗译本接近。

婆罗迷字母和梵文字母同属一类型，如果转拼梵文咒语，直接把梵文词用对应的婆罗迷字母转写出来就行了。可是 P.2855 于阗本咒语，不少词并非梵文词的简单转写，在元音和辅音方面，与梵文都有些差异。这背后的原因，需要具体分析。有的地方，是于阗本有误，可据他本校勘。

《普通真言藏》梵本有的地方和正梵文词形不一致，而于阗本反而和梵文词一致，这些地方可以对照着于阗本校勘梵本。

为了说明上述问题，逐句比较 P.2855 于阗本密咒、《大正藏》梵本和诸汉译本是最稳妥的方法。

一般情况下，拉丁转写可以代表于阗字母的音值，只有几处需要格外说明，为了看文章方便，先把相关的结论写在这里，详细的论证在第

---

① P.2026 图版在《法国国家图书馆藏敦煌西域文献》第1册，上海古籍出版社 1994 年版，第 214 页，转写见 Bailey, *Khotanese Texts*, *Volume Ⅲ*，第 52—53 页。P.2029 图版在《法国国家图书馆藏敦煌西域文献》第1册第 236 页，转写见 Bailey, *Khotanese Texts*, *Volume Ⅲ*，第 54—55 页。P.2782 图版在《法国国家图书馆藏敦煌西域文献》第 18 册，上海古籍出版社 1994 年版，第 179 页，转写见 Bailey, *Khotanese Texts*, *Volume Ⅲ*，第 62 页。

② 《大正藏》第十九册，附在不空译《出生无边门陀罗尼经》汉文之后，依灵云寺版《普通真言藏》载入。

③ （唐）智严译《出生无边门陀罗尼经》（T1018）、（隋）阇那崛多《佛说一向出生菩萨经》（T1017）、不空《出生无边门陀罗尼经》（T1009）、（刘宋）功德直、玄畅译《无量门破魔陀罗尼经》（T1014）、（梁）僧伽婆罗《舍利弗陀罗尼经》（T1016）、（元魏）佛驮扇多译《佛说阿难陀目佉尼呵离陀隣尼经》（T1015），都在《大正藏》第十九册。

④ （刘宋）求那跋陀罗《阿难陀目佉尼呵离陀经》（T1013），也在《大正藏》第十九册。

三章。

1. 于阗字母 ä 在很多情况下对汉语的果假山摄字，此时应该读低元音。

2. 草体于阗文书 i 及 ä 和辅音拼合时，形体完全一致，只是起笔的位置略有不同，所以 i 和 ä 容易混。ä 的对音情况比较复杂，可对低元音，也可以对前高不圆唇元音。

3. 草体于阗文合体字 ṇḍa 读音大概相当于 ḍa，前面没有鼻音成分。

4. 于阗文中的 anusvāra 是跟梵文学来的，使用过程中有一定的随意性，是否表示鼻音成分有时要根据对应的梵文词来判断。

这部经不空的译本和《大正藏》的梵本非常严密地对应，下文逐句讨论时，一般不再比较梵本和不空译本的关系了。

下面分条逐一讨论。为了便于比较智严本和于阗本、梵本的关系，写每一条时，这三个本子一般都列出来。于阗本、《大正藏》梵本和各汉译本有误的地方随文校勘。

1. P. 2855：syād yathyịdaṃ，智严本“写陀提耶反体昙”。syāt 是梵文动词 as 的祈愿语气第三人称单数形式，√as 表示存在、发生。末尾的清辅音-t 在元音前变为-d，d 和下一词的首音 ya 合写为一个字 dya。梵词 yathā idaṃ，表示如此。ā 和 i 连声，变成 e，这俩词就得写成 yathedaṃ。智严本各字与梵文音节的关系分别为：“写”对 syā，“陀提耶反”对 dya，“昙”对 daṃ。体，荠韵，一般是对 e，所以“体”对梵文的 the 更合适，于阗本写成thyị，元音符号 i 上头加个大空点，原因待考。《大正藏》梵本（以下皆称“梵本”）[①] 是 tad yathā，显然是另外一类梵本，与不空本对应。

2. P. 2855 ạṇe、梵本 ane。于阗字 a 上头有 anusvāra，相当于悉昙字的大空点，汉译为“随韵”。各汉译本用阴声韵字“阿”来对第一个音节，梵本也是 a，说明此处于阗文本的 anusvāra 应该不表示鼻音成分，转写时不能转成ṃ，而是在 a 下面加个小撇，表示与单纯的 a 有区别。僧伽婆罗对第一个音节是用“脩”字，脩一般用来对 su[②]，这里对 a 太怪了。婆罗迷字 a 写作，su 写作，悉昙字 a 写作，su 写作，都很接近，我猜

① 指的是《大正藏》第 19 册、1009 号经不空《出生无边门陀罗尼经》后面附的梵本。为了行文简练，下文皆称“梵本”。

② 刘广和：《南朝梁语韵母系统初探——〈孔雀王咒经〉僧伽婆罗译咒研究之二》，《音史新论——庆祝邵荣芬先生八十寿辰学术论文集》，学苑出版社 2005 年版，第 209—216 页。

是把 a 误认成 su 了。或者另有所本。

第二个音节ṇe，智严本是“拏”。闍那崛多对“嬭”，不空对“寧尼经反”，都是四等字；功德直共玄暢对“禰奴市”，是把荠韵字改读成止韵，僧伽婆罗对“尼”，三等脂韵。或许体现出方言之间韵的差异。智严本“拏”，女加切，麻韵二等，娘母，所对应的辅音应该是ṇ，和于阗本一致。但是按照一般的规律，“拏”应当对ṇa，与ṇe 相差太远，或许元音符号抄录有误，或许另有所本。

从汉文本方面说，拏和挐文献中经常互讹，比如，《左传·僖公元年》经：“冬十月壬午，公子友帅师败莒师于郦，获莒拏。”杜预注：“拏，莒子之弟。”《释文》：“莒挐，女居反，又女加反。”阮元校勘记：“石经、宋本、淳熙本、岳本、足利本‘拏’作‘挐’，是也。《释文》亦作挐，《传》同。”大徐本《说文》“拏，牵引也”，“挐，持也”。段玉裁认为“二篆形体互讹”，“烦挐、纷挐字当从如，女居切，拏攫字当从奴，女加切”。[①] 智严译经中的拏，也可能是挐之误，是鱼韵字。不过同时期的对音材料中，鱼韵字对 e 也是罕见，或许智严另有所本。

3. P. 2855 maṇe，梵本无此句[②]。只有智严和阇那崛多有汉译。智严本“麽拏”，拏字的解释见上条。阇那崛多本“莫妳”，入声字“莫”对 ma，有点不合规律。

4. P. 2855akhe，梵本同。智严本“阿谿”，能和于阗本对应。僧伽婆罗本是“脩啓”，解释见第 2 条。其余的汉译本和智严本相差不大。

5. P. 2855makhe，梵本同。智严本“麽谿”，其余各汉译本和智严本相差不大，都能和梵本、于阗本对应。

6. P. 2855simaṃtta，梵本 samanta，智严本“娑蔓多”。差别主要在第一个音节，问题大概出在于阗字母的写法儿上，P. 2855 于阗文 si 写作，sä 写作，i 和 ä 与辅音相拼时，元音符号形状相同，区别就在元音符号和基座接触的位置略有差异，书写和识别都容易混淆，于阗本的 si 可能是 sä 之误。

7. P. 2855mūkhe，梵本 mukhe，智严本“目谿”。梵本的短 u，于阗本转成长 ū。

① 段玉裁：《说文解字注》，上海古籍出版社 1988 年版，第 610 页。

② 以下再遇到这种情况，只列于阗本，“梵本无”之类的话就不再说了。

8. P. 2855 saṭtyārāṃe，梵本 satyarame，智严本“娑低（低耶反）逻咩”。于阗本写作 ā 的地方，梵本作 a，于阗本带 anusvāra，梵本无，于阗文此处的 anusvāra 不表示鼻音成分，详细的论证见第三章。

9. P. 2855sāṃe，梵本 sume。于阗字 sā 写作，上头加个 anusvāra 就成了，像极了 sau①。智严本“扫咩”，“扫”能够对 sau。为什么梵本的 su 到了于阗本成了 sau？我怀疑梵本应该是 soma（汉译“月神”）的变格形式。阇那崛多译作“苏米”，不空译作“素迷”，苏，平声，素，去声，都应该对梵文长元音，o 是长元音，而且，效摄字“扫”也可以对 so。P. 2855 于阗文书是用草体婆罗迷字书写的，通篇没有元音符号 o，梵文是 o 的地方，P. 2855 都转成 au，此处把梵本理解成 some，也能更方便地解释于阗本。正如 Emmerick 讲义中所说，晚期于阗语 au 单音化为/o/。所以梵文 so，于阗文可以写成 sau。当然也可能是 P. 2855 照着汉文“扫”转成 sau。

10. P. 2855 yuhte，梵本 sautiyukti 的后半部分 yukti 与之大体对应。智严本是“欲讫低（二合）”。梵本的 kti，于阗本作 hte。这个音节开头的辅音，智严用“讫”对，讫有见母、晓母两读。《尚书·序》：“讨论坟典，断自唐虞以下讫于周。”《释文》：“讫，居乙反，又许乙反。”《释文》注见母、晓母两读。讫、迄异文。迄，晓母。《尚书·禹贡》“讫于四海”，《汉书·贾捐之传》引“讫”作“迄”，颜师古注：“此引《禹贡》之辞。迄，至也。”“讫”可以对 k，而于阗本若是照着汉文本转写，可能读成了晓母，转成 h。

11. P. 2855 nirūhte，梵本 dirukte②。智严本“泥噜讫低（二合）”。佛陀扇多和求那跋陀罗的意译本都译作“寂灭”。第一个音节《普通真言藏》梵本是 di，可是元魏、刘宋、梁译本都作“尼”。难道它们都具有不空对音的特点，用次浊声母字对梵文的塞音？这个可能性太小了，倒是梵本的 di 像 ni 之误这种解释容易让人接受。

12. P. 2855 nirūhtä，梵本 dirukti。智严本“泥噜讫多（二合）”。讨论见上条。

13. P. 2855prrabhe，梵本 prabhe。智严本“钵鞞”，似乎“钵”后少

① P. 2855 号残卷中没找到于阗字 sau，用 P. 3513 于阗文“普贤行愿赞”部分第 44 片贝叶正面第 2 行的 sau 代替。由于不是同一个卷子，字母的写法略有差异。如果把写得草一点，把表示 au 的元音符号两个弧笔拉成一个，上面的 anusvāra 写得短一点，就和很相近了。

② 梵文词 ni-rodha、ni-rudha，寂灭，动词 ruh，成长。还没看出来梵本和于阗本的理据。

抄了个“罗”。

14. P. 2855 ele，智严本“翳嚟”、佛驮扇多和阇那崛多“伊隶”。

15. P. 2855 mele，智严“咩嚟”、阇那崛多“迷隶”。

16. P. 2855 hele，梵本 hile hili。于阗本前后两个音节元音相同，从这个特征考虑，我们拿于阗本和梵本的 hili 对应。

先看梵本的 hile。这句咒前后两个音节元音不同，于阗本没有与之对应的句子，但不空、功德直共玄畅、僧伽婆罗的译本能对应。不空对呬黎，呬，虚器切，晓至；黎，郎奚切，来齐。前字脂韵系，后字齐韵系。功德直共玄畅的汉译“嘻隶”，嘻，许其切，晓之，加注许耆反，脂韵。隶，郎计切，来霁。也是前字脂韵系，后字齐韵系。僧伽婆罗用“喜吴音隶”来对。通观全篇咒语，僧伽婆罗译本和功德直共玄畅的译本关系很密切，一般情况下，某句咒，如果僧伽婆罗有汉译，功德直共玄畅的译本也会有，如果没译，两个本子都不译。所以“喜吴音隶”和“嘻许耆反隶”相对应。喜字下注“吴音”似乎表明，用吴音读之韵字喜，相当于把它读为脂韵音[①]。

于阗本 hele 和梵本 hili 对应。不空本“呬里”，呬是脂韵字，里是之韵系字，是对梵本。智严的“醯黎”、阇那崛多的“醯隶”都是齐韵系字，对应于阗本的 hele。

17. P. 2855 ka̡lpe，梵本 karpe。应该是转写梵词 kalpa 的变格形式，梵本把 lpa 误转成 rpa。智严本“舸立箄二合”。于阗 ka 字上的 anusvāra 不表示鼻音成分，具体的证明到第三章集中说。

18. P. 2855 kalpā̡tte。智严本“舸立谤二合泥”。求那跋陀罗译为“所念”。梵词 kalpana、kalpita 都有“念想”的意思。智严本大概从 kalpana 来。如果这么理解，于阗本 pā 上头的 anusvāra 可能不表示鼻音成分。“谤”对 pā，按照唐代西北音鼻韵尾发生消变的特点来理解，非常顺畅。不空对音宕摄的明泥娘日疑五母字多数情况下失去鼻韵尾[②]，Ch. 00120 号卷中，用 hvā:（第 13 行）转写“黄”、he':（第 53 行）转写“行”、kāṃ（第 3、8 行等）转写“刚”、cā'（第 29 行）转写“长”、syā（第 46、47

---

① 储泰松：《中古佛典翻译中的“吴音”》（《古汉语研究》2008 年第 2 期）也用到了这个例子。值得关注的是，从《王韵》残卷 P. 2011 上声、去声韵目小注可以看出，仕于南朝的夏侯该，脂之系混同。

② 刘广和：《音韵比较研究》，中国广播电视出版社 2002 年版，第 60 页。

行）转写“想”、śā（第 85 行）转写“尚”、na（第 7 行）转写“曩”[①]，说明这种现象在非鼻音声母字中也存在。于阗卷子中宕摄字“谤”对 pā，也是反映了韵尾消变的现象。

tte 是清音，智严用“泥”字对。问题大概出在于阗本。于阗正体字 ta 写作[②]，na 写作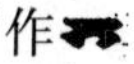，只有左边的一笔略有区别，很容易写混。草体的 tte 或许是 nne 之误。于阗文虽然 tta、tte 之类的合体字很常见，但是 nna、nne 之类的字也不是没有，我在 Zambasta 第三章中就找到三个例子：āstanna、saṃṭhānna、nnaunu[③]。或者智严对音另有所本。

19. P. 2855 ka̧lpäse，梵本 karpaṣi。智严本“舸立跛$_{\text{二合}}$栖”。各汉译本对最后这个音节的都是心母字，P. 2855 是 se。梵本的 ṣi 可能是抄手弄错了，或是另有传承。

栖可能是误抄。《说文・辵部》：“遷，登也。从辵，䙴声。拪，古文遷从手西。”《集韵》又以为移之古文，余支切。都不当对 se。拪可能是栖的误字。栖，先稽切，心母齐韵。阇那崛多用齐韵系字“细”来对，这两个本子与于阗本近。其余各本用脂之韵系字，与梵本近。

20. P. 2855、P. 2782 sāre，梵本 sāle。梵文词 sāra，精妙。《大正藏》梵本误 r 为 l。智严本“娑嚟$_{\text{去}}$”，黎加了口旁，说明对的是颤音，与于阗本一致。

21. P. 2855 sārävatte，梵本 savavati。梵文 sāra，精妙。《大正藏》梵本可能误把 sāra 写成 sava 了。智严本“娑嚟$_{\text{去}}$啰啝低”。“嚟$_{\text{去}}$”似乎是受上句的影响误增，或另有传承。

22. 梵本 hile（重复五次）hili hilile mahāhihile，不空用“呬黎（重复五次）呬里　呬里黎　摩訶呬呬嚟”来对。

P. 2855 是 hale halāhalīla halīla halāhalīla，如果在 ha 上头统一加上元音符号 i，在 la 上头统一加上元音符号 e，变为 hile hilāhilīle hilīle hilāhilīle，那就和梵本有共同的成分 hile、hilīle，而且大体能和智严本

---

① R. E. Emmerick and E. G. Pulleyblank, *A Chinese text in Central Asian Brahmi script—new evidence for the pronunciation of Late Middle Chinese and Khotanese*, Roma: Istituto italiano per il Medio ed Estremo Oriente, 1993. pp. 16－25.

② 引自 R. E. Emmerick and M. I. Vorob'ëva-Desjatovskaja, *Saka Documents VII*, *The St. Petersburg collections*, London: SOAS 1993. 图版 131。

③ 都是根据 Emmerick 的转写，见 R. E. Emmerick, *The Book of Zambasta*, London: Oxford University Press, 1968. 分别在第 52、60、66 页。

“醯啰醯黎 醯礼黎 醯逻醯礼黎”对应。醯、黎，平声齐韵，对 i、e；啰，歌韵，对 ā；礼，上声荠韵，对 ī。

阇那崛多“醯洛醯隶 醯隶醯隶隶 醯罗醯隶”、功德直共玄畅“嘻罗嘻利 嘻隶嘻犁隶 嘻罗嘻隶”、僧伽婆罗“喜罗喜履 喜隶喜履隶 喜罗喜隶”这三个译本应有同一来源，但是阇那崛多用齐韵系字的地方，其他两位经师多用之脂系字，这或许有方言的因素。

23. P. 2855 cade，梵本 caṇḍe。智严本“战提”。如果参考梵本，则 P. 2855 的 ca 可能是 caṃ 之误，智严、阇那崛多、佛驮扇多“战、真、栴”都能作为证据。但是功德直共玄畅用“遮”来对，自注“主何反”，僧伽婆罗用“际(吴音)”对，都是阴声韵字，没有鼻韵尾，这似乎说明确实存在一个写作 ca 的本子。不过功德直共玄畅、僧伽婆罗“帝”、“底”都是端母，是清音，这和梵本、于阗本都不对应。

24. P. 2855 civä[①]tte，梵本 cavade。智严本“遮唎低”。P. 2855 civä 可能是 cävä 之误。最后一个音节，梵本以浊辅音开头，于阗本以清辅音开头。不空、功德直共玄畅都用泥母字对，僧伽婆罗用的“弥”，《广韵》是明母，或应当是“祢”的误字，《中华大藏经》所收的“高丽藏”本即是“祢”字[②]，奴礼切。这都能和梵本对应。智严、阇那崛多用端母字对，和于阗本对应。

25. P. 2855 cirācirāṇe，梵本 carācarade。智严本“遮啰遮啰挐”。P. 2855 的 ci 可能是 cä 之误。所以智严本能和于阗本对应。另外，在这句汉译之前，智严本有“者黎遮啰拿”、阇那崛多有“遮隶遮罗妳”，都没有对应的梵本、于阗本。

26. P. 2855 icile，梵本 acale。智严本“阿者嚟”。P. 2855 中的 i 可能是 ä 之误，智严、阇那崛多都用歌麻韵系字对。

27. P. 2855 aṇatte，梵本 anante。智严本“按低”，阇那崛多本“安帝”应该同出一源，这个本子，梵词似乎是 anta（边缘、尽头）。

28. P. 2855 attatte，梵本 anante。智严本“按多低”。智严、阇那崛多第一个字都是寒韵系字，有鼻韵尾，P. 2855 的 a 大概为 aṃ 之误。不过，功德直共玄畅“遏怛帝”、僧伽婆罗“遏多底”倒像是对应 attatte 这样

---

① Bailey 转写为 di，应该是 vä。

② 《中华大藏经》第 20 册，中华书局 1986 年版，第 364 页。

的词。

29. P. 2855 karṇe，智严本“舸啰拏”。只有智严、阇那崛多译本有汉译，如果按 P. 2855 的词形，就得在“啰拏”后面加上“二合”。

30. P. 2855 ikirṇe，梵本 ara · · 。[1] 智严本“阿啰拏”。于阗本、梵本可能都存在问题。从各汉译本看，都没出现见母字，于阗本的 ki 可能是误增，或另有所本。梵本最后一个字母写作，像是在辅音 l 上加了个什么东西。这句咒不空译为“阿啰儜”，最后一音节应该是 ne。这篇咒中，ne 写作，差别很大。这个字符该怎么认，实在说不准。

31. P. 2855 asaṃtte，智严本“阿散低”。阇那崛多也有译本，能和于阗本对应。

32. P. 2855 nirmatte，梵本 nirmade。该词由 nir（无）与 mada（放逸）复合而成，元魏和刘宋时期的意译本作“无脱”，玄奘《大般若波罗蜜多经》中“无脱”与“无缚”对举，可见“脱”为放逸之义。智严本“涅麼泥”。最后一音节，梵本是浊辅音，各汉译本都用泥母或定母字对，于阗本的 tte 可能是 nne 或 de 之误。

33. P. 2855 nirvattane，梵本 niratane，智严本“涅靺哆泥”。梵本可能有误，不空译本为“涅靺怛儜”，其他汉译本第二字也是並母或明母字，看来对应的梵本大概是 nirvartaṇe。nir-vartana，由动词 vṛt 派生而来，加上前缀 nis-，可译为“生”。至于《大正藏》梵本最后一音节辅音ṇ是个卷舌音，这或许是受前面的颤音 ra 的影响而产生的连声现象，但是按照正梵文的规则，ra 和 ne 之间出现舌音 t、th 之类，n 就不再变卷舌[2]，而不空译本“儜”，女耕切，娘母二等，说明他见到的本子此处也是卷舌音。另外，“师子国三藏阿目佉”译的《不空羂索陀罗尼仪轨经》有这么一句“底哩(二合)耶 特嚩[口*怒](尼故反)誐哆”[3]，梵本大概是 tri-adhva-aṇu-gata，用泥母字“怒”特意加了口旁，并且加注娘母反切，用这么多手段似乎在强调此处梵本是卷舌音ṇu。如果真是这样，那么 ri 和 nu 之间虽然出现了 dh，但 nu 也变卷舌了。是不是正梵文的这条连声规则在某些条件下有例外？现在还只能把这些线索都记下，等材料多了再下结论。

---

① 用 · · 表示一个无法辨识的字。

② ［德］A. F. 施坦茨勒著、季羡林译、段晴、范慕尤续补：《梵文基础读本》第 45 条，北京大学出版社 2009 年版，第 14 页。

③ 《大正藏》第 20 册 1098 号经，第 434 页。

于阗本也可能有误，tta 当为 rta，二者其实字形有些接近。智严及其他三个译本最后一字都是泥母字，说明他们所见的梵本 vartana 最后音节 na 没有卷舌化，符合一般的连声规则。

34. P. 2855 narimūhä: tte，梵本无，只有智严、阇那崛多本有对应。梵词 mukta，解脱，梵文的 kte 于阗本作 hä: tte，大概译自智严本“讫低二合”，解释见第 10 条。这种转写方式在 Ch. 00120 中很常见。Ch. 00120 是用婆罗迷字母转写的汉文《金刚经》，转写汉语入声字和阳声韵字时，一般在辅音韵尾后面加上个 ä，凑成一个音节，比如“金”转写为 kīmä。依照这个规律，“讫低二合”中的“讫”本来只表示一个辅音 h，于阗人转写时加上 ä 凑足音节，就成了 hä: tte。阇那崛多“涅模利脚帝”，我怀疑“利”和“模”抄反了，应该是“涅利模脚帝”。“脚帝”大概对 kte 这样的音。

35. P. 2855 naidyatte，梵本 nirdhante。智严本“涅殿低”。Ch. 00120 用含 ai 的于阗字符来转写汉语齐、青、清、职、缉韵字。比如 ttyai 对“谛”、thyai 对“第”、tsyai 对“切”、thyai 对“听”、tsyai 对“净”、śaipä对“十”、śaihä: 对“色、食”。另外，“声”对śe 又对śai，“定”对 thye 又对 thyai，而“涅”字用 de 转写。Emmerick 认为，于阗字母 ai 和 e 读音相同，都读［ɛ］①。从这个角度考虑，智严本“涅”对于阗本的 naid 就容易理解了。殿，《广韵》有堂甸切一读，定母霰韵四等，是细音，于阗本拿带-y-的音节表现。殿是山攝字，有鼻韻尾，P. 2855 dya 上头或许少写了 anusvāra。不过可能确实存在不带 anusvāra 的本子。功德直共玄畅的“阇殊何反”、僧伽婆罗的“持耶”都是阴声韵字，和 P. 2855 的 dya 近。还需要解释的是阇，禅母，按韵图的排列来拟音，船母是塞擦音，禅母是擦音，陆志韦先生认为应当对调②，梵汉对音的材料大多能支持陆先生的观点。章组、知组上古都和端组音近，六朝时的对音“阇殊何反”、“持耶”对 dya 还保存着上古音痕迹。

36. P. 2855 naidyaste，无梵本和汉译本对应。

37. P. 2855 naidyadare，智严“涅陀提耶反嚟”。陀后加注“提耶反”，强调所对的音节有个 i 介音，应当是 P. 2855 dya 这样的音。P. 2855 的 da 大

① R. E. Emmerick and E. G. Pulleyblank, *A Chinese text in Central Asian Brahmi script—new evidence for the pronunciation of Late Middle Chinese and Khotanese*, Roma: Istituto italiano per il Medio ed Estremo Oriente, 1993. p. 46.

② 陆志韦：《陆志韦语言学著作集》（一），中华书局 1985 年版，第 10 页。

概是误增。

38. P. 2855 narähārẹ，梵本 nirhale。梵词 nir-hāra，出生。《大正藏》梵本把 hā 抄成 ha，re 抄成 le。智严本“涅诃嚟”，“嚟”加了口旁，是对 re。功德直共玄畅“祢呵隶”、僧伽婆罗“尼诃隶”，祢尼都是阴声韵字，大概对的是巴利文形式 nī-hāre。

39. P. 2855 narähārä，没有对应的梵本。于阗本转写的是梵文词 nir-hāra。智严“涅诃啰”能和于阗本对应。阇那崛多“尼呵啰”，尼是阴声韵字，大概对应巴利文形式。

40. P. 2855 vimile，梵本 vimale，智严本“伏麽黎”。梵文词 vi-mala，无垢。P. 2855 的 mi 应当理解成 mä。智严的“伏”对 vi，大概是吠之误。

41. P. 2855 nīrähārä-śaudäne，无对应的梵本。智严本“涅诃啰烧驮泥”。梵文词 śoddhana，清净，效摄可以对 o，也可以对 au，故用“烧”转写 śo，于阗文写成 śau，见第 9 条解释。

42. P. 2855 śāṃbine，梵本没有对应的句子，智严本“烧跋泥”，阇那崛多“输槃泥”，僧伽婆罗“输婆祢”，从这些音译词来反推，梵词应该是 śobhana，庄严、吉祥。效摄字“烧”转写 śo，于阗语没有 o、au 的对立，梵文是 o 的地方，于阗文经常写成 au。āṃ 和 au 形近，误成 śāṃ。

43. P. 2855 śīlä-śāṃbine，梵本 śīla-viśuddhani，智严本“尸罗烧驮泥”。梵文 śīla，威仪，śodhana，清净，也可用 vi-śodhana 表示。看来《大正藏》梵本把 śo 误转成 śu 了。智严本对应的是 śīla-śodhane，而 P. 2855 śāṃbine 记录的是上一条中的 śobhana。

44. P. 2855 prrikättä-varrṇe，梵本无。梵文 pra-kṛti 是本性的意思，照此来校勘于阗本，则 prri 当为 prrä，kättä 转写 kṛti，因为巴利文就把 kṛti 写成 kati。智严“钵吉低二合鞔泥”。“吉低”可以对 kättä，可是加上“二合”，像表示 kti 这样的音，这样的梵文词还没见过。或许“二合”为误加。

45. P. 2855 prrikätta-dīpäne，梵本 prakṛti-dīpāne。梵文有个 dīpanā，开示，《大正藏》梵本可能误把 pa 写成了 pā。智严本“钵吉低二合泥跋泥”。P. 2855 prrikätta 当作 prrikättä，理由见上句。智严本“跋”是並母，全浊，对清音 pa，可用两个元音间的清音浊化来解释。

46. P. 2855 bāve vibāvane，梵本 bhava vibhavani。梵文 bhava、bhāva、bhavana、bhāvanā 这样的词形都有，不空译本“皤去嚩”，注了去声，说

明 bhā 是长音，《大正藏》梵本可能有误。于阗本相对位置就是长音。智严本“婆去唎 伏婆唎泥”。智严“伏”对 vi，可能是吠之误。于阗字 ve 写作，vä 写作，元音符号笔画相近，ve 可能是 vä 之误。匣母合口字从后汉三国直到隋都对 v，从唐代玄奘、不空对音开始，就不这么对了，匣母字不论开合都对 h，可是智严本的匣母合口字“唎”对 va，这个现象值得关注。阇那崛多、僧伽婆罗、功德直共玄畅用並母字“婆、槃、嚩、跋”对 va、vä，大概是把 va 读成 ba。元魏佛陀扇多译本音译后加小注标明词义，vibhava是“无有”的意思，释义却误加在下一句译文“阿霜祇”之下，后面的译文有几句也是这么错乱的。

47. P. 2855 isaṃge，梵本 asa① ṅghe。智严本“阿僧倪”。佛陀扇多意译为“无碍”，误注在下一句音译后面。P. 2855 的 i 应为 ä 之误。

48. P. 2855 dime，梵本 dame，智严本“娜咩”。佛陀扇多意译为“调定”，误注在下一句后头。于阗本的 di 大概是 dä 之误。阇那崛多对“阿米”，或有误字，或另有所本。

49. P. 2855 dädäme，没有梵本及汉译对应。

50. P. 2855 säme，智严本“縒婆可反咩”，其他各本都没译这一句。

51. P. 2855 vapula-prrabhe，梵本 vimara prabhe。梵文词 vipula-prabhā，佛陀扇多意译为“长光明”，误注在下一句后头。智严本“微晡罗钵鞞”，其他汉译本第二个音节“晡”、“脯”都是遇摄字，“弗”是物韵，“富”是宥韵，都有合口成分且都是帮纽字，是对应这个梵词。梵文也有 vimala-prabhā 一词，无垢光明，不空本为“微麽罗钵啰二合鞞”当是音译这个词，只是《大正藏》梵本误把 la 写成 ra 了。

52. P. 2855 säkaṣäṇe'，梵本saṅkarṣaṇi。智严本“桑葛屣拏”。（刘宋）求那跋陀罗译为“作合会”。梵文词应该是从 saṃ-kṛṣ派生而来，kṛṣ有引曳之义，saṃ-karṣana 是其名词形式，表示状态。《大正藏》梵本记录的就是这个形式的变格。于阗本第一个音节 sä 或许是抄漏了 anusvāra，ka̧ 后应当有 r 的音。

53. P. 2855 dare dadare mähādadäre，梵本 dhire dhidhire mahādhidhire，梵文 dhīra，勇猛，佛陀扇多、求那跋陀罗的意译都为“甚勇”，可见这句咒语就是以 dhīra 为基础生成的。《大正藏》梵本均写成短音 dhi，有误，

① 写作，与 satya 中的 sa 明显不同，竖划下面有一顿笔，像是于阗字中带 u 的字符。

不空是用去声字“地”译这个音节，可证当为长音 dhī。梵本是 dhi 的地方，于阗本是 da。梵文词 dhara，持，与 dhīra 同源，都源于词根 dhṛ，于阗本记录的像是以 dhara 为基础构造的咒语。智严本“姪嚟 姪姪嚟 摩诃姪姪嚟”。“姪”是屑韵或质韵，不管对 dhīr 还是 dhar，似乎都能讲得通。

54. P. 2855 dīpäne bāve väbhāvine bhävane mähābhäväne krraṭäne mähākrriṭine，这几句都没有梵本对应，这些个词，多数前文已经出现过，于阗本又重说一遍。只有 krraṭäne 不知记的啥，阇那崛多译成“迦梨吒泥”，智严译成“讫吒泥”，综合起来反推，大概是*kṛṭana 这样的音。可是梵文没有这样的词，最接近的是 kṛta。暂且存疑。这几句只有智严和阇那崛多的本子有汉译。智严本为“泥般泥 婆去啝 吠婆去啝泥 婆啝泥 摩诃婆啝泥 讫吒泥 摩诃讫吒泥”。“婆去啝”对 bāve，ve 可能是 vä 之误。“伏”应该是吠之误。能和于阗本对应。阇那崛多的本子没有对 bāve väbhāvine 这两句。

55. P. 2855 yąśä-vätte，梵本yaśa yaśuvati。梵文词yaśas，令名、美称。往前数七、八句，佛陀扇多和求那跋陀罗的意译本中有“名闻”，或许是译这个词。那两个译本，有音译和意译对应不上的情况。yaśas 后接 va-应该变成yaśo-，所以《大正藏》梵本śu乃śo之误，不空本用去声“戍”对，证明应该是个长音。智严本“耶赊啝低”，“赊”是麻韵字，对śa。其源本yaśa 和 vata 之间没有发生连声现象。梵词 bata 或 vata，表示惊叹，佛陀扇多和求那跋陀罗意译为“嗟叹句”。只是这个词按照字典上说，是个不变词，不明白咒语中为何发生了变格。

56. P. 2855 nirähāre，没有梵本对应，也没有汉译对应。

57. P. 2855 cale acale，梵本同。各汉译本都能对应。

58. P. 2855 mącale sämącile，梵本 macale samacale。梵文词 cala，动，由动词 cal 派生而来。佛陀扇多和求那跋陀罗的意译本为“不动，等动”，可见 cala 前分别加词头 ma-和 sama-。于阗本的 mą 上头的 anusvāra 不表示鼻音，ci 为 cä 之误。智严用“摩者黎 娑摩者黎”对。

59. P. 2855 draiṇḍąsthaitte，梵本 dṛḍhasaṃdhi。dṛḍha，坚忍，由动词 dṛṃh 派生而来。saṃdhi，结合在一起，由动词 dhā 派生而来。佛陀扇多和求那跋陀罗意译为“次坚”，应该是译这两个词。于阗语没有舌尖颤音 ṛ，故用 drai 转写梵语的 dṛ。于阗文ṇḍa 相当于梵文的 ḍa。于阗本 sthaitte 大概是抄手把下一句的 sthaitte 误抄在这儿了。智严本“姪茶散泥”，用梵本和于阗本都能解释。阇那崛多“陀利拏膻地”，拏，泥母，对ḍha或ḍa，似乎表现出不空音系的特点。

60. P. 2855 sū̧sthaitte，梵本 susthire。sthita 和 sthira 都是从词根 sthā 派生而来的，意思也接近，加上词头 su-，佛陀扇多和求那跋陀罗意译为“谛住”。于阗本 sū̧为 su 之误，sthai 为 sthi 之误。智严本“速思体二合低”。阇那崛多译作“苏私须帝”，如果从婆罗迷字看，sū 写作，stha 写成，下部的轮廓比较接近。“须”和“思体”的异文或许是这么来的。也可能另有所本。

61. P. 2855 asagävyahāre，梵本 asaṅghavihare。梵词 asaṅgha，无碍。vihāra，从动词vi-hṛ（安排，分发）派生而来，可译为“行”。佛陀扇多和求那跋陀罗意译为“无碍行”。梵本 hā 误为 ha。于阗本 sa 上可能少写了个 anusvāra。智严本“阿僧伽鞞呵嚟”。

62. P. 2855 asaṃga-nīrähāre，梵本 asaṅgha nirhāre。智严本“阿僧伽泥呵嚟”。梵文 nirhāra，出生，不空用涅对 nir。其他汉译本相应的字是“泥尼”，都是阴声韵字，应当对巴利文 nīhāre 这样的形式。

63. P. 2855 sa̧mamṭta-mūkhi，智严本“娑蔓多目豀”。只有智严、佛驮扇多有汉译，能和于阗本对上。mūkhi 是记录梵文词 mukha，从上下句来看，应该是以 e 收尾，为 mukhe 之误。P. 2855 sa 上头的 anusvāra 不表示鼻音成分。

64. P. 2855 närähāre，智严本“涅诃黎”。只有智严有汉译，能和于阗本对上。

65. P. 2855 nīrähārä-yu̧hte。虽无梵本，但所记录的梵词应该是 nirhāra-yukte，yukta 是修行，佛陀扇多和求那跋陀罗意译为“精勤行”。智严本为“涅诃啰欲讫低二合”，从梵词和于阗本都能讲得通。佛驮扇多“尼呵罗述提”或是对 nīhāra-śuddhe 这样的词。

66. P. 2855 nīrähārä-vamäle，梵本 dīhara-vimale。前面说过，梵词 nirhāra，巴利文作 nīhāra，梵本前一句用梵文形式的 nirhāra，这一句突然用起了巴利形式的 nīhāra，只是《大正藏》梵本有讹误，dī 为 nī 之误，ha 为 hā 之误。梵文词 vi-mala，无垢。于阗本 va 当为 vi 之误。智严对“涅诃啰伏么黎”，“伏”应该是“吠”之误。对的是梵文形式的 nirhāra，阇那崛多、不空、功德直共玄畅、僧伽婆罗第一个音节用阴声韵“尼、儞”字对，应该对的巴利文形式。

67. P. 2855 nīrāhāra-śaubhine，梵本 dīhara śuddhane。于阗本转写的大概是 nirhāra-śobhana，妙善吉祥，bhi 为 bha 之误。梵本转写的是 nīhāra-śodhana。智严本“涅诃啰烧驮泥”是转写梵文形式 nirhāra-śodhana，入声字“涅”对 nir，效摄字“烧”可以对 śo。阇那崛多、功德直共玄畅、僧伽婆罗第一字用“尼、腻”，是对巴利文形式 nīhāra。

68. P. 2855 śaubhine śīle-śaubhane，没有梵本及汉译本对应。此句之前，智严本有“扫咩宋摩唎低”一句，没有梵本，也没有于阗本。不过，照音译反推，参考前面已经出现过的词，所对的梵文大概是 some soma-vate，如果此推理无误，则出现通摄字“宋”对 om 或 o 的现象，阳声韵尾也有消变的迹象，高田时雄的于阗语——汉语对音就总结出了这条规律。[①] 不过此处的梵文咒语是推测出来的，不能作为确证，还是等收集到更扎实的证据再详细说吧。

69. P. 2855 draiṇḍa̧ sthaitte，梵本 dṛḍhasume。于阗本转写的是梵词 dṛḍha-sthite，见第 59、第 60 条解释。智严的“姪茶散泥”能和于阗本对应，茶对 ṇḍa̧。僧伽婆罗“持梨他须弭”、功德直共玄畅“致茶苏寐”和梵本近。阇那崛多“陀利茶萨地 苏米”像是这两个本子的混合。

70. P. 2855 sū̧sthette。前文说过，梵词 sthita，住，于阗本记录的大概是 su-sthite。只有智严有汉译“速思体二合低”，荠韵字“体”对梵文的 thi。

71. P. 2855 sthā̧me，梵本 sthime。梵文词 sthāman，中性名词，威力。《大正藏》梵本 sthi 当为 sthā 之误。于阗本 sthā 上的 anusvāra 应该不表示鼻音成分。智严本“思汤二合咩”。第一个音节，智严用“思汤”对，“汤”是阳声韵字，可以理解成西北音宕摄鼻韵尾发生了消变。不过阇那崛多也出现了类似的对音形式“私汤”，难道他的对音也出现了西北音特点？这个现象值得深入挖掘。功德直共玄畅的译本是“咃勅贺反弥”，大概反映巴利文或佛教混合梵文形式 thāma。

72. P. 2855 sthā̧mävatte，梵本 sthima-vanti。根据上条的说明，《大正藏》梵本 sthi 应为 sthā 之误，不空译为“悉他二合麽鞢底”也可印证。参考第 55 句，于阗本的 vatte 记录梵词 vata，不过《大正藏》梵本在 ti 上还有些笔画，像 t 又像 n，写作。不空对“鞢底”，阇那崛多对“盘帝”，若据崛多的本子，可转写成 vanti。智严的“思汤二合摩唎低”能和于阗本对

① 高田时雄：《敦煌·民族·语言》，中华书局 2005 年版，第 297 页。

应。功德直共玄畅“吔摩婆帝”，大概对的是巴利文形式 thāma-。

73. P. 2855 draiṇḍąsthą̄me，无梵本对应。智严“姪荼思侻二合咩”，阇那崛多“陀利荼私汤米”。佛陀扇多和求那跋陀罗意译为“坚强力”，梵文 dṛḍha，坚强的，dṛṃh 的过去被动分词；sthāman，中性名词，势力。于阗本记录的大概是这些词的变化形式。梵文的 ṛ发音时舌尖从口腔中部到前部快速反复移动，于阗语中没有这个音，用 rai 转写是音近替代。梵语 sthā 后头没有 anusvāra，即使是把后头的 m 算上，也不应该读后鼻音-ŋ，智严用“侻”、阇那崛多用“汤”对音都反映出宕摄阳声韵尾消变。

74. P. 2855 sthą̄mä prrāpätte。还原成梵词应该是 sthāma-prāpta。智严“思汤二合摩钵卑低”、阇那崛多“私汤莫波啰钵帝”能和于阗本对上。

75. P. 2855 mähā-prribhe，梵本 mahāprabhe，于阗本 prri 为 prra 之误。智严本“摩诃钵鞞”。

76. P. 2855 samata-prrabe，梵本 samanta-prabhe。智严本“娑蔓多钵鞞”。P. 2855 的这句咒是用小字夹在两行之间补充上的，或许由于空间狭小，有的字形出现讹误，ma 上少抄了 anusvāra。各汉译本都能和梵本、于阗本对上。

77. P. 2855 vamäla-prribhe，梵本 vipura-prabhe。参考 51 句，于阗本 va 当为 vi 之误，prri 当为 prra 之误。《大正藏》梵本，ra 当为 la 之误。智严本“鞞摩罗钵鞞”和于阗本对应。阇那崛多、功德直共玄畅、僧伽婆罗用“补、富”对，都和梵本近。

78. P. 2855 vamalä-raśme，梵本 viprarā raśme。第二个音节，不空用“补”字对。悉昙体 pu 写作𑖢𑖲，下面一画加长点就成了 pra 𑖢𑖿𑖨。《大正藏》梵本 pra 应为 pu 之误。rā 应为 la 之误。智严“鞞摩罗啰湿咩二合”用摩对 ma 是译于阗本，其他各汉译用“补、富”对，是对梵本的 pu。

79. 梵本 samanta mukhe，P. 2855 无，P. 2782 sąmaṃtta mukhe，智严本“娑蔓多目谿”。

80. P. 2855 varva-ttrą̄①ṇų̄gąrbhe，梵本 sarva trāṇugate。智严本“萨婆怛嚟二合女揭低”。（刘宋）求那跋陀罗把这句咒译为“至一切护”，（元魏）佛陀扇多意译为“生所护”。我们据此来尝试分析梵本的理据。trāṇugate 可以拆成 trāṇa + gata，trāṇa 表示“护救”，词根是 trai（属第一类动词），

① Bailey 转写为 ttrā，此处有 anusvāra。

gata 是√gam的过去分词，表示“已行”，可是 trāṇa 和 gata 相结合，中间不会生出 u 音来。另一种分析是拆成 trā + anugata，trā 是动词 trai 的名词形式，守护者，anu-gata，相随。受到 rā 的影响，nu 卷舌化变 ṇu，构成 trāṇugata。后一种分析更有理。各汉译本都能和梵本对应。P. 2855 于阗本 varva 应为 sarva 之误，梵词 garbha，阳性名词，胎藏，与各本都对不上，或许于阗本另有所本。

81. P. 2855 anāchaidya̹，梵本 anacchede。佛陀扇多和求那跋陀罗意译为“无断”，由此反推，梵词应该由 an-ā-cchid（断）派生而来，anāccheda 是名词形式，anācchidya 是主动分词形式。《大正藏》梵本 na 当为 nā 之误，不空本用去声字“那”对，亦可证明是长音。于阗文用 chai 转梵文的 chi。智严本“閪乌可反那去擠陀提耶反”。“陀”注“提耶反”，和 P. 2855 的 dya̹ 关系更近。佛驮扇多的“叱祇”、功德直共玄畅的“眵姝支䜪”、僧伽婆罗的“支第”都和梵本的 cchede 近。阇那崛多的“车耶迟”大概是“车迟耶”之误，因为车、耶都是麻韵三等字，不必用“车耶”二合的方法对音，而麻韵三等不和定母拼，所以对 dya̹ 用“迟耶二合”表示。

82. P. 2855 prrittä bhāväne，还原梵词为 prati-bhāvana，bhāvana 由动词 bhū 派生出的抽象名词，修得。智严“钵啰二合低婆去泥”、阇那崛多“百罗坻婆[①]泥”，P. 2855 vä 没有着落，可能汉文本抄漏了重字符号，应当作“婆〃”。其他译本无此句。

83. P. 2855 dāräṇe'，梵本 dharaṇi。梵词是 dhāraṇī。《大正藏》梵本 dha 当为 dhā 之误。智严本“驮啰尼”。

84. P. 2855 nadāräṇe'。功德直共玄畅、僧伽婆罗用“陀罗尼”对，只能和 P. 2855 的 dāräṇe' 这一部分对应。智严“泥驮泥驮罗尼”、阇那崛多“儞陀泥陀啰腻”更像是和 P. 2855 第 23—24 行的nadāṇädäräṇe对应，参看第 89 条。

85. 梵本 dhadma[②] nidanagutre samantabhadre。只有不空的汉译和梵本能完全吻合。于阗本和智严本均无，不细说了。

86. P. 2855 mukhaunūsai[③]de，P. 2782 mukhāṇe[④] saṃdhe，没有梵本对

---

① 写作娑，当为婆之误。

② 应为 dharma 之误，为法之意，不空译为“达磨”，达往往对 dhar。

③ sai 下面有一小圈。

④ 这一句贝利先生转写为 mukhāye。ā 上有 anusvāra。

应。求那跋陀罗译为“无有总持门”，据此推测，梵本大概是 mukha-anu-saṃ-√dhā（mukha：门。anu-，否定前缀。sam-：前缀，表示集合、会聚之类的意思。√dhā，动词词根，持握）。智严对“目抗奴散泥”。P. 2855 khau 应是 khā̜之误，西北音“抗”字的鼻韵尾消变，能对 khā̜。sai 是 saṃ 之误。不过卷子上 sai 下面有一朱笔小圈，写作，不知是何人所加，表示什么意义。[①]

87. P. 2855 sarva-baudhā-bhāṣätte，只有智严本有对音，译作“萨婆勃陀婆去瑟低”。由此反推梵文，应该是 sarva-bodha-bhāṣita，bhāṣita 是动词 bhāṣ的过去被动分词，宣说。于阗字拿 bau 转写梵文的 bo，前面已经说过了。

88. P. 2855 sarva-bhaudhā daiṣ̤ṭätte，梵本 sarva tathāgata adhiṣ̤ṭanādhiṣ̤ṭiti。于阗本记的是梵词 sarva-bodha-adhisthita，智严“萨婆勃驮姪瑟耻二合低”与这个本子对应。bodha 与 tathāgata 所指相同。梵文动词√sthā（站立）和前缀 adhi-连用有“加持”的意思，adhiṣ̤ṭhita、adhiṣ̤ṭhāna 是由这个词根动词派生出的过去分词和抽象名词形式。《大正藏》梵本记的是另一种本子。两个本子都把 ṣṭhi 写成了 ṣṭi，悉昙体梵字 ṭi 写作[②] ṭhi 写作，区别就在封口不封口，合体字中这部分写得太小，这点区别可能就看不清了。

89. P. 2855 nadā̜nädārä̜ṇe，智严用“泥驮泥驮罗尼”对、阇那崛多用“儞陀泥陀啰腻”对。照于阗本推测，相应的梵本大概是 nidhāna dhāraṇī。动词词根√dhā 有放置、持有的意思，派生词 nidhāna 表示宝藏。dhāraṇī 是总持咒的意思。于阗本第一个音节 na 可能是 ni 之误。智严、阇那崛多汉译能和于阗本对应。又见第 84 条。

90. P. 2855 nädā̜ṇä-grā̜ttre，智严本“泥驮那遨低嚟二合”，阇那崛多“腻陀那瞿多利”。遨，疑母豪韵，瞿，群母虞韵，都可以对 go，还原梵词应该是 gotra，种性、自性，P. 2026 作 gauttre 亦可为证。于阗文书用 au 记录梵文的 o，这一点前面已经说过了。

91. P. 2782 svāhā，P. 2855 无，梵本 svāhā。智严本“莎诃”。各汉译本差别不大。

按照本章分的条儿，91 条儿当中，P. 2855 和智严本能对得上的有 80

① 婆罗迷字墨笔所书，小圈及各词之间的分隔号顿点均为朱笔所书。

② 这两个悉昙体梵字引自林光明：《梵字悉昙入门》，台北嘉丰出版社 1999 年版。

来条，其中有 20 多条只有智严本能对应，其他汉译本都对不上。非常明显，智严本是最接近 P. 2855 于阗本的。同时，P. 2855 和智严译本也有差异，有若干句是 P. 2855 出现而智严没有汉译或是智严有汉译而 P. 2855 没有出现的，P. 2855 于阗本“出生无量门陀罗尼”和智严汉译的关系不像不空译本和梵本那样每句都吻合。或许这两个本子只是有比较接近的来源，而不完全一致。

值得注意的是，P. 2855 中的某些词辅音后的 ä 从转写梵本角度来理解，似乎不太必要，有点像记录汉字音。这些词有（于阗文画线部分对应加点的汉字）：

表 2－20　**P. 2855 与智严译本对照表**

智严译本	P. 2855	智严译本	P. 2855
涅目讫低二合	narimūhä: tte	钵吉低二合鞢泥	prrikättä-varrṇe
涅诃嚟	narähārę	涅诃黎	närähāre
涅诃啰	narähārä	涅诃啰欲讫低二合	nīrähārä-yụhte
涅诃啰烧驮泥	nīrähārä-śaudäne	涅诃啰伏么黎	nīrähārä-vamäle
钵吉低二合鞢泥	prrikättä-varrṇe	涅诃啰烧驮泥	nīrähāra-śaubhine
钵吉低二合泥跛泥	prrikätta-dīpäne		

这些句子中，ä 作为增音，附着在辅音后面。如果是照着梵本转写，表示增音的 ä 就没有着落，比方说，如果用于阗语转写梵词 nirhāle，一般不会独立出个 rä 音节。在 Ch. 00120 中这类现象倒是常见，都是用来转写汉语的韵尾或一个辅音，参与对音的是 ä 前面的那个辅音，ä 是为了凑足音节而增加的一个元音。Emmerick 认为，于阗文像日文那样不允许以辅音结尾，转写汉语单个辅音时，要在后面加上个元音构成独立的音节①。在没有更好的解释之前，这些地方暂且理解成受汉文本的影响。于阗人学习汉文佛典，这事儿在唐宋时期并不稀罕，编号为 Ch. 00120 的长卷本身

① R. E. Emmerick and E. G. Pulleyblank, *A Chinese text in Central Asian Brahmi script—new evidence for the pronunciation of Late Middle Chinese and Khotanese*, Roma: Istituto italiano per il Medio ed Estremo Oriente, 1993. p. 41.

就是一个很好的证明[①]。不过这样的例子并不多，不影响对音的格局。

不管是拿汉字转写于阗本，还是拿于阗字母转写汉字，都说明智严本和 P. 2855 关系很密切。根据唐代智升的《开元释教录》，智严，俗名尉迟乐，是于阗国派到唐朝的质子。自幼就来到京师，官至左领军卫大将军上柱国，封金满郡公。中宗神龙二年（706），以京师之宅为寺，敕名“奉恩”，舍官入道。景龙元年（707），舍家剃落，法号智严。开元九年（721），于奉恩寺译《出生无边门陀罗尼经》[②]。智严是于阗人，又具有很高的地位，他的译本和于阗本关系密切就不难理解了。在现有材料允许的情况下，依照 P. 2855 推出梵文词，再拿智严本与之对应，并且参照其他诸本来探讨对音规律是一种可行的方法。

二　智严对音反映出的音韵特点[③]

智严所译《出生无边门陀罗尼》这篇咒不长，对音字数量不是太多，但表现出的语音特点和不空音系[④]近。下面把对音字及对音形式列出来，对音形式还是用于阗本，因为这是实际存在的材料，而梵文词是反推出来的，好在这二者之间可以对应，差别大的地方，随文都有说明。

（一）声母的对音规律

1. K 组

（1）k（见母）舸吉葛讫；（2）kh（溪母）豁抗；（3）g（群母）伽揭（疑母）遨；（4）ṃg（疑母）倪

2. C 组

（1）c（章母）战遮者；（2）ch（昌母）撦

3. Ṭ 组

（1）ṭ（知母）吒；（2）ṭh（彻母）耻；（3）ṇḍ（澄母）茶；（4）ṇ（娘母）拏尼女（泥母）泥

① 荣新江：《关于唐宋时期中原文化对于阗影响的几个问题》有更详细的论述，见《国学研究》第一卷，北京大学出版社 1993 年版，第 401—422 页。

② 见（唐）智升的《开元释教录》卷九（《大正藏》第 55 册，2154 号经）。（唐）元照《贞元新定释教目录》卷十四（《大正藏》第 55 册，2157 号经）、（宋）赞宁《宋高僧传》卷三都有类似的记载。

③ 这部分内容以《伯希和 2855 号残卷于阗文咒语对音研究》为题，发表于《语言研究》2008 年第 4 期，第 25—31 页。

④ 不空音系特点依照刘广和先生的研究成果。

4. T 组

（1）t、tt（端母）多低哆；（2）th（透母）体汤侻；（3）d（定母）陀昙提殿驮姪（泥母）泥娜；（4）dh（定母）驮陀；（5）n（泥母）泥涅那奴

5. P 组

（1）p（帮母）鉢卑箄谤跛晡般；（2）b（並母）鞞跋婆勃；（3）bh（並母）鞞婆；（4）m（明母）麽目咩摩蔓

6. 半元音

（1）y（以母）欲耶；（2）r（来母，弹舌）逻啰噜嚟黎；（3）l（来母）罗啰嚟黎立礼；（4）v（並母）鞞婆（明母）靺（奉母）吠（微母）微（匣合）啝

7. 咝音

（1）ś（书母）烧尸赊湿；（2）ṣ（生母）屣瑟；（3）s（心母）写娑扫栖娑散僧縒沙可反桑速思萨

8. 喉音

h（晓母）醯诃呵讫

9. 其他

Ø（以元音起始的音节）（影母）阿閪按翳

疑母对 ṅg 又对 g，泥母对 n 又对 d，明母对 m 又对 v，悉昙字中，va 和 ba 很相近，明母对应的 v 可能是 b 之误。次浊声母对鼻音和同部位的浊塞音，表现出不空音系的特点。

群母对 g，澄母对ṇḍ（即梵文的 ḍ），定母对 d、dh，並母对 b、bh、v。全浊声母对 g、d、b 的多。这个现象得结合于阗语的特点来理解。和梵语不同，于阗语浊辅音只有一套，是不送气的。对汉语的全浊声母，可能是音近替代，并不能说汉语全浊声母是不送气。

梵文 b、v 容易混，于阗文 v 对汉语的並母、明母，可以理解成 b。于阗文 v 对奉母、微母，说明轻唇音已经分化，这与不空音系的表现也是一致的。从玄奘和不空对音开始，对梵文 v 的主要是奉母和微母字，匣母合口和喻三都不出现了。可是智严对音出现了"啝"字，而且出现 12 次之多。《龙龛手镜》："今音和，《玉篇》'小儿啼也。'"[①] 匣母合口对 v，

① （辽）释行均：《龙龛手镜》，中华书局 1985 年版，第 268 页。

是后汉到隋代的对音现象。（隋）阇那崛多《不空羂索咒经》用“十啝囉”对 jvala，“啝”对 va。玄奘和不空的对音中，不再用匣母合口对 v 了。可是智严对音“啝”字大量出现，相同位置，不空译本用微母字“嚩”对，这是与不空对音有明显差别的地方，说明旧有的对音习惯并非一下子退出历史舞台。

（二）韵母的对音规律

1. 阴声韵

（1）果假摄

歌：罗 a；多 a、ä；诃呵 ā；阿 a、ᶏ、ä；娑 ā、ᶏ、ä

哿：舸 a、ᶏ；縒沙可反娜跛 ä；閜乌可反 a；啰 a、ä

箇：驮逻囉 ā、ᶏ̄；那去 ā、ä；驮 ā、ä、ā

戈：啝伽 a、ä；婆 a、ā、ä

果：麽 a、ᶏ、ä

麻二：茶 ᶏ；吒 ä

麻三：陀提耶反 -ya、yᶏ、yā；低低耶反 yā；耶（y） a；遮赊 ä

马三：者 ä；捨 ai；写 -yā

歌麻韵系主元音有别。对 a、ā 一般不用麻韵系二等字，而多用歌戈韵系字。歌戈韵系不拼知组，故用麻韵系二等字“吒、茶”对 ṭa、ḍa 之类的音。“閜”字依照《广韵》只有马韵音，马韵二等字“閜”要改读成哿韵音“乌可反”才能对 a，也能证明歌麻韵系主元音有别。但是《集韵》中“閜”作为“閪”的异体字，有哿韵倚可切一读，兴许这个读音在智严的时代已经有了。

麻韵系三等对-ya 之类的音，说明麻韵系与歌韵系主元音相差不远。a 前头带着 i 介音，发音部位受 i 的影响会偏前。一般麻韵系主元音拟成偏前的［a］，歌韵系主元音拟成偏后的［ɑ］，能够得到梵汉对音的支持。

（2）止摄

支：卑 ä。纸：咩 e；屣 ä。脂：尸 ī、尼 e、e'。止：耻 ä。微：微 a①。

于阗文的 ä 在某些条件下，相当于 i。止摄字对 ä，都可当成 i 来理解。

止摄字出现的太少，实在看不出各韵之间是什么关系，目前只能说明

① 微晡罗，梵本 vimara，微对 vi，于阗本转成 va，可能写漏了元音符号。

这四个韵都能对 i。

脂韵对 ī，但“尼”对 e、e'。问题可能在于阗本。“尼”出现在“驮罗尼”一词中。“驮罗尼”对应梵文 dhāraṇī，从梵文讲，“尼”字应该对ṇī。梵文 dhāraṇī 于阗文转成dāra̤ñä（见 P. 2855 最后一行），于阗文以 ä 收尾的名词，复数主宾格尾是 e，dārāṇe'、dārāṇe 的形式估计是这么来的。

支韵“卑”，帮母重纽四等，对 pi。屣，所寄切，生母寘韵，对 ṣi。这些地方，脂韵系都无字。

支韵系也可以对 e。咩，《龙龛手镜》迷尔反，羊鸣也，是“芈”的俗字。《广韵》芈，绵婢切，纸韵明母重四，对 me 一共有 9 次，在对应的位置，阇那崛多和不空译本都用齐韵系字“米、迷”来对。

止韵“耻”对 ṭhi。这个位置，不空译本也用“耻”字。或许因为“耻”最常用，而旨韵彻母字少且生僻，《韵镜》拿“絺”当代表字。

脂、支韵系唇音不变轻唇，故而 vi 得用微韵字译。

（3）遇摄

模：奴 ū 晡 u。姥：噜 ū。鱼：挐 e。语：女ṳ̄

参照玄奘、不空的对音习惯，u、ū 主要用模、虞韵系对，鱼韵系字对 u 是比较少的。不过，智严用语韵“女”对ṇu 也有理。梵文音ṇu 辅音卷舌，应该用娘母字对，可是一看《韵镜》，虞韵系娘母无字，而语韵系娘母有字，故用“女”对ṇu 是优先照顾声母和辅音，鱼虞模在一个摄中，主元音应该相差不远。阇那崛多用“奴”，不空用“努”，是优先照顾韵母和元音，不过用泥母字“奴努”对ṇu，就照顾不到泥娘声母的区别了。

（4）蟹摄

齐：谿倪翳栖提箄鞞 e；嚟 e、ę；泥 e、i、ä、ī、a；低 e、ä、a；醯黎 e、a

荠：礼 ī；体 ai、e、i̥

废：吠 i、ä、a

齐韵系主体对 e，但也可以对 i。比如“体”对 thyi̥，实际上是对应梵文的 the（梵文 ā + i = e，于阗文把梵文的 the 转成了 thyi̥），又对 thai、the（sūṣthaitte、sūṣthette，转写梵词 su-sthita），实际上是对梵文的 thi。

（隋）阇那崛多对音齐韵系字就能对 e 又对 i①，智严似乎表现得更加

① 尉迟治平：《周、隋长安方音初探》，《语言研究》1982 年第 2 期，第 18—33 页。

明显，有的地方，阇那崛多译本用止摄字对 i、ī，而智严用蟹摄字对。

“泥”对 ni（nirūhte、nirūhtä），阇那崛多本作“尼”，脂韵。

“泥”对 nä（nädā̧nä、nadā̧nä），阇那崛多本作“腻”，至韵。

“泥”对 na（nadā̧nä），阇那崛多本作“儞”，止韵。

“吠”对 vi、va、vä（vimile、vamäle、väbhāvine），阇那崛多作“毘”，脂韵。

也有智严和阇那崛多都用齐韵系字对 i、ī 的。

“泥”对 dī（dīpäne，可能是转写梵文 dīpanā，开示），阇那崛多本作“题”，齐韵。

“低”对 ttä（prrikättä，梵词 prakṛti），阇那崛多本作“帝”，霁韵。

“低”对 tta（prrikätta），阇那崛多本作“底”，荠韵。

“醯”对 ha（halāhalī），阇那崛多同。

“礼”对 lī（halī），阇那崛多作“隸”，霁韵。

以上各例中的 ä 和 a 都该理解成 i，在版本比较部分已经解释过了。

（5）效摄：

豪：遨 ā̧；皓：扫 ā̧；宵：烧 au

草体于阗文 ā 上头再加个 anusvāra，与 au 比较接近，故 ā̧都可理解成 au。P. 2855 于阗文献通篇没有出现 o，凡是梵文是 o 的地方，于阗文都写作 au，Emmerick 曾经说过，晚期于阗语 au 单音化为/o/。不空的对音，效摄字除了对 au 外，也能对 o。智严的这些效摄对音字，都可理解成对梵文的 o。只是在形式上出现了于阗文 au 对效摄字的现象。和前文说的遇摄对音合在一起看，似乎智严对音，u、ū 用遇摄字对，o 用效摄字对，二者严格区分。同样的区分在敦煌文献北 7684《真言杂抄佛顶尊胜陁罗尼》中也能看到，那份文献中，“韶”对śo，“高”对 ko，“戍”对 u。

2. 阳声韵

（1）山摄

翰：散 aṃ（tt）、aṃ（d）。桓：蔓 aṃ（tt）；般 än。线：战 aṃ。霰：殿 yaṃ

（2）宕摄

唐：汤 ā̧；桑 aṃ（k）。宕：抗傥谤 ā̧

（3）曾摄

登：僧 aṃ（g）

（4）咸摄：

覃：昙 aṃ

先说元音，同一个 a，既能对山、宕、咸摄，也能对曾摄，问题出现在梵语 a 的音值上，实际音值舌位比［a］高，有的书上描写为［ɐ］。所以也能对曾摄字。

梵文的 anusvāra（转写为 ṃ），在塞音、塞擦音前，读为同部位的鼻辅音。对山摄字的，实际读为-n，对曾摄字的，实际读为-ŋ，对咸摄字的，实际读为-m。可是“汤”对 ą̄（梵本 sthāman）、“抗”对khą̄（梵词 mukha 的变形）、“谤”对 pą̄（梵词 kalpana）、“傥”对 thą̄（梵词 sthāman），梵文词元音后头没有 anusvāra，即使是把后头的 m 算上，也不应该读后鼻音-ŋ，智严用“汤抗谤傥”对音只能说明宕摄阳声韵尾消变。

3. 入声韵

（1）臻摄

没：勃 odh

质：吉 ät（梵词 kṛt）、姪 īr（梵词 dhīr）、aiṇḍ（梵词 dṛḍh）、ais（梵词 dhis）、姪 aiṇḍ（梵词 dṛḍh）

迄：讫 ät（对梵文 kta，于阗本转成 häta）

栉：瑟 ätt（梵词 ṣita）

（2）山摄

曷：葛 ąṣ（梵词 karṣana，对 ar）、薩 ar

末：鉢 a（b）、a（p）、a（k）；靺 ar

月：揭 ąr（梵词 gata，对 at）

屑：涅 ir、īrä、ari、aid、arä、ärä（梵词是 nir-）

（3）通摄

屋一：速ųs；屋三：目 ūkh、ūh（梵词是 mukta）、ukh

烛：欲（y）uh、ɥh（梵本是 yukta，对 uk）

山臻摄入声与通摄入声韵尾不同。山臻摄入声对 t、dh、r、ḍ、s，发音部位都在舌头，韵尾一般拟为-t。通摄入声对 kh、k，韵尾一般拟为-k。

例外的字有两个，一个字是“钵”，北末反，共出现了 9 次，都是对

prra，后头跟的音有 b 或 p 或 k，与山摄入声尾不一致。其中有 1 次是“钵啰二合”对 prra，那“钵”可理解为只对单个辅音 p。其余的 8 次或者理解为抄漏了“啰”字，或者理解为用 par（pat）来译音近的 prra。另一个是“速”，屋韵，“速思体二合低”对 sū̥sthaitte（梵文 su-sthite），“速”该收-k 尾却对 s，暂且存疑。

山摄入声一等开口主元音对 a。臻摄入声一等唇音字主元音对 o，说明唇音有圆唇的成分。通摄屋烛韵主元音都对 u，故东韵系应该也是合口，这与《韵镜》《七音略》的记录不同。

三四等韵主元音对 ṛ、i、ī，说明主元音开口很窄，或者有 i 介音存在。四等霰韵“殿”对 yaṃ，说明对音所用的方言中，四等韵也可能存在 i 介音。

总的来看，智严对音，次浊声母对鼻音和同部位的塞音，宕摄阳声韵字韵尾消变，这都反映出了不空音系的特点。智严译这部经在开元九年（721），此时不空（705—774）才十多岁，刚拜金刚智为师。说明早在不空之前已经有人用长安音译经了，长安音有着更广阔的社会基础。

智严对音匣母合口对 v、齐韵系对 e 又对 i，这两点都在隋阇那崛多对音特点中找到了，而后来的不空对音则没有这种现象，这是智严对音独特的地方。

第五节　从于阗文咒语的对音看武周时期北方方音①

这一节的内容，是前面几节内容的总结。

唐代梵汉对音研究目前主要集中在初唐玄奘和盛唐不空两位经师的译作上，玄奘和不空之间，是一小段空白。这二三十年，正是武则天影响唐代政坛的时代，她重视佛教，重用从于阗来华的僧人，前面提到的《不空羂索咒心经》《不空羂索神变真言经》《智炬陀罗尼经》《护命法门神咒经》《出生无边门陀罗尼经》都是在这个时代新译出，并有于阗文咒语传世，或许不是偶然的。这几部咒语译经地点或在洛阳，或在长安，是探讨唐代 7 世纪后期到 8 世纪前期北方方音的好材料。因此有必要把这几份

① 本节内容发表于徐时仪等编《佛经音义研究》，上海辞书出版社 2015 年版，第 319—331 页。

文献表现出的规律集中起来说一说。

这五份咒语材料所反映出的对音规律明显分为两大类，《不空羂索咒心经》（简称《羂索1》）、《护命法门神咒经》（简称《护》）、《智炬陀罗尼经》（简称《炬》）与玄奘对音规律基本一致，反映出洛阳音特点，为了行文方便，下文简称“甲类”。《不空羂索神变真言经》（简称《羂索2》）、《出生无边门陀罗尼经》（简称《出》）与不空对音规律基本一致，反映出长安音特点，下文简称“乙类”。前三部经是在洛阳译的，后两部经是在长安译的。值得注意的是，《羂索1》和《羂索2》译主都是菩提流志，但译经音系不同，或许在译主并不精通汉语的情况下，译场笔受的方音对译经音系更有决定作用。从这些于阗本咒语对音来看，至晚在武周时期，唐代北方地区，已经形成洛阳音和长安音两大方言区。这两大方言区，在语音上有共同的规律，也有各自的特点。唐代洛阳音的研究，参考施向东先生《玄奘译著中的梵汉对音研究》①，长安音研究参考刘广和先生《不空译咒梵汉对音研究》②。

甲乙两类材料之间共同的地方放在一起说，差异分别表述。《出》译于开元九年（721），有些地方反而和一百多年前的隋代对音习惯相似，这些地方也分开说。

一　共同的对音规律

（一）声母对音规律

1. K 组

（1）k 对见母。《羂索1》：计加迦剑羯矩讫枳。《护》：迦鸡枳俱拘矩计紧建剑羯讫。《炬》：迦矩计鸡讫屈居勿反吉羯。《羂索2》：鸡迦剑羯矩句讫诎枳。《出》：舸吉葛讫。

（2）kh 对溪母。《护》：弃。《炬》：屈音屈申之屈。《羂索2》：枯契弃。《出》：豁抗。另外，《羂索2》中群母字“趌”③ 也对 kh，原因放在下头说。

2. C 组

（1）c 对章母。《羂索1》：折者旨主。《护》：者遮旨主制障斫质。

---

① 施向东：《音史寻幽——施向东自选集》，南开大学出版社2009年版，第1—79页。

② 刘广和：《音韵比较研究》，中国广播电视出版社2002年版，第1—118页。

③ 出现一次，对（śi）khi。趌，《广韵》其迄、极乙二切，都是群母，《集韵》也只收这两个音。菩提流志译《不空羂索神变真言经·广大明王央俱舍真言品》中，“趌”字注音其乙反。《龙龛手镜》趌，其迄反。都是群母音。

《炬》：斫质遮。《羂索2》：遮折者柘旨主。《出》：战遮者。

（2）ch 对昌母。《护》：瞋。《出》：撦。

3. Ṭ 组

（1）ṭ 对知母。《羂索1》：痓(吒讫切)吒徵窒柱。《护》：吒徵株龇(卓皆反)。《炬》：徵(张里反)。《羂索2》：吒徵拄。《出》：吒。

（2）ṭh 对彻母。《羂索1》：侘(勑可切)。《护》：耻。《羂索2》：耻扅(摛矩反)詑(魑贾反)。《出》：耻。

4. T 组

（1）t 对端母。《羂索1》：怛(多讫切)底(丁旨切)谛都覩缕(丁也切)𩑶(丁可切)。《护》：多𩑶底柱(丁庾反)堵低谛带怛。《炬》：多哆(丁佐反)埵(颠也反)答怛帝咄都低底(都履反)咤(都假反)。《羂索2》：怛戴耽得羝底帝谛𪛖(丁也反)覩多埵𩋙跢窒窋(丁聿反)拄(丁庾反)。《出》：多低哆。

（2）th 对透母。《羂索1》：他。《护》：他梯挮体替。《炬》：他替(他止反)炭(他邓反)闼。《羂索2》：他詑。《出》：体汤侻。

5. P 组

（1）p 对帮母。《羂索1》：霸(必也切)般(比訖切)跛补。《护》：波跛播比卑臂补箆奔般钵必。《炬》：篦蓖箆(补奚反)钵必。《羂索2》：般半比㹀(并也反)钵播跛补布。《出》：钵卑箄谤跛晡般。

（2）ph 对滂母。《羂索1》：叵。《护》：叵普。《羂索2》：抪。

6. 半元音①

（1）y 对以母。《羂索1》：也裔逸②。《护》：耶夜野也庾曳。《炬》：野耶(以哥反)以曳衍(去)。《羂索2》：焰耶野曳拽。《出》：欲耶。

（2）r 对来母，并注明弹舌。《羂索1》：嚩噜啰囉咯嘌啢攞罗③。《护》：囉唎啢哩噜噼唎唎啸嚩嚧喇嘌。《炬》：啰(依罗字本音而转舌呼之)罗嘌梨啢唎嚧噜赖、"遏啰"④。《羂索2》：啰啢喇爛(弹舌)唎哩噜嗱啸逻没(卢骨反)利。《出》：逻啰噜嚟黎。

（3）l 对来母。《羂索1》：履鲁路攞。《护》：罗攞梨履卢犂犁隶例嚂利卢；《炬》：洛罗理卢鲁。《羂索2》：路攞。《出》：罗啰嚟黎立礼。

---

① 把 y、r、l、v 算作半元音是梵文教材的习惯，因为元音变化的结果可能产生这些音，比如元音 ṛ或 ṝ的二合形式（guṇa）是 ar，ḷ的二合形式是 al。

② 逸，夷质切，入声，对 ya（vāyava 缚逸缚），存疑。

③ 攞罗个别对 ra，可能是少加了口旁。

④ 遏啰两个字对 rā，用影母字"遏"来描写发颤音前喉部紧张的动作。

7. 噝音

（1）ś对书母。《羂索 1》：输舍失始戍。《护》：赊舍奢尸始输世扇胜苫闪设失湿室。《炬》：戍。《羂索 2》：苫奢舍捨湿始室输戍。《出》：烧尸赊湿。

（2）ṣ对生母。《羂索 1》：灑瑟史。《护》：沙师史鎩瑟涩。《炬》：涩。《羂索 2》：灑瑟杀讪使数。《出》：屣瑟。

（3）s 对心母。《羂索 1》：萨三散苏素娑玺信縒①。《护》：娑私斯苏素僧三萨窣娑悉。《炬》：娑(上)琐(苏括反)写(斯舸反)斯苏(上)萨逊窣(苏骨反)悉飒。《羂索 2》：参縒栖萨塞三散僧莎窣素娑悉枲徙巽②。《出》：写娑扫栖娑散僧縒桑速思萨。

8. 喉音

h 对晓母，有时也对匣母。《羂索 1》：虎呬故醯嗽(诃讫切)賗(呼暗切)欨(呼可切)。《护》：诃欨呬虎醯喝嗽(如字)故(許日反)黑；《炬》：诃。《羂索 2》：郝诃虎醯呬歇欨。《出》：醯诃呵讫。《炬》、《羂索 2》还分别对过匣母字“户”、“纥”。

9. 其他

Ø（以元音起始的音节）对影母。《羂索 1》：阿闇榱(乌可切)伊翳印。《护》：阿伊乌邬翳因安应遏。《羂索 2》：唵隖嗢(乌骨反)旖(乌可反)逸缢(伊异反)翳印。《出》：阿闇按翳。

上面 1—8 类所列的音，按照梵文的分类，除了 y、r、l 和 h 之外，都属清辅音。梵语传统语法把 h 算作浊音，但是从发音方法上看是清的。有的材料拿匣母字对 h，反映出匣母浊音清化的现象。总的来看，在梵汉对音材料中出现的全清、次清声母、来母及以母在这五份材料中的对音形式大体相同。如果说这五份材料能体现出洛阳音和长安音的线索，那么，可以假定这两种方音之间，全清、次清声母、来母及以母音值相同。

（二）韵母的对音规律

1. 果、假摄主元音有别

梵文 a、ā 主要对歌（戈）系一等。比如，多啰对 a，陀罗娑诃对 a、ā，他阿对 ā。戈韵非唇音字能对出 u 介音，莎(去聲)对 svā，埵对 tvā。汉语唇音音节

---

① 縒对 sa，《广韵》有苏可切一读，心母。但是经中该字加有小注“麄可切”，清母。此处存疑。

② 巽，苏困反。从汉字音来反推，似乎应对 sun，佛教混合梵语有 kakusunda（拘留孙）这样的词形。

不分开合，戈韵系一等唇音字对梵文唇辅音拼 a、ā 的音节，如波婆对 a，摩对 a、ā。

果摄和有些声母不能相拼，这些音节用假摄字来对。梵文卷舌音（如 ṭa、ṣa）及腭音（如 ca）、半元音 y 拼 a、ā 的音节一般用麻韵系字对。但值得注意的是，假摄字对 a、ā 时，往往加注反切，切下字为一等果摄。比如《羂索1》吒(吒可切)侘(勅可切)灑(沙可切)者(之可切)捨(尸可切)社(时可切)也(药可切)对 a，若(而可切)对 ā；《护》赊(尸阿反)耶(药何反)阇(时何反)对 a；《炬》耶(以哥反)对 a，遮(之箇反)对 ā；《羂索2》野(杨可反)、奢(尸可反)对 a；舍(尸可反)对 a、ā。麻韵系字要改读成歌韵系音才能对 a、ā，这说明麻韵系和歌韵系元音有差异。

歌韵系绝大多数字都是一等韵，梵文-ya 需要用三等字对，只有选择用麻韵系三等字。由于麻韵三等只拼精组、章组和以母，故梵文唇音、齿音[①]拼 ya 的音节，如 pya、tya 等，对音字有时是借用麻系二等字，有时是借用他韵之字，同时再加麻韵三等反切。《羂索1》霸(必也切)罷(薄也切)縿(丁也切)加(吉也切)对-ya，姪(徒也切)对-ya；《护》多(丁耶反)、(丁也反)、若(尼也反)、毘(蒲也反)、(毘耶反)-yā、尼(尼也反)对-ya；《炬》埵(顛也反)对-ya；《出》陀(提耶反)、低(低耶反)对-ya、yā。还有时是造切身汉字，比如《羂索2》⿰并也(并也反)⿰丁也(丁也反)⿰亭夜(停夜反)⿰寧也(寧也反)⿰名夜(名夜反)对-ya。这说明麻系主元音与歌系相差不远，都在［a］的范围内。一般构拟麻韵系为舌位偏前的［a］，歌韵系为舌位偏后的［ɑ］，能够解释这种对音现象。

歌、麻韵系不拼奉微母，梵文半元音 v 拼 a、ā、yā 构成的音节，都借用轻唇十韵系中的字对，同时加注反切，切下字分别属歌一、麻三韵系。《羂索1》、《护》注成奉母音，如筏(房也切)对 vyā，《羂索2》注成微母音，如缚(无可反)对 va、vā。

2. 止摄支脂之三韵音近，微韵与前三韵略远

支脂之微四个韵系都可以对梵文的 i、ī，说明这四个韵系韵母音值相差不远。不过微系字出现极少，而且只出现奉微母字来对梵文以 v 开头的音节，如《羂索1》费(房费切)对 vi、vī，《羂索2》尾对 vi，《出》微对 va[②]。微韵系牙喉音有字，却从来不用于对音。支脂韵系唇音都不变轻唇，只有对 vi、vī 时才用微韵系字，说明这四个韵系之间，微韵系与其他三个韵系相差较远。

---

① Stenzler 的梵文教材把 ta 组字母叫 Dentale，翻译过来就是“齿音”。

② 于阗本 P.2855 可能少抄了元音符号 i。

支脂之三韵系之间的对音情况，几份材料似乎有差异，放到后面说。

3. 遇摄、流摄、效摄

遇摄的模虞韵系对 u、ū、o。比如《羂索 1》模韵：都 u；姥韵：覩杜虎鲁噜努挐古 u，补 u、ū，部 u、ū、o；苏上音 u，柱吒古切 u；暮韵：素路 o；步 o、u。虞韵：矩主 u，输上音 u，弩那矩切 iu。遇韵：戍乳 o。其他四份咒语对音规律也大体如此。

流摄只有唇音字出现，《羂索 1》母对 o、u，《护》牟对 u。一般的解释是流摄唇音字转入遇摄①。可是结合从后汉到隋唐尤侯韵字对音发展脉络想一想，真实情况或许是流摄唇音字韵母保持 u 未变，而其他声母字，由于受到模虞韵韵母变成 u 的推动而发生高化，转变成复合元音。

效摄字出现不多，多数情况是对 o。《羂索 2》号韵曝 o，宵韵瓢毘遥反 yo、效韵饶去 o。《出》豪韵遨 ą̄；皓韵扫 ą̄；宵韵烧 au。草体于阗文 ā 上头再加个 anusvāra，与 au 比较接近，故 ą̄ 都可理解成 au。P. 2855 于阗文献通篇没有出现 o，凡是梵文是 o 的地方，于阗文都写作 au，晚期于阗语 au 单音化为/o/。所以智严的这些效摄对音字，都可理解成对梵文的 o。这就和《羂索 2》的对音规律一致了。

梵文的 o，可用遇、流、效三个摄的字来对，又找不出其中的区别，或许当时汉语译经方言中没有类似/o/的音，拿这三个摄的字对，都是音近替代。

效摄字还可以加小注读成入声来对 aḥ。《羂索 2》瓢入声 yaḥ，《炬》只出现宵韵一字“瓢”，照于阗本，是对 bhya，可是按照梵文的规则，应该是 bhyaḥ。瓢对 bhyaḥ。

效摄字既对 o 又对 aḥ，［h］发音部位在喉或舌根，与［u］的舌位接近，一般把韵母拟成［au］类的音，是有道理的。

与上面的现象形成鲜明对比的是鱼韵系字，对音中鱼系字基本上不出现。只有《出》用语韵“女”字对ų̄。智严用语韵“女”对ṇū 应该是音近替代。梵文音ṇu 辅音卷舌，应该用娘母字对，可是模虞韵系娘母无字，故用“女”来替代。

对 o 宁愿用效摄字也不用鱼韵系字，说明鱼系字主元音与 o 相远，一般构拟鱼系主元音为［o］，这种构拟不容易解释梵汉对音的事实。

① 唐作藩：《汉语语音史教程》，北京大学出版社 2011 年版，第 85 页。

4. 蟹摄

齐韵系字对 e，而且主要用去声霁韵。比如《羂索 1》霁韵字“谛第计翳”对 e，霁韵不拼群母，对 ge 选择脂韵重纽三等字“祁”加注反切。霁韵不拼以母，故用三等祭韵字“裔”代替来转写 ye。霁韵唇音字不变轻唇，故用废韵字“吠”表示 ve 这样的音。《羂索 2》、《护》、《炬》对音规律大体如此。说明齐韵系主元音是［e］。

5. 臻、山摄

梵文 in 用臻摄三等韵对，主要是真韵系字，比如《羂索 1》印信、《羂索 2》印、《护》因紧瞋。un、uñ、o’n、oṇ 等用臻摄一等合口字对，比如《羂索 1》闷、《羂索 2》巽、《护》门、闷、《炬》逊。

梵文 an、añ、aṃ、āṃ 等用山摄字对。比如《羂索 1》诞、散[去音]对 aṃ，伴对 an、añ，饭对 āṃ。yan 习惯上用仙、先韵系字对，比如《羂索 2》殿对 yan，《炬》用衍对 yaṃ。这些对音形式中的 anusvāra（即 ṃ）读作 n。

6. 曾摄

一等韵对 aṃ、aṅ，如《羂索 2》、《出》僧[去] aṃ、《护》朋[去] aṅ、《护》炭[他邓切] aṃ，三等韵对 yaṃ，如《护》邓[陀证切] yaṃ。这些对音形式中的 anusvāra（即 ṃ）读作ṅ。梵文的 a，舌位可能比 ā 高，有的学者拟为［ɐ］，所以能够对曾摄字。值得关注的是，庚耕二韵对 aṃ、aṅ都没出现，或许其主元音与梵文的 a 相差较远。

7. 咸摄谈覃韵主元音可能有别

谈韵系字对 am。如《羂索 1》、《羂索 2》三[去声] aṃ，《护》嚂南嚂三 aṃ，《炬》谈 aṃ。覃韵系除了对 am、ām，还对 oṃ、uṃ。比如《羂索 1》闇 oṃ、䫲[呼暗切] uṃ、《羂索 2》唵 oṃ、耽[轻呼] aṃ、南 āṃ、《炬》昙 aṃ。这似乎暗示着咸摄一等重韵谈覃有别。

8. 入声韵

各份咒语从对音来看，p、t、k 三种入声韵尾区别分明。山臻摄入声对-t、-ṭ、-c、-d、-r、-l、-ḍ，都是舌尖、舌面音。宕通摄入声对-k、-kh，收舌根音。深咸摄入声多数对单个辅音，但是后面紧跟着唇音，比如ś(v)、ṣ(p)，说明这些入声字是以唇音塞音收尾的。

对单独辅音的字，以迄韵、质韵、缉韵为多，也有用没韵、末韵的。用迄韵的最多，这说明迄韵的主元音最容易脱落，一般构拟为央［ə］是有道理的。

（三）声调方面的对音规律

入声放在韵母里头说了，此处只谈平上去三声。目前只能证明去声长，平声也长，由此推断上声短。

去声较长，这有两方面的证据。

一是梵文 e、o 用去声对的最多，因为梵文 e、o 是长元音。比如《羂索1》中对音字绝大多数是上声，但是对 e、o 却一定换成去声字。e 对霁韵字 4 个，用齐、脂、代韵字对、并加霁韵反切的一共有 3 个，对祭韵和废韵的各 1 个，那是因为齐韵系不拼以母和奉母。o 对暮韵字 3 个，遇韵字 2 个，上声字对过 o 的只有姥韵的“部”，恰巧是浊上，或许有读为去声的可能。《羂索2》对 e、o 既用去声字也用平声字，比如暮韵字“素略慕怒”对 o，齐韵字“篦比奚反鞞迷低梯提泥犂嚟鸡醯”对 e，这说明平声与去声都读得较长。但是上声字绝对少用，对 o 的只有一处用上声“噜”字，对 e 的只有一个上声字“祢”，由此可推测，上声与平声、去声不同，是短调。

二是 in、aṃ 等元音后面加上鼻辅音或 anusvāra 的音节用去声字对的最多。带 anusvāra 的音节算长音节，短元音后面跟着两个辅音的音节，包括一个鼻音加上一个塞音，也算长音节，《羂索1》中这样的音节对去声字 12 个，只有一例用上声字对了，恰恰又是浊上：诞，徒旱切，定母旱韵，对（i）taṃ（ca）。梵文 t 在两个元音之间可能浊化成 d，可以对定母，上声字“诞”对长音节，或许可用浊上变去来解释。《羂索2》中，这类音节对去声 14 字，对平声 15 字，对上声只有 2 字。这同样能够说明，去声和平声长，上声短。

二　对音材料反映出的方言差异

（一）声母对音所反映出的差异

声母的差异，主要体现在全浊、次浊声母上。

1. K 组

（1）g 甲类只对群母。《羂索1》：伽祁莻。《护》：伽耆具祁乾揭堀莻。《炬》：祇揭。乙类对群母和疑母。《羂索2》：（群母）伽祇（疑母）蘖诣誐。《出》：（群母）伽揭（疑母）遨。《羂索2》还对过见母字羯①。

① 出现一次，对 agni 中的 g。

（2）gh 对群母。《羂索 1》：伽。《羂索 2》：伽祇。

（3）ṃg 乙类对疑母。《出》：（疑母）倪。

2. C 组

（1）j 甲类只对禅母。《羂索 1》：社实视。《护》：阇社恃逝誓常蟾赡折十①。《炬》：是竖树。乙类对日母和禅母。《羂索 2》：（日母）尔驲入若（禅母）肾②。

（2）ñ 对日母。《羂索 1》：乳若。《羂索 2》：饶惹。

3. Ṭ 组

（1）ḍ甲类只对澄母。《羂索 1》：茶雉。《护》：茶雉；《炬》：柱。乙类可以对澄母和娘母。《羂索 2》：（娘母）拏抳。《出》：（澄母）茶。

（2）ḍh 对澄母。《护》：茶。

（3）ṇ 对娘母。《羂索 1》：嬭拏可切耐拏計切抳努拏古切。《护》：若尼也反拏尼。《炬》：拏腻。《羂索 2》：拏抳努尼矩反制尼励反。《出》：拏尼女。《出》还对过“泥”字。

4. T 组

（1）d 甲类只对定母。《羂索 1》：达地第柁姪徒也诞。《护》：陀柁姪徒也反啼地杜提惮蚶陀盐反达。《炬》：驮提地低昙谈姪达陀。乙类对定母和泥母。《羂索 2》：（定母）但驮提头陀，（泥母）那娜泥𩋾寧也反特能邑反祢儞黏寧吉反。《出》：（定母）陀昙提殿驮姪（泥）泥娜。

（2）dh 对定母。《羂索 1》：邓陀证切地杜柁姪徒也。《护》：陀柁地杜提。《炬》：陀拖驮提地低殿徒杜度达。《羂索 2》：待地殿度陀驮悌陀杖亭样反著亭药反皲停夜反。《出》：驮陀。《羂索 2》还对过泥母音，特能邑反③对 dh。

（3）n 对泥母。《羂索 1》：弩那矩切棕那可切儞。《护》：棕那可切那儞怒泥祢泥南涅纳。《炬》：那奴你南昵奴吉反。《羂索 2》：那娜纳捺④南难曩儞怒轻呼。《出》：泥涅那奴。

5. P 组

（1）b 甲类只对並母。《羂索 1》：罷勃步婆伴。《护》：婆畔勃。

① 另外有“禅”字对 duṃ，存疑。

② 对 j（ñ）。

③ 大正藏所附的梵本是 adhvanugata，或许是 adhva 与 anu-gata 构成的复合词，特能邑反对 dh。

④ 捺有一例对 nd。

《炬》：勃。乙类可以对並母和明母。《羂索 2》：（並母）勃薄步婆菩曝頻毘灭反，（明母）满没。《出》：（並母）鞞跋婆勃。

（2）bh 对並母。《羂索 1》：罷部婆伴鼻。《护》：婆毘鼻部鞞薜朋跋。《炬》：婆上鼻蒲瓢。《羂索 2》：避薄步畔瓢皤。《出》：鞞婆。

（3）m 对明母。《羂索 1》：漫闷弭麵麼母木慕。《护》：摩麼弭谟莽慕迷谜牟门闷曼漫瞢末莫蜜目。《炬》：摩米漫忙没。《羂索 2》：漫莽每闷米弭蜜藐麼摩谟沫莫亩目暮。《出》：麼目咩摩蔓。

6. 半元音

v《羂索 1》：（奉母）筏房也切饭防吠费房费切，（並母）部①。《护》：（奉母）吠嚩筏（並母）婆毘鼻跋。《炬》：（並母）婆毗鞞陛勃跋。《羂索 2》：（微母）缚无可反嚩袜罔尾庑无苦反、（非母）废、（並母）畔毘婆皤、（明母）米弭皺名夜反。《出》：（並母）鞞婆、（明母）韈、（奉母）吠、（微母）微、（匣合）啝。

7. 其他

（1）kṣ《羂索 1》：（初母）叉。《炬》：（初母）刹刍上。《羂索 2》：乞叉上、乞灑、訖二合灑。

（2）jñ《羂索 1》：（禅母＋日母）实乳、实若而可切。《炬》：（日母）壤。《羂索 2》：（禅母＋日母）肾二合饶、肾二合惹。

从上面的材料可以总结出一些规律。

1. 次浊声母的对音明显不同。甲类《羂索 1》、《护》、《炬》日母字对 ñ，娘母字对ṇ，泥母字对 n，明母字对 m，与玄奘对音规律一致。乙类《羂索 2》、《出》疑母字对 g 和ṃg，日母字对 j 和 ñ，娘母字对ḍ和ṇ，泥母字对 d 和 n，明母字对 b 和 m。《羂索 2》中"捺"有一例对 nd。prahma-indra 连声之后读为 prahmendra，《羂索 2》译为"没二合啰歌米捺二合啰"，米是阴声韵，对 me，则泥母字捺对 nd。《羂索 2》、《出》次浊声母鼻辅音后头有同部位的不送气浊塞音。疑母读^{ŋ}g、日母读^{ɲ}ʥ、娘母读^{n}ḍ，泥母读^{n}d，明母读^{m}b，与不空对音特点相同。

2. 梵文 v 的对音比较杂乱，原因有多方面。悉昙字母 va 𑖪 和 ba 𑖤 字形非常接近，区别就在于左侧，ba 的写法有些下垂，va 像半圆。不过在

① sarva-upao 对萨部跛，部对 vo，大概因为梵文 b、v 书写混乱。

一些写卷中，b 和 v 是难以区分的；在语言或方言层面，b 和 v 也有混淆的现象，梵文存在 bṛh 和 vṛh、bādh 和 vādh 等成对的异体词。对音当中出现的用並母字对 v 的现象，可以从以上两个方面解释。《羂索 2》和《出》中，明母字对 v，也是因为把 v 读成 b，前面说过，西北音明母读^{m}b，所以可以对 b。排除掉这些现象之后，规律就显现出来了，《羂索 1》、《护》用奉母字对 v，与並母字的对音形式 b、bh 迥异，说明在这种方言中，並、奉两母已经分化，与玄奘对音规律相同。《羂索 2》用微母、非母对 v，《出》用微母、奉母、匣母合口对 v。用微母对 v，同样是反映西北音的特点。西北音明母读^{m}b，这个音变成唇齿音，其中就带有 v 的成分，所以能够对梵文的 v。非母不去对梵文的 p 而是对 v，说明已经轻唇化了①。这些规律，和不空对音规律相一致。

3. 全浊声母的对音

《羂索 1》《护》《炬》中，梵文的浊塞音无论送气与不送气都用全浊声母对，群母对 g 和 gh，澄母对 ḍ和 ḍh，定母对 d 和 dh，並母对 b 和 bh，禅母对音没出现。这个现象与玄奘对音规律相同。施向东先生认为，玄奘对音所反映的中原音全浊声母不送气，对梵文送气浊塞音是音近替代。

《羂索 2》和《出》中，梵文的浊塞音送气与不送气都用全浊声母对，同时，梵文的不送气浊塞音还用次浊声母对。这个数据需要分析。

《羂索 2》中，g 对疑母字誐 1 次，誐 26 次，蘖 1 次，对群母字祇 3 次，伽 3 次；ḍ对娘母字拏 1 次，抳 2 次；d 对泥母字捺 4 次，娜 5 次，那 4 次，祢 1 次，泥 1 次，儞 1 次，䵩寧吉反2 次，䵜寧也反1 次，特能邑反2 次；对定母字头途邑反2 次，陀 1 次，馱 1 次，但 1 次，提 1 次。合起来看，梵语不送气浊塞音对次浊声母字 14 个，共 52 次，对全浊声母字 7 个，共 12 次，不管从总字数上还是从对音的次数上看，梵语不送气浊塞音对次浊声母字都远多于全浊声母字，这种方言中，次浊声母含有不送气的浊塞音成分，同时也含有一个塞音成分。如果全浊声母也是不送气的，那么与梵语不送气浊塞音最接近的应该是全浊声母字，用全浊声母字对梵文不送气浊塞音、塞擦音应该占绝对多数，可事实并非如此，由此可以推出全浊声母送气的可能性较大，这与不空对音特点相一致。全浊声母对梵文的不送气浊音是音近替代。

① 刘广和：《音韵比较研究》，中国广播电视出版社 2002 年版，第 42 页。

《出》中，g 对群母字伽 2 次，揭 1 次，疑母字遨 1 次。ḍ对澄母字荼 3 次。d 对定母字陀 3 次，昙 1 次，提 1 次，殿 1 次，驮 3 次，姪 7 次；对泥母字泥 3 次，娜 1 次。b 对並母字鞞 1 次，跋 1 次，婆 3 次，勃 2 次。合起来看，不送气浊音对次浊声母字 3 个，共 5 次，对全浊声母字 13 个，共 29 次，对全浊声母的远多于对次浊声母的。这个现象也需要具体分析。这份文献是用草体婆罗迷字写成，与 P. 2026、P. 2029、P. 2782 相比，P. 2855 显示出更突出的于阗语语音特征。于阗语浊塞音、塞擦音只有一套，是不送气的。于阗文字使用婆罗迷字母，虽然有送气浊塞音、塞擦音符号，但那是为了转写梵语。梵本中的送气浊辅音，于阗本有的写成送气的，有的写成不送气的。这部咒语的四个于阗写本，梵本中的送气浊辅音 P. 2855 写成不送气的多，P. 2026、P. 2029、P. 2782 写成送气的多。于阗写本中的 g、ḍ、d、b 之类的音，有一些实际上代表梵文相应的送气浊音，所以从表面上看，汉语全浊声母字对婆罗迷字不送气浊音的多些，这并不能否定汉语全浊声母送气。

（二）韵母对音反映出的差异

1. 止摄

《羂索 1》《护》《炬》中，对梵文 i、ī 主要集中用脂韵系字。如《羂索 1》雉履旨視 i，嚘 i、īḥ，伊（上音）i、ī，鼻地呬（火貳切）i。《护》尸毘师私 i 尼 i、e[①]；梨 i、ī、e；喫 i，ä、ī、e，雉履旨比（卑旨反）i；嚘 ī，伊（上）i、ī，鼻地唎利 i，呬 i、ī。《炬》毗 i，梨 i、e，伊喫 e[②]；伊（上）、嚘、膩（尼履反）i；地 i、ī，鼻 ī，唎 i。

止摄不拼端组，梵文 ti、di 之类的音节，拿齐韵系字对，同时加注脂韵系音。《羂索 1》底（丁旨切）ti；《护》啼（田脂反）di，底（丁履反）ti 体（他旨反）thi；《炬》提（徒咨反）di，底（都履反）ti，替（音他地反）thī。

支之韵系字对 i、ī，有时也要加注脂韵系音。支系字读成脂系的有：《羂索 1》枳（吉旨切）抳（孀旨切）i。之系字读成脂系的有：《羂索 1》徵（吒旨切）i，《护》徵（张履反）i。

上面的材料都能说明，梵文 i、ī 用脂系字对更合适。

支之两韵系的字，也有一些对过 i、ī，比如《羂索 1》玺、史始儞，

① 藏文本作 ni，下“梨喫”均同。

② “梨”字 3 次对 i，1 次对 e，喫出现一次，对 e，可能是齐韵“犁”字的误写。

《护》卑枳弭臂、史始恃耻，《炬》祇斯是、徵[张里反]理你以，似乎绝大多数能找到原因。

旨韵心母只有一个“死”字，或许出于避讳的原因，改用纸韵心母字“玺”对 si。脂韵帮母重四、旨韵明母重四都无字，故分别用支韵的“卑、弥”替代。脂旨韵见母只有重纽三等，一般不对 i。对梵文 ki 需要支韵系见母重纽四等“枳”。群母只与脂系重纽三等相拼，对 i、ī 需要重纽四等，就用支系重纽四等的“祇”字替代。

旨韵山母无字，对 ṣi 就用止韵“史”。旨韵书母有“矢”字，为何用止韵“始”来对 śi？或许是避粗俗，矢屎同音。《广韵》：你，乃里切，与“儞”同音。切上字“乃”是一等韵，表示泥母，对 ni 正合适。而旨韵柅，女履反，切上字是三等，娘母，不应当对 n。《广韵》旨韵知母音节小韵首字是黹，彻母音节小韵首字是𧤏，《韵镜》也用这个字作为音节代表字。这些字太生僻，故用止韵字“徵”“耻”代替。脂韵不拼以母，故用止韵的“以”替代。

“臂恃是斯理”这五个字对 i、ī 还找不出其他理由，恐怕还是因为支脂之三韵读音本来就接近。

支韵系还对过 e，如《护》斯弥，《炬》是。

之韵系还对过 ṛ、r①，如《羂索 1》《护》哩。

这些对音现象，似乎暗示着，支脂之三韵系的音值在这种方言中有区别。梵文 ṛ是个成音节的舌尖颤音，当成元音看待。从汉译本来看，这一派发音，舌尖在口腔中部颤动，然后向前运动，带出 i 的余音，读音接近［ri］，一般把之韵主元音拟为［ə］、支韵主元音拟为［e］，与梵汉对音的证据不矛盾。脂韵系主要对 i、ī，主元音就拟为［i］。

可是《羂索 2》支脂之三韵系的对音似乎不容易分清，都可以对 i、ī。单从数量上看，支脂之三韵系字相差不大。用的支系字有：祇、徙尔枳抳弭、避。之韵系字有：枲耻哩使始儞。脂韵系字有：毘、比旨[口履]、地弃唎。都是 6—8 个。从小注的注音看，似乎支之韵比脂韵更接近 i。齐系字对 i，注成支之系音各一次，底[丁枳反]对 ti，底[丁异反]对 tī。脂系字也有读成之系音的，呬[呼以反]对 i。缢有寘韵、霁韵两读，加注反切“伊异反”改读成志韵来对 i、ī。而脂系字[口履]、唎却用来对 ṛ、r，之韵系字却不对 ṛ、r。可是

① “哩尼”对 rṇe。

相反的证据也有，止韵字“黹”，加注反切“知履反”读成旨韵来对 ṭi。总的来看，支脂之三韵的界限似乎难以分清。

《出》中，止摄字出现的太少，实在看不出各韵之间是什么关系。等材料多了再下结论。

2. 宕摄

《出》中宕摄字桑对 aṃ(k)，汤抗傥谤对ą̄，《羂索 2》曩(轻呼)、莽(牟广反) a、罔对 āṃ、杖对-yaṃ，显然具有西北音特点。令人困惑的是《炬》中也出现了类似的现象。从声母的表现来看，《炬》是用中原音译的，但是宕摄字“忙”（“杜忙”对 dhūma）、“壤”（“壤奴”对 jñāno > ñāno）二字都没对出后鼻音韵尾来。其实，玄奘对音中，用“鉢刺壤”对 prajñā，养韵字“壤”对 ñā，也对不出阳声韵尾。另外，玄奘对音，宕摄字“赏仗霜傥”都对过-n，“商赏饷房防”对过-m，“商创”对过-ṇ，施向东先生说，收舌根音的字，尾音弱化得厉害①。看来，宕摄阳声韵尾消变并非是不空对音特有的现象，提云般若“忙壤”没对出后鼻韵尾，并没有超出玄奘的对音规律。

三　智严对音中的“守旧”现象

智严译《出生无边门陀罗尼经》是在开元九年（721），在《出》中，智严用匣母合口字“啝”对 v，而且出现 12 次之多。“啝”字《广韵》、《集韵》未收，《龙龛手镜》：“啝，今音和，《玉篇》‘小儿啼也。’”② 匣母合口对 v，是后汉到隋代的对音现象。（隋）阇那崛多《不空羂索咒经》用“十啝啰”对 jvala，“啝”对 va。玄奘和不空的对音中，不再用匣母合口对 v 了。可是智严对音“啝”字对 va 大量出现，与隋代译经相同，而与唐代玄奘、菩提流志、不空对音有明显差别。

《出》齐韵系对音是 e、i 两对。比如“体”对 thyį，实际上是对应梵文的 the（梵文 ā + i = e，于阗文把梵文的 the 转成了 thyį），又对 thai、the（sūsthaitte、sūsthette，都是转写梵词 su-sthita），实际上是对梵文的 thi。这个规律又和隋代阇那崛多对音类似。阇那崛多对音齐韵系字就能对 e 又

① 施向东：《音史寻幽——施向东自选集》，南开大学出版社 2009 年版，第 36 页。

② （辽）释行均：《龙龛手镜》，中华书局 1985 年版，第 268 页。

对 i[①]，智严似乎表现得更加明显，有的地方，阇那崛多译本用止摄字对，而智严用蟹摄字对。如：

“泥”对 ni（nirūhte、nirūhtä），阇那崛多本作“尼”，脂韵。

也有智严和阇那崛多都用齐韵系字对 i、ī 的，如：

“泥”对 dī（dīpäne，可能是转写梵文 dīpanā，开示），阇那崛多本作“题”，齐韵。

智严译经地点同样是在长安，表现出了西北音特点。可是这些对音现象为何与菩提流志、不空对音特点不同？是对旧有对音习惯的继承还是有其他原因，还有待于深入探讨。

四　结语

总的来看，武周时期，北方中原音和西北音声母方面全清和次清声母读音相同，区别在全浊和次浊声母读音上，西北音全浊声母送气，次浊声母鼻辅音后头有同部位的不送气浊塞音。与这些特征相一致的是，对梵文的 v，中原音用奉母，西北音多用微母。韵母方面，西北音宕摄（包括梗摄，只是本书的材料中，梗摄字未出现）阳声韵尾消变现象突出，而中原音的对音材料中只是零星地出现这类现象。另外，支脂之三韵在中原音的对音材料中似乎有分别。

第六节　敦煌文献《佛顶尊胜陀罗尼》对音研究

一　材料的介绍[②]

《佛顶尊胜陀罗尼》流传甚广，版本众多。《大正藏》收录有三个悉昙体梵本。No. 973 善无畏译《尊胜佛顶修瑜伽法轨仪》上卷第六品“本尊真言品”中有悉昙体梵文和汉文对照的陀罗尼，咒语末尾有一小注：“此陀罗尼本，中天竺国三藏善无畏将传此土，凡汉地佛陀波利已来，流传诸本並阙少。是故具本译出，流行如上。”此处简称“善无畏本”。上卷末依“灵云寺版普通真言藏”附了另一份悉昙体陀罗尼，此处简称“普通真言藏

① 尉迟治平：《周、隋长安方音初探》，《语言研究》1982 年第 2 期，第 18—33 页。

② 本节第一、二部分内容曾作为《〈佛顶尊胜陀罗尼〉敦煌藏文本版本研究》的一部分发表于《西域历史语言研究集刊》第三辑，科学出版社 2010 年版，第 321—342 页。

本”。这两个版本的区别很细微，多数是元音长短的差别。《大正藏》No. 974B是弘法大师梵本与金刚智所译加字具足汉文本对照的陀罗尼。这个梵本是“弘法大师在唐之日，惠果阿阇梨所授多罗叶梵本也”，此处简称“弘法大师本”。弘法大师本比前两个版本多出佛和菩萨名号。除此之外，这三个梵本在语句方面大体一致，可看作是同一类的本子。

依照《大正藏》《中华大藏经》，汉文本的“佛顶尊胜陀罗尼”咒语有十八份，按照朝代顺序概述如下。唐译本，根据李小荣先生《敦煌密教文献论稿》[①] 研究，主要有三个系统：第一个系统是以佛陀波利所持之梵本为翻译对象，共五个译本，即679年杜行顗译本（《大正藏》No. 968，丽本）、682年地婆诃罗初译本（《大正藏》No. 969，丽本）、683年佛陀波利译本（《大正藏》No. 967，丽本）、687年地婆诃罗再译本（《大正藏》No. 970，丽本）、710年义净译本（《大正藏》No. 971，丽本）；第二个系统是有关《尊胜经》的修行仪轨之译本，即善无畏、不空、若那译本及日本平安时代抄本；第三个系统是摘译的尊胜咒本，有不空本、加句灵验本、金刚智译本。宋辽译本，包括宋代法天《最胜佛顶陀罗尼经》（《大正藏》No. 974A丽本）、《佛说一切如来乌瑟腻沙最胜总持经》（《大正藏》No. 978，丽本）这两个本子，除此之外，还有契丹慈贤译《佛顶尊胜陀罗尼》（《中华大藏经》第68册460页，房山云居寺石经本）。元代译本，即指空《于瑟抳沙毘左野陀啰尼》（《大正藏》No. 979据东熙三十七年刊真言集东京大学梵文研究室藏本）。

由于有梵本较好保存，这部经的对音研究比较充分。刘广和先生研究不空对音发表一系列文章，其研究材料中就包括这部咒语。另外，刘广和先生对比了这部咒语唐代的九个音译本，发现一派用中原音对音，一派用西北音对音，初唐佛陀波利的一个译本反映西北音，他指出所谓“不空对音体系”在初唐已经大备，西北音至少在初唐已经渗透到译经对音领域。[②] 元代指空的译本，刘广和先生《元朝指空、沙罗巴对音初释》[③] 做了研究。

---

① 李小荣：《敦煌密教文献论稿》，人民文学出版社2003年版。

② 刘广和：《〈佛顶尊胜陀罗尼经〉大正藏九种对音本比较研究——唐朝中国北部方音分歧再探》，《中国语言学》第五辑，北京大学出版社2011年版，第57—70页。

③ 刘广和：《元朝指空、沙罗巴对音初释》，耿振生主编：《近代官话语音研究》，语文出版社2007年版，第109—121页。

就这部咒语的唐代对音研究而言，初唐到盛唐的对音已经有了充分研究，晚唐五代尚是个空白。要研究从不空之后到法天之间的对音面貌，就需要发掘新的材料。

根据王尧先生和 Jacob Dalton 的目录①，敦煌文献中有大量的藏文本“佛顶尊胜陀罗尼”。由于时间所限，目前只讨论法国国家图书馆藏敦煌藏文文献编号为 Pelliot tibétain（以下简称 P. t.）54、P. t. 72、P. t. 73、P. t. 74、P. t. 368、P. t. 394、P. t. 399 及印度事务部图书馆（India Office Library）藏敦煌藏文文献编号为 IOL TIB J 1134（以下简称 I. T. J. 1134）八份文献。这些文献虽然拼写方面偶有细微的差别，但是密咒语句大体相同，因此可归为一类。还有些本子，比如 IOL TIB J 466/2，从 Jacob Dalton 的目录引用的首句看，应该和上述咒语版本是同一类的，但是没见着全文，这些就留待以后再补充②。

这八份文献记录的咒语与《大正藏》中所收的梵本及唐译本在语句和细节方面略有差异，似乎不是一个来源。

根据敦煌研究院编《敦煌遺书总目索引新编》，敦煌文献中还有大量的汉文本“佛顶尊胜陀罗尼”，至少在百篇以上，我们暂时挑出八份汉文抄本“佛顶尊胜陀罗尼”咒语来进行对音研究，分别为 S. 165《尊胜陀罗尼神咒》、S. 5914《佛顶尊胜陁罗尼神咒》③、S. 4941《尊胜陁罗尼咒》、S. 5249《佛顶尊胜陁罗尼神咒》、北 7367《佛顶尊胜陀罗尼咒》（推八十三，BD08583）、S. 2498《佛顶尊胜陁罗尼神咒》、北 7337《佛顶尊胜陀罗尼经并序》（宇五十五，BD00255）、北 7338（宇八十七，BD00287）④。前六份是咒语的单译本，没有前后的经文，也未标明译者，咒语小注较少，题名多数有“神咒”二字，姑且统称为“神咒本”；后两份从经文及志静的序来看，就是在抄录佛陀波利译本，但是咒语部分和佛陀波利译本

① 王尧：《法藏敦煌藏文文献解题目录》，民族出版社 1999 年版。Jacob Dalton and Sam van Schaik, *Tibetan Tantric Manuscripts from Dunhuang—A Descriptive Catalogue of the Stein Collection at the British Library*, Leiden Boston: Brill 2006.

② 根据 Jacob Dalton 的目录，“佛顶尊胜陀罗尼”的古藏文写本还有 IOL TIB J 466/2、IOL TIB J 547、IOL TIB J 1498、IOL TIB J 1771/1、IOL TIB J 348/3。由于条件所限，这些材料都未见到。

③ 该本末尾有：“午年十一月十一日比丘某寫敬記”。

④ 北 7337 经名下注“罽宾沙门佛陀波利奉 诏译”。北 7338 开头部分残缺，但经过比勘，大体和北 7337 一致。所以也是同类本子。S 表示斯坦因藏品，“北”表示北图藏品。

差别极大。北 7337、7338 每一句咒语都有小注，有释义的，有注音的，这也是和前六个本子不同的地方。

把这八份汉文本挑出来，是因为能和敦煌藏文本对应，而且有大致相同的汉语语音特点，所以也放一块儿说。

“佛顶尊胜陀罗尼”各种抄本数量庞大，一时难以穷尽性收集和整理，目前只能算是初步的探索。将来收集整理了新材料，再做进一步研究。

二　P. t. 54 等八份藏文本与 S. 165 等八份汉文本的比较

探讨各版本关系远近主要是比较对应位置是否相同或者有一定的对应关系。梵本、藏文本有的是语句不同，有的是在词形拼写方面存在细微差别，汉文本中有的是选用不同音的字，还有的只是异体字差异，几乎没有完全相同的两个本子。如果标准太细，就没法判断谁和谁关系近了。因此主要看对应位置的词语是否相同，如果是记录同一个词，就认为是源自同一类本子，如果不同，那么这两个版本关系较远。比方说，敦煌藏文本都以礼敬三宝开头：namo ratna trayayā，梵本无，目前考察的汉文本中，只有上面提到的八份敦煌汉文本有这一句。又如，敦煌藏文本viśuddhe，梵本对应位置的语句是 payadurgati pari śuddhe，敦煌汉文本是“毗秫提”、“毗输提”。所以敦煌文献中的藏文本和梵本关系远而和敦煌文献中的汉文本关系近。这里涉及汉语中古音，尤其是西北方音的知识，参考罗常培先生《唐五代西北方音》、刘广和先生《不空译咒梵汉对音研究》等著作。

三个悉昙体梵本、八个敦煌藏文本、八个敦煌汉文本详细比较见附录一。

藏文本书写很不统一。梵文的 i，藏文本有的转成正 i，有的转成反 i。为了表示区别，本书把反 i 写成 ï。梵文的ś和ṣ，藏文似乎区别不清，转写混乱。梵文的 ṛ，藏文转成 ri 或 rï。梵文的复合元音 ai，藏文大多数用 eɦi、eɦï 等形式表示。P. t. 368 分音节的符号有的写成上下两个点（double tsheg），反映了早期藏文的书写特征，我们转写成“:”，以示区别，显然与梵文中的 visarga 功用无关。元音的长短，不同藏文本经常有差异。而时代较晚的北京版、德格版的藏文本就没有如此多的不同。为了保证准确，这些地方都完全照着藏文本原样儿转写。有些字母转写时略有变通，藏文字母བ既表示梵文的ba，也表示va，转写这个字母时，参考了对应的梵文，但如果བ下头加上表示送气音的下加字母ཧ就只能转成bha了，因为正梵文没有vha这样的音，比如P. t. 74 བྷགབཏེ转写为bhagavate而P. t. 72 བྷགབྷཏེ 转写为bhagabhate。藏文字母da和ta写法极近，容易混淆。比方说，卷子中写的是དེ，按字面就得转成de，可是梵本对应的地方往往是te，这样的情况不止一处，这里面又可能有抄手水平参差不齐的因素，为了避免麻烦，都直接按照梵文词的形式转了。

敦煌汉文文献中经常写俗字，比如跋写成䟦，这些都直接写为通行的汉字，另加小注标出字形。

由于涉及的版本太多，如果把有差异的地方全都写进正文，恐怕没人有耐心读完。正如上文所说，八个敦煌藏文本，区别大多在细微的拼写方面，即使准确地列出来，意义也不大，一般情况下，根据需要挑一两个作为代表。三个梵本大体一致，一般就拿善无畏本做代表了。八个汉文本，如果用字音韵地位没大的差别，一般列一个本子为代表，其他本子只列有差别的地方。详细的情况看附录一。

下面是逐句比较。

1. **藏文本**：I. T. J. 1134 namo ratna。**梵文本**无。**汉文本**：S. 165、S. 4941 南无遏啰那，S. 5249 南谟啰那，北 7337、7338 南无阿二合喇那。《广韵》模韵模小韵莫胡切："无，南无，出释典。"谟也是模韵字，读音相同。梵文ra，舌尖颤动，汉语要用加口旁的"啰"来对颤音，S. 4616中有说明："傍加口，转舌声。"S. 165、S. 4941 更细微地描述ra的发音方法，发音前，要从喉部送出气流，所以在"啰"前加"遏"字。啰是歌韵字，不大可能增加出塞尾来，为什么对rat? ratna是珍宝的意思，"礼敬三宝"是咒语常用的一句话，此处不会是另外一个梵词，可作以下推测：或许梵文词ratna中的t在某些条件下，比如在n之前，读得很弱了。S. 2529是一份于阗字母写本的《佛顶尊胜陀罗尼》密咒，对应的词就写作rahna。北 7337、7338 用"喇"字对，是对rat。

2. **藏文本**：I. T. J. 1134 trayāya，P. t. 368 traya: ya: 。**梵文本**无。汉文本作"怛啰夜耶引"，也有"耶"不注"引"的，区别在元音长短上。

3. **梵本**：namo bhagavate。**藏文本**：I. T. J. 1134 namo bhagavate，P. t. 72 namo bhagabhate，P. t. 73 namo bagabhate，P. t. 368 namō bagavate。几个藏文本的转写形式看起来很乱，其实只是浊音送气与否的区别。藏语

浊塞音只有一套，区分梵文的两套浊塞音可能有些困难，所以转写梵文时，下置字母ཧ是否出现有时不统一，或者是教授传音有误，或者是抄刊写字有误。这样看来，几个藏文本还是基本一致的。汉文本多作“南谟薄伽跋帝”，和梵本及藏文本都能对应。S. 165“伽”作“迦”，伽，群纽，迦，见纽，清浊混乱。

4. **藏文本：**I. T. J. 1134、P. t. 54、399 namos，P. t. 72、73、74、394 namas，P. t. 368 nama，**梵本**无。动词 nam 现在时第一人称复数变位形式是 namaḥ，按梵文连声法则，visarga 在齿音 t 前读为 s，此处 namas 是正确的形式。aḥ在浊辅音前变为 o，所以上文 namo bhagvate 也是正确的形式。敦煌藏文本却出现了 namos 这样不符合连声规则的形式，是传抄之误吗？看汉译本，北 7367 南无悉，S. 2498 南谟嚤，无、谟都是模韵字，对的正是 namos！即使 namos 是藏文本的传抄之误，也说明这种“错误”形式在当时僧众中有一定市场。S. 165 南摩悉，“摩”是戈韵字，对 namas。北 7337、7338 无，和梵本一致。

5. **梵本：**trailokya。**藏文本：**I. T. J. 1134 treɦïlogkya，P. t. 54 trailogkya，P. t. 72 trïɦïlokya，P. t. 73 treɦilokya，P. t. 74. treɦilogkya，P. t. 368 trelōkya，P. t. 394 treɦilogkya，P. t. 399 trelogkya。梵文的复合元音 ai，敦煌藏文文献往往分开写，比如，I. T. J. 1134 ཏྲེའྀ、P. t. 73 ཏྲེ་འི，འི转成 ɦi，反 i ྀ转写为 ï。I. T. J. 1134 的འྀ和前一个字符写在同一个分隔符内，而 P. t. 73 两个字符中间有分隔符，这种区别是有意义的还是笔误，我还说不清楚。P. t. 54 是直接用梵文 ai 的写法。梵词 trailokya，三世，也可写成 triloka。汉文本北 7337、7338 帝嚇路[illegible]，最后一字，字形结构上勾下人，清清楚楚，但不好确认是什么字。如果识成“迦”，对音最顺，但是“迦”写成[illegible]，还没找到其他的证据。如果识读成佝，《集韵》有虞韵恭于切、遇韵俱遇切的读音，反推梵音可以对 ko，而 loko 这样的形式，虽然不是不可能出现，但是顺理成章的解释还没想清楚，暂且存疑。其他本子多作“啼灑路迦”。

梵文 lokya，I. T. J. 1134、P. t. 54、74、394、399 转写为 logkya，kya 前加了同部位的浊音。这种情况下面还会遇到，放到后面一块儿说。

6. **梵本：**prati viśiṣṭaya。**藏文本：**I. T. J. 1134 pratï viśïś thiya，P. t. 72 phratï vïśiṣṭayā，P. t. 368 prati viśiśthaya:，敦煌藏文文献中经常有清辅音送气与不送气之间的异文、正反 i 之间的异文，ṣ 和 ṭ 是藏文没有的音，难免会

用相近的音替代。所以藏文本之间没有实质的差别，都和梵本基本一致。**汉文本：** S. 165、S. 4941 钵啰底 毗失瑟咤耶。咤，《广韵》麻韵陟加切，“达利咤，出释典。本音去声”。能和梵本、藏文本规则对应。北 7367 钵啰底 毗尸失驮耶。驮是浊音定纽，不应当对 ṭa，大概是清浊混乱。S. 5249、S. 5914、S. 2498 钵啰底 毗瑟咤耶，和前面的本子比，少了“失”这个音节，或者是用“瑟”对śiṣ，或者是抄漏了一个字。北 7337、7338 波喇帝 弥失瑟咤耶，“弥”是明纽字，对 vi，反映唐代西北音特点。

7. **梵本** buddhāya。**藏文本** I. T. J. 1134、P. t. 399 ɦbuddhaya，P. t. 72 bhuddhayā，P. t. 368 buddahaya：。dha 在 P. t. 368 中分成两个音节写成ད་ཧ，我按字面转写成 daha，这种情况下面还会经常遇到，到时就不再解释了。据研究，敦煌藏文文献中，作为前缀的འ可能代表鼻冠音＊n-①，现代安多方言བ之前的前加字འ就读作 m。为什么有的敦煌藏文本在བུ前头加个འ？梵文不可能有这种写法。线索可能在汉文本，S. 5249、S. 2498 某驮耶，S. 5914 谋陁耶，拿明纽字“某谋”对。从不空对音反映出的唐代西北音的特点看，明纽字读 mb-之类的音。藏文本转写成 ɦbu，不能排除是受汉文本的影响。**汉文本** S. 165、S. 4941 勃陁耶，北 7367 勃驮耶，拿並纽字“勃”对。北 7337、7338 无。

8. **梵本** bhagavate，**藏文本** P. t. 368 bhagavate：P. t. 72 bhagavatï。藏文的反 i ི和 e ེ形近，P. t. 72 的 tï 大概是 te 之误。S. 165 薄伽跋帝，S. 5249、S. 2498 薄伽跛底，北 7337、7338 婆伽拔②帝，都能和藏文本、梵本对应。其余本子有残缺，不再详述。

9. **梵本** tad yathā。**藏文本** I. T. J. 1134、P. t. 399 tad thyatha，P. t. 368 tad dyatha。I. T. J. 1134、P. t. 399 的 ya 前衍生出了 th 音，大概是后面 tha 逆同化的结果。汉文本 S. 165、S. 4941 怛姪哋，北 7367、S. 5249、S. 5249 怛姪他，北 7337、7338 怛啞地夜他，S. 5914 残。汉文本中，“哋”和“他”在记音方面有什么区别？“罗、隶”什么的加上口旁，一般表示颤音，应“弹舌呼之”，可是“哋”字显然不是这样。检索《大正藏》(CBETA)，“哋”字出现最多的地方是音译 tad yathā，比如（梁）僧伽婆

① 张琨、张谢贝蒂：Tibetan Prenasalized initials，《历史语言研究所集刊》第四十八本第二分，1977 年，第 229—243 页。

② 写作[illegible]。

罗译《文殊师利问经·菩薩戒品》“多姪咃”（第14册468号经492页）、（梁）三藏曼陀罗仙共僧伽婆罗译《大乘宝云经》“怛经咃”（16册659号经265页）、（北凉）昙无谶译《金光明经·功德天品》：“哆姪咃”（16册664号经345页），（隋）那连提耶舍译《大方等大集经·藏分陀罗尼品》：“嚩经咃”（13册397号经240页）是译syad yathā。其余例子不再多举了。绝大多数仍然对应舌尖塞音th，看来区别不在辅音上。而tad yathā中的thā用“他”字译时，有时要加“引、长、去”之类的小注。比如《大正藏》No.974C收录的两篇“佛顶尊胜陀罗尼”分别作“怛儞野二合他去引”、“怛儞也二合他引”、No.974D不空译《佛顶尊胜陀罗尼注义》“怛儞也他引”No.973善无畏译《尊胜佛顶修瑜伽法轨仪》“怛姪侘去”。没见着用“咃”又加注“引、长、去”之类的。另外，（东晋）瞿昙僧伽提婆译《中阿含经·七法品善法经》：“偈咃。”（1册26号经421页），是对gāthā，（刘宋）功德直共玄畅《无量门破魔陀罗尼经》“咃勑贺反弥”（19册1014号经688页）是对巴利语或佛教混合梵语形式的thāme，《慧琳音义》卷三十八：“咃弥，上他个反，引声。”上述例子中，“咃”都对长音thā。从上面的例子中看，“咃”加口旁，或许为了强调表示长音。因为从一般的对音规则来看，去声比平声长，表示长音的最好是去声字，但《王三》《广韵》箇韵的透母字只有“拖”一个，而这个字的用法比较复杂。根据《王三》《广韵》《经典释文》，“拖”（拕）还有平声讬何反、上声徒我反的异读，而且释义多有关联，兴许存在音变构词。如果用这个字来对音，会带来不必要的麻烦。所以在常用的平声字“他”上加口旁表示与平声读音有差别，区别在声调。

有一条材料与上面的说法似乎不一致，需要具体分析。（隋）那连提耶舍译《大云轮请雨经》“怛緻咃”（第19册991号经496页），“咃”字加小注“其咒字口傍作者，转舌读之，注引字者，引声读之。”“口傍作者，转舌读之”这样的小注往往加在“嚟”“啰”这样的对音字后面，表示对梵文的舌尖颤音r。透母字对th，那么th的“转舌”读什么音？难道表示卷舌？可是卷舌音ṭha可以由麻韵系彻母字“侘”来对，而且梵文没有yaṭhā这样的词。这条注释放在这里很难理解，我猜是从别的地方生硬地搬来的，所加的注文和被注词语根本对不上号儿，这可以从下一句注得到印证。“怛緻咃”一句并没有“引”字，“注引字者，引声读之”根本没有着落。所以并不能证明此处的“咃”要“转舌读之”。

当然，“呧”字还有别的用法。阇那崛多《佛本行集经·习学技艺品》列举梵文字母时，用“多他陀呧”（第3册190号经703页）对译ta、tha、da、dha。“呧”字加小注：一本作咤。看来对dha的可能是这个咤字，陀，定母。写成呧，是文字方面的问题。有极少数情况对译ḍa，如（隋）达摩笈多译《起世因本经·最胜品》：“彼诸人辈称为阿婆啰骞呧。”注：“隋言云片”（第1册25号经417页）。“阿婆啰骞呧”对梵文abhra（云）khaṇḍa（片断）。可是“他”本是透母，对梵文的浊音，或者是定母字“陀”之误。

《广韵》姪是入声韵，北7337嗟字注音“地夜反”，说明对应的是dya。

10. **梵本**om，**藏文本**I. T. J. 1134ōm，P. t. 73om。梵文o是二合元音，属于长元音。藏文转写标出长音符号，说明认识到了o是长元音。各汉译本都译为唵。

11. **梵本**viśodhaya viśodhaya。**藏文本**P. t. 73 viśudhayā，P. t. 368 bhiśodaha: ya: bhiśodha: yā: 。**汉文本**作“毗输驮耶”，“输”有作“戍秫”的，有的本子加了重字符，有的直接写两遍。śodhaya是词根śudh的命令语气主动语态单数第二人称致使形式，按照音变规则，词根中的u要变成二合元音o。藏文本有u、o的异文，或者是传抄有误，或者没严格遵守这条音变规则。参考唐代译音情况，不空用去声字“戍”对，还加了小注“引”，表示梵文是长音，他所对的音节应该是śo。敦煌本用“输”字，也可能对śu。同一句咒念一遍还是念两遍，梵藏汉文本都存在差异，这可能是传抄方面的错讹。一句咒如果重复，往往用重字符号表示，比如悉昙体梵本中的2，汉文本的ʾ，这很容易被人忽略而产生抄本的差异。

12. **梵本**sama samanta。**藏文本**I. T. J. 1134sama samanta，P. t. 368 sama samanta:。sama，平等，samanta，普遍。**汉文本**多作“娑摩三漫多”，能规则对应。但有三个本子例外。S. 5249娑婆三漫多，並母字“婆”对ma。在俗语（Prakrit）和佛教混合梵语（BHS）中，拿v代替正梵文的m，这样的例子并不新鲜，Pischel①、Edgerton②都提到过，据辛嶋静志统

① Pischel R., *A Comparative Grammar of the Prākrit Languages, translated from the German by Subhadra Jhā*, Delhi: Motilal Banarsidass, 1957. §248 etc.

② Edgerton F., *Buddhist Hybrid Sanskrit grammar and dictionary, Volume Ⅰ: Grammar*, New Haven: Yale University Press, 1953. §2、30.

计，《长阿含经》中的音译词中，拿並母字对梵文或巴利文 m 的有 8 例，约占 15%，比如梵文 ṛddhimanta，巴利文 iddhimanta，汉文：伊地槃大，用“槃”对 man[1]。S. 5249 拿“婆”对 ma 似乎也可这么理解。

北 7337、7338 娑漫娑漫多，前一处“娑漫”或许对 samāna，samāna 的意思和 sama 差不多。

13. **梵本**善无畏本 avabhāsa，灵云寺版普通真言藏 avahāsa。**藏文本** I. T. J. 1134、P. t. 394 abhavasas，P. t. 72、73avabhasa，P. t. 74 avabhāsa，P. t. 368 abhava：sa，P. t. 399 abhabhasas。

先看梵本的区别，avabhāsa，光芒。Brough 指出犍陀罗文《法句经》有 bh 写作 h 的[2]，辛嶋在《长阿含经》中找到四例梵本是 bh 而对音字是晓母的，比如 Skt. abhivarṣati，Pa. abhivassati，汉译：阿醯跋沙。他指出在那种方言中-bh- >-h-。从字体上看，悉昙体字 bhā 𑖥𑖯 和 hā 𑖮𑖯 很接近，也可能是传抄之误。“普通真言藏”梵本只有一处 bh 写作 h，别的地方都不这么写，看来后一种的可能性较大。北 7337、7338 嚩摩诃娑，诃字和“普通真言藏”本的 hā 对应，但多出了“摩”字，小注释义作“还至本处”，或许是当成另外一个词理解了，暂且存疑[3]。

再看藏文本。如果排除传抄之误，I. T. J. 1134、P. t. 394 abhavasas 应该是 avabhāsa 的单数第一格形式（敦煌藏文文献 bh、v 混，a、ā 混，上文已经说了），-as 在 s-前通常写作-aḥ，写作-as 的很少见。但是查一查语法书，还真这么规定。《波你尼经》8. 3. 34visarjanīyasya saḥ｜ khar，翻译成汉语是：在清辅音前，s 音替换送气音。8. 3. 36 vā śari，翻译成汉语是：在咝音前两可[4]。Whitney 的 Sanskrit Grammar 第 172 条：在起首的咝音ś、ṣ、s 前，末尾的-s 或者被同化，变成相同的咝音，或者变成 visarga[5]。有两份汉文本末尾对出了-s 音，S. 165 阿嚩婆娑死、S. 4941 嚩婆娑娑，“死娑”对-s。上面藏文和汉文两种材料都可印证这条连声规则。

---

① 辛嶋静志：《長阿含経の原語言の研究》，（东京）平河出版社 1994 年版，第 25 页。

② Brough J.，*The Gāndhārī Dharmapada*，Delhi：Motilal Banarsidass Publishers Private Limited，1962. §44.

③ prati-kram，有“还至本处”的意思，笔者还没找出来和“嚩摩訶娑”音义都相当的梵词。

④ 段晴：《波你尼语法入门》，北京大学出版社 2001 年版，第 58—59 页。

⑤ W. D. Whitney，Sanskrit grammar—including both the classical language，and the older dialects，of Veda and Brahmana，Delhi：Motilal Banarsidass，1962. P58.

S. 5249、2498 阿婆跛娑，跛是帮纽字，对 bhā 是清浊混乱。

14. **梵本** spharaṇa，**藏文本** I. T. J. 1134 spharana，P. t. 72 sparana，P. t. 368 sparana:。spharaṇa，意思为充满，敦煌藏文本 ph 有写作 p 的现象。汉文本也能体现这个差异，北 7337、7338 悉破啰儜，破是滂纽字，对 ph；北 7367 萨波啰那、S. 2498 娑[①]撥囉拏，波、撥都是帮纽字，对 p。S. 165 娑蕟啰拏，蕟是非纽字。不空对音，清唇音已经从重唇中分化出来[②]，S165 大概是 9 世纪前期的文献[③]，其中的非纽字"蕟"应该已不读重唇音，可以对 phar。北 7337 儜大概对ṇī（spharaṇa 加上词缀-ī 构成阴性名词），反映唐代西北音特点。S. 5249"娑啰你"可能传抄有夺文。

15. **梵本** gati gahana。I. T. J. 1134 gatï gagana，P. t. 368 ga: ti gagana。S. 165、S. 4941、S. 5249、S. 2498 揭底伽伽那，北 7367 揭啼伽伽那，都能和藏文本对应。北 7337、7338 莎帝诸处尽去伽伽那，莎，素何切，心母歌韵，怎么能对 ga？没见到谁提及佛经语言有 g > s 的变化。和"莎帝"音近的有个词 satī，是表示存在的动词 as 的过去分词的阴性形式，有存在、真、善的意思，可是与小注"诸处尽去"没啥关系。大概"莎"是"蘖"之误，蘖，疑纽字，按不空对音规律，可对 g-。

16. **梵本** svabhāva[④] viśuddhe。**藏文本** I. T. J. 1134 svābhava vïśuddhe、P. t. 72 svābhavā vēśuddhe、P. t. 368 svaha: bhava bhiśuddeha，P. t. 394 svavabha vïśuddhe。P. t. 72 的 vē 可能是 vī 之误。汉文本娑婆婆毗秫提。S. 5914、S. 2498 婆跛婆毗秫提，第一个"婆"当是"娑"之误，又出现了帮母字"跛"对 vā 的现象。北 7337、7338 娑嚩婆婆毗戍帝，帝是端母，对 dhe 是清浊混乱。

17. **梵本** abhiṣiṃcatu maṃ，**藏文本** P. t. 54 abhïṣintsantu mān、P. t. 74 abhiśintsatu man。梵本的ṣiṃ，有的藏文本转为śin。梵本 ca，藏文本都转为 tsa。汉文本 S. 165 阿毗诜者都漫、S. 4941 阿鼻诜者覩漫，诜是生纽，正和梵本对应。北 7367 阿毗神佐都漫、S. 5249 阿鼻神赞覩漫、S. 2498 阿鼻神赞覩漫，神，船纽，对藏文本的śin，至于清浊不一致，可能是汉语

① 写作"婆"，当为"娑"之误。

② 刘广和：《音韵比较研究》，中国广播电视出版社 2002 年版，第 40—42 页。

③ 赵晓星：《吐蕃统治敦煌时期的密教研究》，博士学位论文，兰州大学，2007 年，第 60 页。

④ 弘法大师所传梵本作 svāhāva，bhā 写成 hā，大概是形近而误。

的浊音清化，不空对音船纽字“秫”对śud，也可能是两个元音间的ś浊化了。后两个本子的“赞”是阳声韵，应该有-n 尾，所以对应的大概是-cantu-，永乐大钟所铸的“佛顶尊胜陀罗尼”就作 abhiṣ iñcantu。北 7337、7338 阿毗申去聲左度漫，度是定纽字，对 tu 是清浊混乱。

18. **梵本** sugata，各藏文本同。汉文本多作“蘖揭多”，北 7337、7338 诉①嵑哆。

19. **梵本** varavacana，**藏文本** I. T. J. 1134 varavatsana，P. t. 73 varatsana。P. t. 73 大概少写了 va。倒数第二音节汉文本有的拿章纽字“折”对，有的拿精组字“佐左椤”对。S. 5249、S. 2498、S. 5914 都出现了帮纽跛字对 va 的现象，清浊混乱。

20. **梵本** amṛtā，**藏文本** I. T. J. 1134 ammrita，P. t. 73、P. t. 74 amrita，P. t. 72amrïtā，P. t. 54 amrï +，② P. t. 368 amrita: ，P. t. 394 amrïta，P. t. 399 amɦbrïta。梵文的 ṛ，藏文一般在基字 ra 上加反 i 表示③，不过敦煌藏文文献中，用正 i 的也不少。P. t. 399 འབྲི，我转成 ɦbrï，梵文不可能有这样的词，藏文本应该是转写一个汉语明母字，汉文本或用“阿嘧嘌多”，或用“阿蜜嘌多”对。

21. **梵本** abhiṣaikai，**藏文本** I. T. J. 1134 avyï śekar，P. t. 73abhi śekaira。梵文 abhiṣeka，灌顶，复数第三格形式是 abhiṣekaiḥ，在浊音前，ḥ变成 r，所以藏文本的形式符合连声规则。有的本子，如 P. t. 73，末尾的 r 用音节分隔符隔开，单独成一音节。I. T. J. 1134 最后一音节是ཀྲ，按字面转写就得写成 kra。我听过黄布凡先生讲的藏文课，她告诉我，敦煌藏文文献中，后加字ར有时写作ྲ，这是为了缩短音节长度，而把后加字写在基字下面。所以 I. T. J. 1134　kra 可能表示的是 kar，这样就和其他的本子一致了。**汉文本**阿毗曬厨啰，这几个汉译本都有“啰”字，对 r 尾，和藏文本一致。北 7337、7338 毗灑界，没有对出末尾的 r 音，那是对梵本的 kai。

22. **梵本**普通真言藏本、弘法大师传本 mahā mantra，善无畏本无。**藏文本** I. T. J. 1134、P. t. 72、73、394、399 maha mantra，P. t. 54、P. t. 74

① 写作訢。

② 用 + 表示一个缺失的字。

③ 林光明：《梵字悉昙入门》，台北嘉丰出版社 1999 年版，第 272 页。

mahā mantra，P. t. 368 maha mantraɦe。**汉文本**中，北 7337、7338 无，和善无畏梵本一致，其他汉译本多作摩诃满怛啰，和普通真言藏梵本、藏文本一致。

23. **梵本**普通真言藏本、弘法大师传本 padai，善无畏本无。这显然是记录梵词padaiḥ。**藏文本** I. T. J. 1134 padeɦï、P. t. 73 padhai、P. t. 399 padheɦi。**汉文本** S. 165 波提[①]移、S. 4941 波提移是一类。移，以纽支韵，用“移”字对-i 尾，而“提”字对主要元音 e，提，定纽齐韵，这说明齐韵的主要元音应该比支韵的主要元音开口度大。北 7367 波提、S. 5249、S. 2498 跛弟是另外一类，提、弟字是並纽齐韵系字，一般对 i 或 e，此处或是音近替代，或是 ai、e 传抄之误。

24. **梵本** āhara āhara，**藏文本** I. T. J. 1134 ahara ahara、P. t. 74āhara āhara。**汉文本** S. 165、S. 4941、S. 5249 阿诃啰，其他译本有“诃”作“呵”的，差别不大。

25. **梵本** āyu sandhāraṇi，**藏文本** I. T. J. 1134 ayu sandharanï、P. t. 72 ayu sanādharanï，P. t. 368 ayusandaharani:。梵文 saṃdhāraṇi，持。P. t. 72 把 san 写成 sanā，不过汉译本都没照着它译。北 7337、7338 阿庾散驮啰寧，拿寧对 ni 是反映唐代西北音特点。S. 165、S. 4941 阿瑜蔽咃啰尼，都用咃对 dhā。在第 9 条，我们说过，S. 165、S. 4941 用“怛姪咃”对 tad yathā，“咃”对 thā，此处又对浊音 dhā。这或者是抄写的讹误，或者是清浊对音混乱。在后还要集中说。

26. **梵本** śodhaya śodhaya。**藏文本** P. t. 74 śodhayā śodhayā、P. t. 73 śodaya śodaya。**汉文本**多作“输驮耶”，“输”有用“戍、秫”的。

27. **梵本** gagana viśuddhe，**藏文本** I. T. J. 1134 gagana vyïśuddhe、P. t. 368 gagana bhiśuddeha。**汉文本**多作“伽伽那毗秫提”。秫有用输的，提有用啼的。北 7337、7338 用端纽字“帝”对 dhe，是清浊混乱。

28. **梵本** uṣṇīṣa，**藏文本** P. t. 54 uṣṇïṣa，P. t. 72 uśnïśa，P. t. 73 uṣṇïśa，P. t. 399 usnïśa。**汉文本** S. 2498 译作“乌瑟你沙”，“瑟”“沙”都是生纽字，和 P. t. 54 对应。北 7367 译作“乌失你奢”，“失”“奢”都是章纽字，和 P. t. 72 对应。也有译作“乌瑟尼奢”的，和 P. t. 73 对应。

29. **梵本** vijaya。**藏文本** I. T. J. 1134 vidzaya，P. t. 54 vïdzaya，P. t. 72

① 写作𢹂。

vïdzayā dzayā。**汉文本**多作“毗左耶”，“左”有用“佐”的，都是精纽字，对 dz 是清浊混乱。北 7337、7338 毗磋夜，“磋”是清纽字，为什么对 dza？可能是从纽“殘醝”之误，也可能是“磋”字对的本子读送气音，藏文浊的塞音、塞擦音也没有送气与不送气的对立，有把梵文的 ja 读成 jha 的可能。

30. **梵本** viśuddhe，**藏文本** I. T. J. 1134 pariśuddhe、P. t. 54 parïśuddhe，P. t. 368 pariśuddēha:，梵文词头 vi-和 pari-都具有加强程度的用法，藏文本和梵文本选择了不同的词头。汉文本作“波梨秝提”，和藏文本近。北 7367、7337 用端纽字“底、帝”对 dhe，是清浊混乱。

31. **梵本** sahāsraraśmi，**藏文本** P. t. 368 sahasra rasmyi，P. t. 399 sahasrarasmyï。汉文本多作“莎诃娑啰啰湿弭”，能规则对应。S. 4941 娑诃萨啰噶啰湿弭，“噶”字似乎是描摹发 ra 音时从喉部送出的气流。北 7337、7338 娑诃娑啰喇瑟铭，青韵字铭对 mi，反映唐代西北音特点。

32. **梵本**弘法大师传本 saṃcodite，善无畏本和普通真言藏本都是 saṃsudite，善无畏本 sudi 下有小注，一本作，应该是 ncudhi，按照这个本子，梵本之间的差别就不大了。**藏文本** I. T. J. 1134 sandzodïte，P. t. 399 sandzodite，P. t. 54 santsodïte。I. T. J. 1134、P. t. 399 的 dzo 是浊音，其余是清音。**汉文本**北 7367 跚珠啼提，章母字“珠”对应的应该是梵本 cu、co 类的音。其余本子都拿精母字“祖”对这个音节，应该和藏文本的 dzo、tso 近。北 7367、S. 5914 最后一字是定母字“提啼”，藏、梵本都是清辅音，是清浊对音混乱。

33. **梵本** sarva tathāgata，**藏文本** I. T. J. 1134 sarva tathagata，P. t. 72 sarva tadthagatā。汉文本作“薩婆多他伽多”，“伽”有译作群母“揭”的。北 7337 娑婆怛他蘖哆，疑母字“蘖”对 ga 是反映唐代西北音特点。

该句之后，梵本还有 avalūkani ṣaṭparamita paripuraṇi sarvatathāgata，敦煌藏文本和上述几个汉译本都没有对应的句子。

34. **梵本** hṛdaya，**藏文本** I. T. J. 1134、399 rhïdaya、P. t. 72 rhïdayā、P. t. 73 rhidāya、P. t. 74 hrïdhaya，368 rhidhaya:，394 rhïdhayā。梵文的 hṛ，P. t. 74 写作，和德格版的写法一致（北京版作），可以转成 hrï，而 P. t. 73 写作，只能转写成 rhi。此处上加字 r 不大可能是前一个词的词尾，或许 rhi 是梵文 hṛ在敦煌藏文文献中的另一种转写方法。这个字上的元音符号也有朝左的，就是反 i，I. T. J. 1134、P. t. 72、394、399 就是这

样。汉译“迖唎驮耶”。北 7367 译作“失驮耶”，可能是传抄之误。北 7337、7338 没有相应的句子。

35. **梵本** adiṣṭana adiṣṭita，**藏文本** I. T. J. 1134 adhiśtana adhïśthïta、P. t. 73 adiśṭana adhiṣṭita、P. t. 368 adhiśthadna adhiśidtate:。敦煌藏文文献中主要存在d/dh、i/ï、ś/ṣ、t/ṭ的区别，大概都是书写方面的问题。汉译本多作“阿地瑟咤那 阿地瑟耻多”。北 7337、7338 地瑟咤那 案地瑟耻多，用阳声韵“案”对 a，大概是语流音变，因为紧跟在后面的音就是同部位的塞音。

36. **梵本** mahā mudre，**藏文本** P. t. 72 maha drï、P. t. 73 mahana mudre、P. t. 368 maha mutrï:，I. T. J. 1134、399 无。mudrā，手印，单数呼格形式 mudre。弘法大师所传梵本作 mudri，虽不合语法，但北 7337、7338 慕帝唎，唎，至韵，应当对 ri，与之对应。S. 5249 等作“某帝隶”所对应的原本应该是 mudre。

37. **藏文本** I. T. J. 1134、P. t. 399 śuddhe，其他敦煌藏文本和梵本都没这一句。S. 165、S. 4941、S. 5249 秫提，北 7367 输底。其他汉译本没有此句。

38. **梵本** vajra，**藏文本** P. t. 368 vadzra，I. T. J. 1134 vaddzre vaddzre vaddzra，P. t. 54、73 vadzre vadzra，P. t. 72、74、394 vadzre vadzre。汉文本北 7337、7338 跋左罗，和梵本、P. t. 368 一致。北 7367 跋[①]唧唎（重字符）跋唧罗，和 I. T. J. 1134 对应。S. 5914 跛唧嘌 跛唧啰，和 P. t. 54、73 对应。S. 2498 跋唧唎 跋唧唎，和 P. t. 72、74 对应。左、唧，精纽，跛，帮纽，都是拿清声母字对梵文的浊音。S. 4941 跋秡[②]梨（重字符）跋秡[③]梨，“秡”写作[illegible]，不过读音和梵本、藏文本相差太远，或许是别的什么字，姑且存疑。

39. **梵本** kāya。**藏文本** I. T. J. 1134 gaya，P. t. 54kāya。kāya 是身体的意思，I. T. J. 1134 写作 gaya，可能是形近而误。不过 S. 2498 作“伽耶”，伽，求加切，群纽，正和 I. T. J. 1134 对应。其余的都作“迦耶”“箇引夜”，“迦、箇”都是见母。

---

① 写作[illegible]。
② 写作[illegible]。
③ 同前注。

40. **梵本** saṃhātana，诸**藏文本**作 saṅhatana。**汉文本** S. 2498 僧诃怛那，其余译作“僧诃多那”。

41. **梵本**viśuddhe，诸**藏文本**作 śuddhe。**汉文本**作“秫提”、“输提”，都和敦煌藏文本对应。北 7337、7338 戌帝，帝是端纽字，对 dhe 是清浊混乱。

42. **梵本** sarva āvarna。**藏文本** I. T. J. 1134 作 sarva āparna，P. t. 74 sarva avaraṇa，368 sarva abharana: 。āvarna 是障碍义，I. T. J. 1134 把 va 写成 pa 了。**汉文本** S. 5249 萨婆阿波啰拏、S. 2498 萨婆诃①钵啰拏，都用清音“波”“钵”对，和 I. T. J. 1134 对应。北 7367 萨婆阿婆罗那，用浊音“婆”对 va。S. 165、S. 4941 萨婆阿嚩拏，用入声字“嚩”对 var。

43. **梵本**“普通真言藏”、善无畏传本 bhaya durgati pariśuddhe，弘法大师传本第一个词作 paya。**藏文本** I. T. J. 1134 vyĭśuddhe，P. t. 54 vĭśuddhe，P. t. 73 viśuddhe，诸**汉文本**作毗秫提、毗输提、毗戌帝，和敦煌藏文本对应。

44. **梵本** pratinivarttaya。**藏文本** P. t. 72 phratĭnĭrtayā，P. t. 394 pratĭnivarrtaya、P. t. 399 pradtĭnivartaya。藏文本有 p、ph 的混乱，P. t. 72 似乎少抄了 va 字。**汉文本** S. 165、S. 4941 钵啰底你跋②怛耶，和梵本、藏文本一致。S. 5249、S. 2498、北 7337、7338 都用定母字“驮”对 tta，S. 5914 用端母字“跛”对 va，反映出清浊混乱。

45. **梵本** āyuḥśuddhe。**藏文本** I. T. J. 1134 ayur vĭśuddhe，P. t. 73 ayur viśuddhe。敦煌藏文本śuddhe前加了 vi，以浊音打头，所以前面āyuḥ的尾音也变成了浊音 r。**汉文本**有的和敦煌藏文本一致。S. 165、S. 4941 阿聿毗秫提，聿的入声尾对 r。S. 5249 阿喻啰毗秫提，用“啰”字对 r。也有的只拿一个阴声韵字“瑜”或“庾”对，如北 7367 阿瑜毗輸底、北 7337 庾③毗戌帝，它们所对的原本大概是 ayu-viśudde，是个复合词，前支不加格尾。端纽字“底”对 dhe，反映清浊混乱。

46. **梵本** samāya adhiṣṭite。**藏文本** P. t. 74 samaya adhĭṣthīte，368 samaya adhiśidtati。敦煌藏文本有ṣ和 ś的区别、正反 i 的区别，其余和梵文

---

① 当为“阿”之误。

② 写作[illegible]，应当是跋的另一种写法。

③ “庾”前头的 a 音，用上一句结尾“夜引”表示了。

本区别不大。**汉文本** S. 165 萨末耶遏地瑟耻帝，北 7367“瑟”作“失”。梵文adhiṣṭhita由 adhi-sthā 变来，意为加持，ṣṭhi在悉昙本中经常写作ṣṭi或许是字形讹误，悉昙体ṭa、ṭha太相近。从敦煌藏文本看，写成送气和不送气的都有。梵词 samaya，ma 是短音，《大正藏》梵本有误。S. 165、S. 4941 用“末”对 ma，表明“末”字入声尾已经消失。其他本子用“摩磨”对，都是阴声字。北 7337、7338 娑漫夜地瑟耻帝，为什么用“漫”对 ma，暂且存疑。

47. **梵本** maṇi maṇi。**藏文本** I. T. J. 1134 manï manï，P. t. 73 mani mani。**汉文本**北 7367、7337 作“摩你（重字符）”，拿阴声字摩对 ma，其余本子用入声字“末”来对，反映了入声韵尾的消变。S. 5914 作“末底（重字符）”，下一句是“摩末底”，这是因为对应的原本不同。宋代法天译本在“牟儞”句后还有“摩底摩底 摩贺$_{\text{引}}$摩底 摩摩多”，慈贤本基本相同，所以 S. 5914 应该对 mati mamati，这样的句子在居庸关石刻梵本及德格版、北京版藏文本中都有。

48. **梵本** mahāmaṇi。**藏文本** I. T. J. 1134、P. t. 399 mamanï mahamanï P. t. 54 mahā manï，P. t. 72 mamanï mahamani，P. t. 73 mamani mahāmani，P. t. 74 mamani[1] mahamani，P. t. 368 mamani mahamani:，P. t. 394 mamani mahamanï，和梵本相比，敦煌藏文本多出 mamani 一句。**汉文本**只有 S. 2498“摩诃末你”和梵本一致，北 7337、7338 摩摩你，只对藏文本的前半句，其余的本子都和敦煌藏文本一致，比如 S. 165 末末你 摩诃末你，其他本子“末”字有用“摩、磨”对的。

49. **梵本** tathāta。**藏文本** P. t. 74 tathāta，P. t. 73 tadthata，P. t. 72 tadthagata。tathāta 是个佛教术语，真如，自性，北 7367 作“多他多”，正好对这个词。P. t. 72 或是多抄了 ga，或是记录 tathā gata 这个词。S. 5914 作“怛哋蘖多”，正是对应 P. t. 72，蘖，鱼列反，对 gat 反映唐代西北音特点。I. T. J. 1134 写作ཏཏཏཱ，如果后两个字符之间加个音节间隔符号，那就可以转成 tatatā，虽然理据不明，但是 S. 165、S. 4941 都用“怛多〃”对，“多”字下面有个重字符号，正好可以对 tatatā。北 7337、7338 作“怛嚩他$_{\text{如许}}$”，那是在译 tadyathā，S. 2529 于阗本就写作 ttad yathā。可是 S. 5249、S. 2498 的“怛姪多”又不太好解释，“多”是不送气音，不该对

① 写在 mahamani 下面，是后来加上的。

thā，或许另有所本。

50. **梵本** bhūta。**藏文本** I. T. J. 1134 bhuta，P. t. 72 bhuddha。bhūta 是动词 bhū 的过去分词，表示存在。汉文本多译作“部多”，能和 bhūta 规则对应。S. 2498 译作“布咤”，“布”是清音，对浊音 bhū 是清浊混乱；知母字“咤”对 ta，或是译音存古，或是这个方言还有端知未分的遗迹。藏文浊音字母送气和不送气的经常混乱，P. t. 72 的写法可以理解为 buddha，北 7337、7338 部驮，正好能和这个词形对应，而且“部驮俱知”后面的小注为“十万佛”。北 7367 输驮，输对 śu，藏文写作ཤུ，与 bu བུ较为相似，可能形近而误。

51. **梵本**koṭi，**藏文本** I. T. J. 1134 kotï，P. t. 54 koṭï。梵本的卷舌音ṭi，藏文本有的转成舌尖音 ti。汉译本北 7337 译作“俱计”，计是见纽字，此处大概是误字。北 7338 译作“俱知”，其余均作“俱胝”，“胝、知”都是知母。

52. **梵本** pariśuddhe，**藏文本** I. T. J. 1134 parïśuddhe，P. t. 368 bari śuddhe。**汉文本** S. 165 钵梨秫提，其他本子字音没大差别。北 7337、7338、7367 都用端纽字“帝底”对 dhe，是清浊混乱。

53. **梵本** visphuṭa。**藏文本** I. T. J. 1134vïsputa，P. t. 54 vïsphuṭa，368 vispudta。visphuṭa，汉译“开启”，有几个藏文本把送气音 ph 写为 p。汉文本多译作“毗萨普咤”，普，送气，没跟着藏文本误转。北 7367 毗萨输多，“输”大概是误字。藏文སྤུ spu，ཤུ śu，字形比较接近，“输”这个误字大概是这么来的。S. 2498 毗普咤，大概抄漏了“萨”字。

54. **梵本** boddhi，**藏文本** P. t. 54 buddhï，P. t. 72 bhuddhe。**汉文本** S. 165、S. 4941 勃地，北 7367 菩提。S. 5249 某他，用“某”对 bu，反映出唐代西北音特点。

55. **梵本**śuddhe，各**藏文本**均同梵本。**汉译本**多作“秫提”“输提”。S. 5914 勃唎秫提、S. 2498 钵唎秫提，那是因为对应的梵文是pari śuddhe。北 7337、7338 毗戍帝，是对viśuddhe。

56. 各**藏文本** hehe，**梵本**无。**汉文本**北 7337、7338 也没有这一句。其余汉文本多作“醯醯”，醯是醯的俗字，呼奚反，能和藏文本规则对应。S. 165“醯”前面还有个字，作□，是“醫”的异体。醫，影母之韵，与齐韵字“翳”形近，大概对 e，或许存在一个 ehe 这样的词形。类似的对音现象也有，但不多见，辛嶋先生研究《长阿含经》发现一例词首的

“阿”对 ha 的[①]，不过完全可能是“呵”之误。据 Burrow 研究，在 Niya 文献中，也能见到词头的 h 脱落的现象[②]，但 Niya 文献时代太早。在其他佛经文献中见到的太少，姑且存疑。

57. **梵本** jaya jaya，**藏文本** I. T. J. 1134 dzaya dzaya，P. t. 72 dzayā dzayā，**汉文本**多作“佐耶”、“左耶”。北 7337、7338 磋耶磋耶，“磋”是清母字，或为从纽“醝、嵯”之误。

58. **梵本** vijaya，**藏文本** I. T. J. 1134 vïdzaya vïdzaya，P. t. 73 vidzaya vidzaya，P. t. 72 vïdzayā vïdzayā。**汉文本**多作“毗佐耶”、“毗左耶”，毗，並母脂韵重四，说明源本 vi 读作 bi。北 7337、7338 微磋耶，用微母字对 vi 说明轻重唇已经分化，而且是拿西北音来对。

59. **梵本** smara smara，各**藏文本**同。**汉文本**“萨摩啰 萨摩啰”，“摩”有作“磨”“末”的。S. 2498 萨婆啰 萨婆啰，並纽字“婆”对 ma，第 12 条讲过了。还可有别的解释。德格版、北京版的藏文本中都有 sphara sphara，北宋初年法天、慈贤译本中已经能找到这样的线索：法天本“娑颇二合啰 娑颇二合啰”，慈贤本“娑普二合啰 娑普二合啰”，假定敦煌地区也存在这样的本子，那么 S. 2498 的这句咒可能是婆对 pha，清浊混乱。

60. **梵本** sarva buddha，**藏文本** P. t. 368 sarva bhuddhe，其余均作 sarva buddha，**汉文本**“薩婆勃陁”，“陁”是“陀”的俗字，有的本子作“驮”。有三个汉文本“勃陁”作“某驮”，某对 bu，反映了西北方音特点。

61. **梵本** adiïśita，**藏文本** I. T. J. 1134 adhïśtana adhïśita，P. t. 368 adhiśṭana:，P. t. 394 adhïs̤thana adhes̤thate。藏文本所记录的分明是 adhis̤thāna adhis̤thita这样的话，意思是神通力护持。S. 165、S. 4941 遏地瑟咤那 遏地瑟咤地，对 dhi、te 都用了定母字“地”，是清浊的混乱。其他本子末尾的“地”用“多”。

62. **梵本**śuddhe，各**藏文本**同。汉文本“秫提”，北 7367 输底，“底”是端纽，对 dhe，清浊混乱。

63. **梵本** vajri，**藏文本** I. T. J. 1134 vaddzre vaddzre mahavaddzre，P. t.

① ［日］辛嶋静志：《長阿含経の原語言の研究》，（东京）平河出版社 1994 年版，第 14—15 页。

② Burrow T.，*The Language of the Kharos̤thi Documents from Chinese Turkestan*，Cambridge：Cambridge University Press. 1937，§28.

368 vadra vadra: maha vadzre。**汉文本**“跋唧唎（重字符）摩诃跋唧唎”。S. 5914 跋唧唎 跋唎唧[①]麻诃跋唧唎，对 va 音时或用並母字“跋”或用帮母字“跛”，北 7337 跋攃嚇，攃，姊末切，精母对 dz，都说明清浊混乱。

64. **梵本** vajra garbhe，**藏文本** I. T. J. 1134 vaddzra garbhe，P. t. 73 vajra[②] garbhe，P. t. 74 vadzra garrbhe。藏文本有细微的区别，大多是书写方面的问题。**汉文本**“跋唧唎揭鞞”，“唎”字还是对上一句的 ri，有的本子作“啰”，那是对 ra。北 7337、7338 跋攃啰蘖陛，蘖对 gar，反映唐代西北音特点。

65. **梵本** vajrāṃ，**藏文本** I. T. J. 1134 vaddzram，P. t. 72 vadzramaha，P. t. 73 vadzrama。藏文本有拼写方面的细微差异。**汉文本**“跋唧蓝”，“唧”有写作“攃”的。S. 2498 跋唧啾蓝，“啾”字属于误增。

66. **梵本** bhāvatu，各**藏文本**均作 bhavatu，这是动词 bhū 的命令语气单数第三人称形式。**汉文本**“娑婆都”“娑婆覩”，娑为婆字之误。北 7337、7338 婆萬都，所对的应该是 bhavantu，是命令语气复数第三人称形式。

67. **梵本** mama，各**藏文本**同。**汉文本**“摩摩”“磨磨”。

68. **梵本**śariraṃ，**藏文本** I. T. J. 1134 sarva śariram，P. t. 74 sarva śarī[③] ram，368 sarva: śariram:，399 sarva śarïram，P. t. 54 śarïran，P. t. 72 śarïram，P. t. 73 śariram，394 śarïran。和梵本相比，有四份藏文本多出了 sarva。汉文本中，六份“神咒”本都有对出了这个词，只有北 7337、7338 舍唎噹，没有对 sarva。sarva，一切，后面的中性名词śarīra是个单数业格，这二者构成一个复合词。梵词 śarīra，色身，其单数业格形式 śarīram。按照梵语连声规则，结尾的鼻音-m 在辅音前变成 anusvāra，在 s 前，anusvāra 使前头的元音鼻化。（宋）法天译作“萨哩唛”、（元）指空译作“沙哩凌”，“陵、凌”都是蒸韵字，这一是说明不空西北音宕梗两摄阳声韵尾消变的现象可能扩大到曾摄，二是说明 raṃ 此处元音鼻化。可是 P. t. 54、394 尾辅音就转作-n。汉文本 S. 165、S. 4941 译作“舍利阑”，阑，寒韵，中古收-n 尾，与 P. t. 54、394 能对应。更多的本子译作“蓝、噹”，蓝，谈韵，中古收-m 尾。韵尾完好的保存，似乎上述梵语连声规

① 旁边有调换符号。

② P. t. 73 出现ཛ（j）的只有这一处，可能是ཛ（dz）之误。

③ 反 i，有长音符号。

则，在此处并未严格运用。

69. **梵本** sarva sattvānāṃ ca。**藏文本** I. T. J. 1134sarva sadtvanan tsa，P. t. 368 sarva sadtvā: nan tsa。sattva，众生，复数属格形式 sattvānām，结尾的鼻音-m 在辅音前变成 anusvāra，所以出现 sattvānāṃ ca 的形式。北京版、德格版藏文本都作 satvānāñ tsa，敦煌藏文本都转成-n 尾，是反映音变后的形式。汉文本作“萨婆萨埵难 佐”，“难”收-n 尾，和藏文本一致。

70. **梵本** kāya，**藏文本** P. t. 72 kāyā，P. t. 399 gaya，汉文本有四个对“迦耶”，两个对“箇$_{引}$夜”，两个对“伽耶”。迦箇，见纽，伽，群纽，清浊混乱。

71. **梵本** pari viśuddhe，**藏文本** P. t. 54 parï śuddhïr…①，P. t. 72 parï śuddhis śca，P. t. 73、368 pari śuddhis śca，P. t. 74 parï śuddhïs śca。藏文本都没有前缀 vi-。pariśuddhi是阴性名词，清静，°śuddhiḥ是单数主格形式，visarga 在清颚音前变成相应的咝音ś，后面跟 ca 变成śuddhiśca。可是 P. t. 72、73 都写作°dhis śca，为什么多出 s？大概是增生出一个发音部位相近的擦音来，参看第四章第一节的讨论。P. t. 54 °śuddhïr，后面残了。如果按照梵文的连声规则，visarga 在浊音前才变-r，所以后面应该跟着一个浊音，大概不会有 ca 这个词，直接跟着 bhavatu 的可能性大些。这几个汉文本多作“波利秫提”，“波”字有作“跛”的。波，帮纽，跛，並纽，是清浊混乱。汉文本都没有和śca相当的字，倒是宋初译本中能找到和敦煌藏文本这句咒严格对应的，法天译作“跛哩秫弟室者$_{二合}$”，慈贤本“跛哩秫弟瑟佐”。

72. **藏文本** I. T. J. 1134bhavatu，P. t. 368 bhavadhu，**梵本**无。bhavatu 是动词 bhū 的命令语气单数第三人称形式，**汉文本**“婆婆覩”“跛婆覩”，能规则对应。北 7337、7338 摩摩都，反映唐代西北音特点。S. 165、S. 4941 薩婆杜、S. 5249 薩婆覩，萨是心母曷韵字，语音面貌和梵本差别很大，为何这么用？悉昙体字 bha 作𑖥，如果把右边封了口儿，就非常像 sa 𑖭，大概是形近而误。

73. **藏文本** I. T. J. 1134me sadā，P. t. 368 me sada，**梵本**无。me 是第一人称代词单数属格的后置粘着形式，汉文本用“名”“冥”对，反映唐代西北音特点。satā 是副词，永远、始终，汉文本作“娑陁”，陁有作

① 用…表示一个以上缺失的字。

“驮”的，是定母，浊音。北 7367“萨多”，多是清音端母，清浊混乱。

74. **梵本** sarva gati pariśuddhe。**藏文本** P. t. 73 sarva gati pariśuddhē，P. t. 368 sarva: gati variśudde。汉文本多作“萨婆揭帝 钵梨秫提”，能规则对应。S. 5941 萨婆提底跋喇秫提，前一个“提”大概是“揭”的误字。“跋”是浊音並母，对 pa 是清浊混乱。北 7337、7338 娑婆萋帝 波喇戌帝，gati 是佛经常的词，意译为“趣”，音如 * sati 而且语义当的词还没见过，此处的“萋”或为“蘖”之误。疑母对 g，反映唐代西北音特点。

75. 从本条到 76 条，梵本和藏文本顺序排列不一致。梵本内容在 78 条之后。

梵本 sarvatathāgata samā śvasa，**藏文本** P. t. 72 sarva tathagata samā śvāsa，P. t. 394 sarva tathagata samaśvasa，I. T. J. 1134、P. t. 368、399 无。汉文本中，六个“神咒本”都没有这句话，只有北 7337、7338 作“娑婆 怛他蘖多 娑摩湿嚩娑”，能和梵本和其他几个藏文本对应。

76. **梵本** adhiṣṭite，**藏文本** P. t. 54 adhĭṣṭhate，P. t. 74 ādhĭṣṭhati，P. t. 394 adheṣṭhite，I. T. J. 1134、P. t. 368、399 无。梵本的 ṣṭi，其实是 ṣṭhi 之误，有一些藏文本就直接转成 ṣṭhi。汉文本中，六个“神咒本”都没有这句话，只有北 7337、7338 作“瓶瑟耻帝”。开头的 a 音，大概被吸收到上一句结尾的 sa 中了，所以没对出来。瓶，端纽齐韵，对 dhi 是清浊混乱。

77. **梵本** sarva tathāgatāśca me，**藏文本** I. T. J. 1134 sarva tathagataśca man，P. t. 73 sarva tadthagataścha man。梵本的 me 是第一人称代词单数与格（dative）形式，藏文本的 maṃ 是第一人称代词单数宾格形式，在这一点上，汉文本都和藏文本一致，但也略有差别。S. 165、4941 萨婆怛他揭多室者漫，S. 5249、北 7379 大体相同。S. 2498 萨婆怛他蘖多失者漫，蘖，五割切，疑纽曷韵，对 ga 反映唐代西北音特点。北 7337、7338 都作“萨嚩怛他蘖哆漫”，它们所对照的原本应该没有 ca 这个词。S. 5914 萨婆怛他蘖多庶漫，“庶”是御韵字，应当对 śu 或 śo，此处大概形近而讹，藏文 śca ཤྩ，śu ཤུ，字形很近。

78. **梵本** sama śvasa yaṃtu，**藏文本** I. T. J. 1134 sama aśvasa yantu，P. t. 368 śama śvasa yan: dhu。各汉文本都能和梵、藏本规则对应。S. 5914 三摩二合税娑演覩，“税”大概是“说”之误，俄藏黑水文献 TK164 宝源译《圣相顶尊总持功能依经录》就作“说”，“说”有薛韵一读，能对 śvas。

79. **梵本** buddhya buddhya，**藏文本** P. t. 72 buddhyan buddhya，其他藏文本均同梵本。buddhya 是动词词根 budh 后加后缀 ya 构成形容词，含有被动义，阳性复数宾格是 buddhyān，P. t. 72 若是宾格形式，那就少抄了长音符号，或者暂且存疑。汉译本都和梵本规则对应。对 bu 音节，有用並母字勃、步的，有用明母字“某”的，北 7337、7338 用“慕户二合”对。对 dhya 音节，大多数汉文本用“提耶”“驮耶”“驮夜”二合对，北 7367 步姪步姪，姪是入声字，对不含塞尾的音节说明入声韵尾消变。

80. **梵本** vibudhya vibudhya，藏文、汉文本均无。

81. **梵本** bodhaya bodhaya，**藏文本** I. T. J. 1134 bodhaya bodhaya，P. t. 72 bodhayā bodhayā，**汉文本**蒲陁耶、步驮耶、某驮耶，都能和梵、藏文本对应。

82. **梵本** vibodhaya vibodhaya，**藏文本** P. t. 72 vïbodhayā vïbodhayā，P. t. 74 vyabodhya vyabodhya，P. t. 368 bhibhodha bhibhodha:。**汉文本**“毗蒲陁耶”“毗布驮耶”，能规则对应。

83. **梵本** samanta pariśuddhe，**藏文本** I. T. J. 1134 samanta parïśuddhe，P. t. 73 samanta pariśuddhe，**汉文本**“三漫多钵梨秫提”，北 7337、7338“提”作“帝”，帝是端纽字，清浊混乱。

84. **梵本** sarva tathāgata，**藏文本** I. T. J. 1134 sarva tathagata，P. t. 54 sarva tathāgata，都和梵本对应，P. t. 368 sarva tatagata，P. t. 72 sarva gathata，大概抄写有误。**汉文本**多作“萨婆怛他揭多”，北 7337、7338 娑嚩怛他蘖哆，蘖对 ga，是反映唐代西北音特点。

85. **梵本** hṛdayā，**藏文本** I. T. J. 1134 rhïdaya，P. t. 72 rhïdayā，P. t. 73 hridaya，P. t. 74 hrïdaya，399 rhidaya，368 rhidhaya:，**汉文本**多作“迄唎驮耶”。北 7337、7338 吃地夜，但出现在下一句后面。“地”，至韵，不该对 da，梵词 hṛdya，意思是“在内心的”，若是“地夜”后加个“二合”，就能对 dya。

86. **梵本** adhiṣṭana adhiṣṭata，**藏文本** I. T. J. 1134 adhïśtana adhïśtïta，P. t. 54 adhïṣṭhāna adhïṣṭhïte，P. t. 73 adhiṣṭina。和其他本子相比，P. t. 73 少一句。汉文本多作“阿地瑟咤那 阿地瑟咤帝”，都能规则对应。

87. **梵本** mahāmudri，**藏文本** I. T. J. 1134 maha muddre，P. t. 54 mahāmutre。**汉文本**“摩诃慕怛麗”，能规则对应。

88. **梵本** svāhā，**藏文本** I. T. J. 1134 svāhā，P. t. 73 svahā，P. t. 368

svāha **汉文本**“莎婆诃”。

下面把各版本差别大的语句摘出来作一比较。为了看表方便，梵本、敦煌藏文本、敦煌汉文本各选一个作代表。初唐译本较多，但在敦煌文献中传抄的绝大多数是佛陀波利译本①，此处选择《大正藏》No. 967 佛陀波利译本“宋本”咒语作为初唐译本的代表②。

表 2－21　**“佛顶尊胜陀罗尼”各本对照简表**

梵本	初唐译本	敦煌藏文本	敦煌汉文本
1 无	无	namo ratna	南无啰那
2 无	无	trayayā	怛啰夜耶
3 无	无	namas	南摩悉
4 avabhasa	皤婆娑	abhavasas	阿嚩婆娑死
5 gahāna	伽诃那	gagana	伽伽那
6 avalūkaniṣaṭparamita	无	无	无
7 sarva tathāgata	萨婆怛他揭多	无	无
8 viśuddhe	秫提	śuddhe	秫提
9 bhayadurgati pariśuddhe	毘秫提	viśuddhe	毗秫提
10 ayuḥśuddhe	阿瑜秫提	ayur vĭśuddhe	阿聿毗秫提
11 无	无	hehe	醯醯
12 无	頞地瑟耻多	adhiśthana adhiṣṭhiṭa	遏地瑟咤那 遏地瑟咤地
13 vajri	跋折梨	vaddzre vaddzre maha vaddzre	跋唧唎 跋唧唎 摩诃跋唧唎
14 śariraṃ	无	sarva śarīram	萨婆舍唎蓝
15 pariviśuddhe	无	parĭśuddhis śca bhavatu mē satā	钵唎输提 婆婆靚 名 薩多
16 vibudhya vibudhya	无	无	无

① 敦煌文献中，题名为佛陀波利译的汉文本至少有百余份。

② 《大正藏》No. 967 收佛陀波利所译《佛顶尊胜陀罗尼经》，其中的咒语部分收录了三个版本，分别称为甲种本、宋本和明本。从《大正藏》的编排来看，甲种本收在经文中，似乎被编者认为是定本，宋本和明本只是作为参考附在经文后面。甲种本和宋本、明本明显不同，它具有不空音系的特点，而宋本、明本和杜行顗、地婆诃罗（日照）译本接近。志静《佛顶尊胜陀罗尼经·序》指出佛陀波利和杜行顗译本差别不大，“今前后所翻两本（指杜行顗译本和佛陀波利译本）并流行于代，其中小小语有不同者，幸勿怪焉”。而敦煌文献当中佛陀波利汉译本中的咒语大多数不具备不空音系的特点，和“宋本”“明本”近，所以本书拿佛陀波利所译“宋本”作为初唐译本的代表。

表中所列的16句都是梵本、敦煌藏文本差别大的，敦煌藏文本有而梵本无的共5条，梵本有而敦煌藏文本无的共3条，其余8条是两类本子都有但不一致的。从表上看，初唐译本是最简短，有4句是善无畏、弘法大师所传的梵本增的，所以才引来批评："凡汉地佛陀波利以来，流传诸本并阙少。是故具本译出，流行如上。"① 敦煌藏文本和初唐译本不一致的共11条，其中敦煌藏文本有而初唐译本无的共6条，初唐译本有而敦煌藏文本无的1条，还有4条是有差异的。这说明，敦煌藏文本和梵本及《大正藏》所收的佛陀波利译本差别都很大，是不同于梵本及初唐译本的另一种传本。而在敦煌汉文本中，能找到和敦煌藏文本对应的本子。P. t. 54等八份藏文本和S. 165等八份汉文本关系密切，可以推测它们应该有一个较为接近的梵本来源。

三　S. 165 等八份敦煌写本咒语对音研究②

下面拿P. t. 54等八份藏文本和S. 165等八份汉文本做对音研究。

从藏文本拼写方面表现出的异文特点来看，P. t. 54等八份文献应该是藏人从梵本转译的（见第四章第一节），有些地方恐怕得还原到梵文音才能更好地解释对音现象，所以为汉字确定的对音形式，不全是藏文的拼写形式。八份汉文抄本有细微的不同，为了把这些差别表现出来，各个本子分开列表。

（一）声母的对音

1. P 组

表2－22　　**P组对音表**

梵藏文字母	p		ph		b			bh				m	
中古声母	帮	並	滂	非	並	帮	明	並	微	明	帮	明	並
S. 165	钵波		普	蕿	蒲勃			鞞婆薄毗部				摩末漫满冥无嚧慕弭	
S. 5914	跛钵	跋	普		步勃		谋	鞞婆跋薄毗部			跛	磨末摩麻漫名谟蜜嘌某谋	

① 《大正藏》第19册第973号经，第373页。

② 这部分内容曾以《敦煌文献中"佛顶尊胜陀罗尼"藏汉文本对音初探》为题发表于《中国语言学》第四辑，北京大学出版社2010年版，第33—57页。

续表

梵藏文字母	p		ph		b			bh				m	
中古声母	帮	並	滂	非	並	帮	明	並	微	明	帮	明	並
S. 4941	钵波		普		蒲勃			鞞婆薄鼻毗部				摩末漫滿冥无嘧慕弭	
北 7367	钵波				步勃菩			婆毗	未			摩漫名无嘧某弭	
S. 5249	钵波跛		普		勃	布	某	鞞婆薄鼻毗部			跛	摩末磨漫冥谟蜜某弭	婆
S. 2498	钵波跛撥		普		勃	布	某	鞞婆鼻			跛布	摩磨末漫名谟蜜某弭	婆
北 7337	波		破浦		部勃		慕	陛婆毗部		摩		摩漫无蜜慕铭	
北 7338	波		破浦		部勃		慕	陛婆毗部		摩		摩漫无蜜慕铭	

並母字“跛”对 p，帮母字“布”对 b、“跛、布”对 bh，这说明清声母与浊声母字对音产生了混乱，详细的分析下面统一说。下面各组辅音的讨论中，凡是涉及同类现象的，不再重复了。

“蕟”，非母，对送气音 ph，说明轻唇音已经分化出来。

明母字“某谋慕”对 b，这与不空西北音对音特点一致。

表中北 7337、7338“摩”对 bh，存疑。善无畏梵本 avabhāsa，灵云寺版普通真言藏 avahāsa。北 7337、7338 嚩摩诃娑，“嚩”对 va，“诃”字和“普通真言藏”hā 对应，“摩”字无着落。暂且存疑。

北 7367“揭未”对 garbhe，或许是版本差异。未，微母未韵，对 vi 合适。梵音 bhe，唐代诸译本中，拿“陛、鞞”对，都是蟹摄齐韵系並母字。（宋）法天《一切如来乌瑟腻沙最胜总持经》该句译作“誐哩毘”，“毘”是“毗”的异体字，並母脂韵，止摄。这种译法与失译《瑜伽集要焰口施食仪》中所收的《佛顶尊胜陀罗尼神咒》接近，在那个本子中，该句为“葛哩毘二合”，所附的梵本作 garvi[①]。北 7367“揭未”或许也是对 garvi 这样的音。

① 《大正藏》第 1320 号经，第 21 册，481 页下栏及《嘉兴大藏经》B047 号经，第 19 册 211 页。

S. 2498“萨婆啰”对 smara，S. 5249“娑婆”对 sama，並母字“婆”对 ma。或许是版本的差异，在俗语（Prakrit）和佛教混合梵语（BHS）中，有拿 v 代替正梵文的 m 的。

2. T 组

表 2－23　　**T 组对音表**

梵藏文字母	t				th	d		dh			n
中古声母	端	知	定	泥	透	定	端	定	透	端	泥
S. 165	多帝怛底都		啼杜	拏	咃他	驮陁提地姪	怛	陁驮提地	咃		拏那南儺你尼
S. 5914	多帝底怛靚埵		啼		他咃	驮地啼	哆怛	驮陁地			那難你尼
S. 4941	多帝怛底靚都埵		啼杜	拏	咃他	驮陁提地姪	怛	陁驮提地	咃		拏那南儺你尼
北 7367	多底帝怛胝都靚埵		提啼	奴	他	驮提啼姪	多	驮陁提啼地姪		底	那娜南難你
S. 5249	多帝底怛靚埵			奴	他	驮弟姪	帝	驮陁提地	他		你那哪南難你
S. 2498	多怛他哆底帝怛靚埵	吒		奴	他	驮弟地	帝	驮陁提地			拏那娜南難你尼
北 7337	多哆他都帝怛		度		他	[口+姪]	帝	驮地		帝秖	儜寧那南你
北 7338	多哆他都帝怛		度		他	[口+姪]	帝	驮地		帝秖	儜寧那南你

梵词 bhūta，S. 2498 译作“布吒”，吒，陟加切，知母。或另有所本。

梵词 samā śvāsayantu，命令语气主动第三人称复数，使复苏。S. 165、S. 4941“三摩阿嗽娑演拏”、北 7367“萨摩阿舍娑[①]演奴[②]”、S. 5249、S. 2498“三摩税萨演奴”，最后一字都是泥母或娘母字。泥母不当对 t，但如果把 t 理解成 d[③]，就可以拿泥母字对了。因为按照西北音的特点，泥母含有塞音成分 d。

① 原卷误作“婆”。

② 原卷“奴”字外加“辶”。

③ Edgerton 的《佛教混合梵语语法》第 2.28 讲了浊塞音替代梵文清塞音的现象，多数是在两个元音之间，比如 Bhs. śaḍha = Skt. śaṭha。发 n 和 u 时，声带都振动，yantu 中的 t 或许也可变成 d。

3. K 组

表 2 – 24　　　　K 组对音表

梵藏文字母	k		g		
中古声母	见	群	群	见	疑
S. 165	迦㕑俱		伽揭	迦	
S. 5914	迦俱				蘖
S. 4941	迦㕑俱		伽揭		
北 7367	迦俱		伽碣揭		
S. 5249	迦俱	伽	揭		
S. 2498	迦俱	伽	伽揭		蘖
北 7337	箇引界俱		伽噶		蘖
北 7338	箇引界俱		伽噶		蘖

疑母对 g，表现出不空西北音的特色。

4. C/TS 组

表 2 – 25　　　　C/TS 组对音表

梵、藏文字母	c/ts		j/dz		
中古声母	章	精	精	禅	清
S. 165	者折	佐祖	佐		
S. 5914		赞左	左唧		
S. 4941	者折	佐祖	佐		
北 7367	珠	佐左	佐唧		
S. 5249	者	赞佐祖	佐唧		
S. 2498	者	赞佐祖	佐左唧	折	
北 7337		左桚祖	左拶		磋
北 7338		左桚祖	左拶		磋

梵文的 c 组，藏文本一般转成 ts 组。从汉文本的对音看，用精组字居多，也用章组字。不空对音也是拿精组和章组两组字对梵文的 c 组音，看来这两种材料有内在的统一性。不过也有差别。不空还拿日母字对梵文的 j，比如 vajre，不空译本“嚩日啰”，vijaya，不空译本“尾惹也”，“日、惹”都是日母字，说明日母有塞擦音成分。本书所考察的敦煌译本分别作“跋唧唎”、“毗佐耶”等，“唧”“佐”都是精母。通篇咒语，没出现一个日母字，这或许不是偶然的。敦煌地区的汉藏对音文献中，日母字主要对藏文的ཞ [ʑ]，于

阗文一般用下加小钩的ś来转写汉语日母字，相当于ś的浊音，应该也是个擦音。这说明西北地区存在一种日母读成擦音的方言，也不能排除日母向零声母变化的可能，与不空译音所代表的西北音不尽一致。高田时雄先生构拟的10世纪河西方言，日母拟成/ź/①。

北7337、7338“磋夜”对梵词jaya。磋，《广韵》七何切，清母。《集韵》、《慧琳音义》亦只有清母音，可是《七音略》内转二十七歌韵精母位置上也是它，或许“磋”果真有精母一读，《广韵》《集韵》失收。

5. Ṭ组

表2－26 Ṭ组对音表

梵藏文字母	ṭ			ṭh		ṇ
中古声母	知	定	端	彻	端	泥娘
S. 165	咤胝			耻		尼拏
S. 5914	咤吒胝			耻		尼拏
S. 4941	咤胝			耻		尼拏
北7367	胝	驮	多		帝	你那
S. 5249	咤胝			耻	帝	你拏
S. 2498	咤胝					你拏
北7337	咤			耻		尼那
北7338	咤知			耻		尼那

北7367“毗尸失驮耶”，梵文viśiṣṭaya，“驮”对ṭa。“毗萨输多”，梵文visphuṭa，端母字“多”对ṭa。藏文本ṭa有写作ta、tha的，那是因为藏文没有卷舌音ṭ，故用相近的音替代，汉文本出现端组字对音，大概是经过了藏文本这个中介。定母字“驮”对ṭa或tha，大概与藏语浊音清化有关，后面还要统一说。

北7367凡是对梵文adhiṣṭhita的地方，都用“阿地失帝多”来对，“帝”，端母。adhiṣṭhita由adhi-sthā变来，意为加持，但这个词中的ṣṭhi在大正藏所收的悉昙本中经常写作ṣṭi。藏文没有ṭi、ṭhi这样的卷舌音，转拼梵本时容易拼成相应的舌尖音ti、thi，汉文本端母字“帝”所对的应该是ti这样的音。

① 高田时雄：《敦煌資料による中國語史の研究——九·十世紀の河西方言》，（东京）创文社1988年版，第109页。

6. 半元音 y r l v

表 2 - 27　　**半元音组对音表**

梵藏文字母	y	r	l	v				
中古声母	喻	来	来	並	奉	帮	明	微
S. 165	耶野夜演瑜聿	啰阑梨利丽蓝	路	跋婆毗	伐			嚩
S. 5914	耶夜演瑜	啰蓝唎利隶		婆跋毗		跛波		缚
S. 4941	耶野夜演瑜聿	啰阑梨利丽蓝	路	跋婆毗	伐			嚩
北 7367	耶野夜演瑜	啰罗蓝唎	路	薄跋婆毗		钵		
S. 5249	耶夜演喻	啰蓝梨唎利隶		跋婆毗		跛波		
S. 2498	耶夜演喻	啰蓝梨唎利隶	路	跋婆毗		跛钵		
北 7337	夜耶延庾	啰喇嚂唎哩罗𡅏	路	婆跋拔毗			袜明弥	嚩萬伐微
北 7338	夜耶延庾	啰喇嚂唎哩罗	路	婆跋拔毗			袜明弥	嚩萬伐微

北 7337、7338 译 r 多用加口旁的来母字，以区别对 l 的来母字，其他本子似乎不太严格区分这个差异，这有可能是敦煌译经、传抄不甚严谨造成的。有的敦煌写卷相当草率，字体不甚工整，且有错字，来母字是否加口旁，可能未严格区分。

v 对奉母、微母，说明轻唇音已经分化出来了。对並母，是因为在这些地方，把 v 当成了 b 来理解。按照不空西北音的声母特点，明母字也能对 b，北 7337、7338 "袜明弥" 对 v 可以这么理解。帮母字对 v，v 同样是当成 b 看待，或许有藏文的浊音清化因素。

7. 咝音及其他 s ś ṣ h ø

表 2 - 28　　**咝音及其他对音表**

梵藏文字母	s	ś			ṣ			h	ø
中古声母	心	审	生	船	生	书	船	晓	影
S. 165	娑蘓莎萨三死珊僧蕯	舍室输失		秫	瑟曬诜	奢		诃醯乞	阿遏唵乌
S. 5914	娑三僧散薩婁	舍输税	瑟	秫	瑟沙	哂		诃醯乞	阿乌
S. 4941	娑萨三珊僧蕯蘓莎	舍室输失		秫	瑟曬诜	奢		诃醯乞	阿遏唵乌
北 7367	娑蘓莎萨跚僧散	舍失输尸				失奢世	神	诃醯迄	阿唵乌
S. 5249	莎娑蘓薩三珊僧散	舍失税	瑟	秫	瑟	世	神	诃醯迄	阿唵乌
S. 2498	娑僧薩三珊蕯蘓莎	舍失输税	瑟	秫	瑟沙		神	诃醯迄	阿唵乌
北 7337	娑散僧散萨悉诉	舍戍湿失			瑟沙灑	申		诃咜	阿唵乌
北 7338	娑散僧散萨悉诉	舍戍湿失			瑟沙灑	申		诃咜	阿唵乌

藏语没有 ṣ 这样的音，为了转写梵文，用反写的 ś 来表示 ṣ。这就造成了汉文本用生母字“瑟”对梵文 ś、用书母字“奢哂失世申”对梵文 ṣ 的现象。也不能排除书母和生母开始混淆的可能。

S. 165、S. 4941“阿嚩娑”对 ā-śvasa，“嚩”对 śva。声母对音值得关注。嚩，《广韵》许肥切，戈合三，晓母一般不当对 ś。不过，在唐五代西北音通假异文研究中，精见互代的现象时有反映。罗常培先生《开蒙要训》注音材料中发现一条以晓注心例，[①] 邵荣芬先生在敦煌变文中又发现了少数几例，[②] 黎新第先生进一步扩大研究对象，发现了更多精见互代的例证，把五代时期三四等韵的见组声母拟为舌面中音（［c］组）。[③] 按照这种构拟，晓母字“嚩”发音部位前移，容易解释对 ś的现象。

船母字“神”对ṣ，“秫”对ś，是浊音清化。

（二）韵母的对音

1. 果假摄

表 2－29 **果假摄对音表**

梵藏文字母	a			ia	ua	ua
切韵韵类	歌一	戈一	戈开三	戈开三	戈合一	戈合三
S. 165	**歌**：阿吔陁诃 a、ā；啰多他驮那佐娑啰 a；**哿**：者嚩 a	**戈**：婆摩波 a；婆 ā	**戈**：伽 a 迦 a	迦 ya	**戈**：莎埵-va	嚩 va
S. 5914	**歌**：阿陁诃 a、ā；娑多他驮哆左那娜啰 a；**哿**：缚嚩 a	**戈**：婆磨 a **果**：跛 a	**戈**：迦 a		**戈**：埵 va **過**：娑 vā	
S. 4941	**歌**：阿陁诃 a、ā；啰多他驮吔那佐娑 ā；**哿**：嚩 a	**戈**：婆摩波 a	**戈**：伽 a 迦 a	迦 ya	**戈**：莎埵 va	嚩 va
北 7367	**歌**：阿驮诃 a、ā；啰罗多他多陁那娜佐左娑 a；驮多 ā	**戈**：波婆摩 a	**戈**：伽 a 迦 a	迦 ya	**戈**：莎埵 va	
S. 5249	**歌**：阿驮诃 a、ā；啰陁多他佐那莎罗 a	**戈**：波婆摩 a **果**：跛 a	**戈**：伽 a		**戈**：莎埵 va	
S. 2498	**歌**：阿驮诃呵 a、ā；啰罗娑多他陁娜佐左 a	**戈**：婆摩波 a **果**：跛 a	**戈**：伽 a 迦 a	迦 ya	**戈**：莎埵 va	

① 罗常培：《唐五代西北方音》，科学出版社 1961 年版，第 85 页。

② 邵荣芬：《敦煌俗文学中的别字异文和唐五代西北方音》，《邵荣芬音韵学论集》，首都师范大学出版社 1997 年版，第 299—300 页。

③ 黎新第：《对几组声母在五代西北方音中表现的再探讨》，《语言研究》2015 年第 1 期，第 1—15 页。

续表

梵藏文字母	a			ia	ua	ua
切韵韵类	歌一	戈一	戈开三	戈开三	戈合一	戈合三
北 7337	**歌**：阿诃 a、ā；啰娑多他驮那磋罗椤左 a；**智**：嚩 a；**箇**：箇 ā	**戈**：婆摩波 a **过**：破	**戈**：伽 a			
北 7338	**歌**：阿诃 a、ā；啰娑多他驮那椤左摩磋罗 a；**智**：嚩 a；**箇**：箇 ā	**戈**：婆摩波 a **过**：破	**戈**：伽 a			

梵藏文字母	a		ia
切韵韵类	麻二	麻三	麻三
S. 165	**麻**：拏咤 a	**麻**：奢 a；**马**：舍者 a	**麻**：耶 ya；**祃**：夜 ya
S. 5914	**麻**：麻沙咤 a	**马**：舍 a	**麻**：耶 ya；**祃**：夜 ya
S. 4941	**麻**：拏咤 a	**麻**：奢 a；**马**：舍者 a	**麻**：耶 ya；**祃**：夜 ya
北 7367		**麻**：奢 a；**马**：舍 a	**麻**：耶 ya；**祃**：夜 ya
S. 5249	**麻**：拏咤 a	**马**：舍者 a	**麻**：耶 ya；**祃**：夜 ya
S. 2498	**麻**：拏沙咤 a	**马**：舍者 a	**麻**：耶 ya；**祃**：夜 ya
北 7337	**麻**：沙咤 a	**马**：舍 a	**麻**：耶 ya；**祃**：夜 ya
北 7338	**麻**：沙咤 a	**马**：舍 a	**麻**：耶 ya；**祃**：夜 ya

梵语 a、ā 主要对歌韵系字，唇音不分开合口，《广韵》果摄唇音归戈韵系，但并不意味着主元音前有 u 介音。麻韵二等对 a 主要是知组和照二组声母，麻韵三等对 a 主要是章组声母，因为歌戈韵系不拼这些声母。

“缚、嚩”都对 va，《广韵》缚，符卧切，並母过韵一等，不变轻唇；嚩，不空对音中加小注“无可切”，切上字变轻唇，切下字读智韵，正好摹拟 va 的音。所以这两个字，都归智韵。

按照韵书韵图，戈韵开口三等有“迦伽”等字，但是多数情况下对音对不出 i 介音来，“迦”对 ka，“伽”对 ga。一般的解释是，梵文的 k、g 类音发音部位偏前，容易滋生出 i 介音来，故能用三等字对，但也有可能“伽”最初本来就是对［gɑ］之类的音，因为梵文的［g］只能用群母字对，而群母只拼三等韵，在汉语的音系中，就得理解成三等韵。梵语中 kya、gya 这样的音节很常见，麻开三又不拼见组，“果开三”这个韵母或许是在长期的梵汉对音实践中进入汉语的。

梵语音节 sva、tva 用戈韵一等“莎、埵”对，证明戈韵有合口介音 u。

梵语 ia 主要用麻韵三等字对。

2. 止摄

表 2－30 **止摄对音表**

梵藏文字母	i				ṛ	e	
切韵韵类	脂系	之系	支系	微	脂系	支系	微
S. 165	毗尼胝梨地利 i	你耻 i	弭 i		梨 ṛ	鞞曬 e	
S. 5914	鼻毗尼胝梨地唎 i	你耻 i			唎 ṛ	鞞曬 e	
S. 4941	鼻尼毗胝梨地利 i	你耻 i	弭 i		梨 ṛ	鞞曬 e	
北 7367	毗尸胝地唎 i	你耻 i	弭 i		唎 ṛ		未 e
S. 5249	毗胝地唎利 i	你耻 i	弭 i		唎 ṛ	鞞 e	
S. 2498	鼻尼毗胝地利唎 i	你耻 i	弭 i		唎 ṛ	鞞 e	
北 7337	毗地尼唎 i	哩你耻 i		微 i		灑 e	
北 7338	毗地尼唎 i	哩你耻 i	知 i	微 i		灑 e	

梵文 i、ī 在藏文本中经常混，而且，有时梵本本身也不甚一致，所以长短音的区别就略去了，相应地，汉字不再按声调区分，只列韵系。

对音能够证明支脂虽接近，但有别。

梵语 i 主要用脂韵系字对，脂韵系字对 i 出现最多，"毗鼻"都是重纽四等韵，"地"对 dhi、di，保留上古定母读音。

支韵系也能对 i，比如北 7338"知"对 ṭi。旨韵明母重纽四等无字，纸韵明母重纽四等字"弭"正好可以填空格对 mi，说明支脂接近。支韵系还对 e，但没见着脂韵系对 e 的。这能证明支脂有别。

但是脂之韵系的关系似乎更近。之韵系也能对 i。旨韵彻母字少且生僻，就用止韵的"耻"对 thi。按照《广韵》，止韵"你"字虽是三等韵，但用一等字"乃"作切上字似乎暗示着"你"字属泥母，所以对 ni 就首选"你"字了。S. 5249、2498、北 7367 中"你"字也对卷舌音ṇi。这都能证明之韵系与脂韵系主元音接近。

按照不空的对音习惯，ṛ经常用之韵系字，支、脂韵系没对过 ṛ，在止摄中，对 ṛ是之韵系特有的对音现象。可是敦煌诸本，都用脂韵系对，这说明脂韵使用的范围，盖过了之韵系，二者应该相当接近，或者混同。

微韵系只出现唇音字，是因为止摄其他韵系唇音字都不读轻唇，对 ve 这样的音节只能找微韵系字。微韵系是子类韵，有唇音和牙喉音，可是牙喉音字不参与对音，说明微韵系读音与止摄其他韵系差别稍远。

3. 遇摄、流摄

表 2-31　**遇流摄对音表**

梵藏文字母	o	u	u	o	(i) u
切韵韵类	模韵系	模韵系	侯尤系	虞韵系	虞韵系
S. 165	无蒲祖路	都蕴乌普部杜慕		输俱	瑜
S. 5914	谟步	乌普覩部	谋某	输	瑜
S. 4941	无蒲祖路	都蕴乌普覩杜部慕		输俱	瑜
北 7367	无路步	都蕴乌覩步	某	输珠俱	输瑜
S. 5249	谟祖布	蕴乌奴覩普部	某		喻
S. 2498	谟祖某路布	蕴乌奴普覩	某	输俱	喻
北 7337	无祖部路	乌都浦慕度诉		戍俱	戍庾
北 7338	无祖部路	乌都浦慕度诉		戍俱	戍庾

遇摄对 u、o，只出现模韵系、虞韵系，鱼韵系字没出现，说明鱼韵主元音与模虞两韵有一定差别。模虞两韵的差别在于介音，虞韵系是三等韵，有 i 介音，故“瑜、喻”对 yu，“输、戍”对 śu 或 śo，“珠”对 co，梵语辅音 c、ś是舌叶音，与元音之间容易滋生出 i 来，故能用三等韵字对。“俱”对 ko，是因为梵语方言辅音 k 的发音部位偏前，与元音之间容易滋生出 i 来。

模虞韵系既对 u 又对 o，对 u 的字数较多。刘广和先生说过，唐代长安音没有单独用 o 作韵母的阴声韵，只好拿模韵音近替代①。敦煌译咒的材料与这个观点不矛盾。

流摄唇音字已经混同遇摄，所以“某谋”也对 u。

4. 蟹摄

表 3-32　**蟹摄对音表**

梵藏文字母	e	i	e	e	ai	ai
切韵韵类	齐系	齐系	祭	佳系	齐系	至
S. 165	提丽醯帝	底	罽	矖		
S. 5914	提啼醯隶帝	底		灑		

① 刘广和：《音韵比较研究》，中国广播电视出版社 2002 年版，第 67 页。

续表

梵藏文字母	e	i	e	e	ai	ai
切韵韵类	齐系	齐系	祭	佳系	齐系	至
S. 4941	提醯丽帝	底	罽	曬	丽	
北 7367	提啼底醯帝	啼帝	世		提	唎
S. 5249	提醯底隶帝	帝底	世		弟	
S. 2498	提醯底隶帝	底	世		曬	
北 7337	陛帝嚟	羝帝		灑界	嚟	
北 7338	陛帝嚟	羝帝		灑界	嚟	

齐韵系字主要对梵文的元音 e，有的时候也对 ai。齐韵系不拼章组声母，对 śe 就得用三等祭韵“世”。齐韵系不拼庄组，对 ṣe 就得用二等蟹韵“灑”、卦韵“曬”。

佳祭韵系的几个字对 e，可能存在版本的差异。梵文 abhiṣeka，灌顶，复数第三格形式是 abhiṣekaiḥ，《大正藏》收的三个梵本都作 abhiṣaikai，北京版的藏文本作 abhi śekera。若依正梵文，“曬灑世”该对 ṣe，但若依《大正藏》的梵本，则对 ṣai。“罽界”依梵本，则对 kai，依藏文本，则可对 ke。

梵词 pada，单数第三格是 padaiḥ，S. 165 译成“波提移”，用以母支韵“移”对尾音 i，显示支韵与齐韵主元音有别。但是北 7367 译成“波提”、S. 5249 译成“跛弟”，“提、弟”都是齐韵系字，或许是有的本子作°de。

齐韵系对 i 多是端组字，那是音近替代，止摄普通不拼端组。

5. 阳声韵

表 2－33　　**阳声韵对音表**

梵藏文字母	in		am		oṃ	an			yan	aṅ	e			i
切韵韵类	臻	真系	谈	覃系		桓系	寒系	愿	仙系	登	清	耕	青	
S. 165	诜		三	南	唵	满$_{\text{上}}$漫$_{\text{去}}$	囃散 ān 闌珊 an		演	僧			冥	
S. 5914		哂	蓝三			漫$_{\text{去}}$	難散 ān		演	僧	名			
S. 4941	诜		三	南	唵	满$_{\text{上}}$漫$_{\text{去}}$	囃散 ān 闌珊 an		演	僧			冥	
北 7367		神	蓝	南	唵	漫$_{\text{去}}$	難散 ān 跚 an		演	僧	名			
S. 5249		神	蓝三	南	唵	漫$_{\text{去}}$	難散 ān 珊 an		演	僧			冥	
S. 2498		神	蓝三	南	唵	漫	難散 ān 珊 an		演	僧	名			
北 7337		申	嚂	南	唵	漫	散 an、ān	萬	延	僧		儚		寧铭
北 7338		申	嚂	南	唵	漫	散 an、ān	萬	延	僧		儚		寧铭

先说韵尾，梗摄耕、清、青韵对 e、i，说明韵尾发生了消变，这符合西北音的特点。臻山咸曾诸摄韵尾都保留。

再说介韵，三等仙或者韵系对 yan，真臻韵系对 in，说明三等韵有 i 介音。四等青韵对 e、i，说明四等韵或者有 i 介音，或主元音偏高。三等元音的“萬”对 van，已经变为轻唇，介音 i 被唇音声母吞掉了。

主元音方面，山咸摄主元音都对 a，咸摄一等覃韵系也对 oṃ，这个现象在菩提流志的对音中也出现过，这或许暗示着咸摄一等重韵主元音有差别。曾摄主元音也对 a，这是因为梵语的 a，实际读音近似［ɐ］，故而也能对曾摄。

6. 入声韵

表 2－34 入声韵对音表

梵藏文字母	ad		ar				at			aś	vas	yat	it
切韵韵类	曷	末	曷	末	薛	月	曷	末	薛	曷	薛	屑	屑
S. 165	遏怛	跋	萨	末跋钵	揭	伐蔢	萨怛	跋	揭			姪	
S. 5914		跋	萨	钵	揭		萨怛	跋	揭蘖蔢		说		
S. 4941	遏怛	跋	萨	末跋钵	揭	伐	萨怛	跋	揭			姪	
北 7367	萨怛	跋	萨	钵	揭		萨怛	跋	揭碣			姪	
S. 5249	怛	跋	萨	跋钵	揭		萨怛	跋	揭		说	姪	
S. 2498	怛	跋	萨	拨跋钵	揭		萨怛		揭蘖		说	姪	
北 7337	怛	跋	萨		蘖	伐袜	喇怛	拔	蘖噶蔢	喇		嗟	嗟
北 7338	怛	跋	萨		蘖	伐袜	喇怛	拔	蘖噶蔢	喇		嗟	嗟
梵藏文字母	ud	od	iṣ		ṛt	ud	od	ur	ag	at			
切韵韵类	没	没	质	栉	质	术	术	术	铎	铎			
S. 165	勃		失		嘌	秫		聿	薄				
S. 5914	勃			瑟	嘌	秫							
S. 4941	勃		失		嘌	秫		聿	薄				
北 7367	勃				嘌					薄			
S. 5249		勃		瑟	嘌	秫	秫		薄				
S. 2498				瑟	嘌	秫	秫		薄				
北 7337	勃		失		嘌								
北 7338	勃		失		嘌								

梵文的字符（akṣara）是以辅音为主体，如果和非 a 元音相拼，则另加元音符号。如果不止一个辅音相连，则用叠加的形式表示。读的时候，

每一个字符（akṣara）开头的音一定是辅音。比如 tadyathā，悉昙体写作𑖝𑖟𑖿𑖧𑖞𑖯，天城体写作तद्यथा，ta、dya、thā 各自写作单独的字符。但是对音时，不这么理解，S. 165 译作怛姪哋，怛对 tad，姪对 dyat，哋对 thā。所以分析入声字的对音有个习惯的做法，就是要把后一个梵文字符开头的辅音算在前一个音节内，当作韵尾。

梵文辅音 t、d、r、s、ṣ、ś发音部位比较接近，都是在舌音的范围内，用来对山臻摄的入声尾-t。“薄”字对 ag，可证明铎韵的-k 尾也是存在的。

可是有一些入声字的对音，紧跟在后的字符开头辅音或者是鼻音，或者是半元音，都不能和入声韵尾相对应，说明这些入声字对应的是以元音收尾的音节。如折 ca（vacana）、怛 da（vardaya）、萨 sa（samaya）、末 ma（samaya）、跋 bha（svabhāva、bhavatu）、姪 dhya（budhya）。铎韵字当收-k 尾，北 7367 薄对 vat（bhagavate）。这些都能反映出入声韵尾可能有消变。

（三）清浊对音混乱的现象

从前面罗列的声母对音材料可以看出，全浊声母主要对应梵文、藏文本中的浊辅音，次清声母对应送气的清辅音，全清声母对应不送气的清辅音，这些都符合常例。但是有一些清浊对音混乱的现象反复出现，值得关注。

首先看全清声母字，除了对不送气清音，有些字还对浊音，如跛 bha、va、布 bhu、bo、波 va、钵 va（以上帮纽），底 dhe、帝 dhe、di、d、羝 dhi、怛 da、d、哆 da、多 dā（以上端纽），佐 dza、左 dza、唧 dz、拶 dz（以上精纽），折 j（章纽），迦 ga（见纽），这些字已经占了出现的全清声母字的 50% 还多，只对清音的剩下 14 个：撥 par，都 tu、埵 tva、覩 tu、胝 ti，者 ca、珠 co，罽 kai、俱 ko、箇 ka kā、界 kai、咤 ṭā、吒 ṭa、知ṭi。

再看全浊声母字，有 8 个对清音：啼 t、te，杜 tu、提 te（以上定纽），驮 ṭa（澄），伽 ka、kā（群纽），神 ṣin、秫 śud、śod（船纽），跋 par（並纽）。其余 19 个对浊音：蒲 bo、bu、勃 bud、步 bo、菩 b、部 b，鞞 bhe、婆 bha、薄 bhag、毗 bhi、跋 bha（v）、鼻 bhi（以上並纽）。陁 dā、提（移）dai、地 di、姪 dya、嵯 di、dya（以上定纽），伽 ga、揭 gat、gar、碣 gat（以上群纽）。对清音的占 29.6%。

这个现象怎么理解？

拿汉语全清声母字对浊音，罗常培先生在《千字文》和《大乘中宗见解》等藏汉对音材料中就发现过，那些清声母字都是仄声。他推测，唐代西北音中，上声和去声大概是低调，如果那时藏文中用 b、d、j、dz、 g 作声母的字也是低调，那么由于声调的类似而出现这种记音现象①。可是在《天地八阳神咒经》《道安法师念佛赞》等文献中，也有平声的清声母字对藏文的浊音，高田时雄认为，除了罗先生的解释，大概藏文的浊声母也有清化现象。②

本书的材料中，对浊音的全清声母字，仄声的有 12 个，平声的有 4 个。

罗先生说西北音上声是低调，与梵汉对音证据正相反，刘广和先生研究不空音系，发现梵文的重音多用上声对，证明上声是个高调。不空对音音系与罗先生汉藏对音音系在声母、韵母方面有很多一致的地方，要说上声的调值恰恰相反，那得提出过硬的证据。罗先生当年的解释，需要重新检验。高田时雄先生认为藏文当时也发生了浊音清化，看来，分析这些材料也得考虑藏语浊音清化的可能，详细的说明见第四章第二节。

不过，汉语全浊声母也有 29.6% 对藏文的清音字母，从比例上看，已经不少了。需要探讨背后的原因。最容易想到的是汉语的浊音清化。我们把不同时代的对音资料放在一起对比，看看能否发现一些线索③。

比敦煌写经早大约 100 年的不空（705—774）用西北音译经及初唐玄奘用中原音译经和 14 世纪初元朝指空、沙罗巴对音中都出现清浊对音混乱的现象。咱们先作一比较。

不空译咒用汉语全清声母字对梵文浊音的有：哆 da、帝 dhe、顿 duṇ（以上端纽），磓 dham（知纽），娇 ge、骄 gau、矫 gau、戛 ger（以上见纽），祖 ju、咀 ju、济 je、昝 jaṃ、蘏 j、足 juṣ（以上精纽）、枳 ji（章纽），共有 15 个。但不空译咒中，全清塞音、塞擦音声母字有 147 个，对过浊音的只占 10.2%。

拿汉语全浊声母字对梵文不送气清音的有 5 个：篦 pe（並纽），悌 te（定），绽 ṭaṃ、擿 ṭek（以上澄纽），竞 kaṅ（群纽），只占全浊声母字总数的 5/94 = 5.3%。

不空的材料中，两类异常的对音现象比例太小，所以人们提出多种可能的解释，比如梵本不同，对音汉字有通假或传抄有误，读梵文时两个元

① 罗常培：《唐五代西北方音》，科学出版社 1961 年版，第 29 页。

② 高田时雄：《敦煌資料による中國語史の研究：九・十世紀の河西方言》，（东京）创文社 1988 年版，第 59 页。

③ 孙伯君《法藏敦煌 P. 3861 号文献的梵汉对音研究》（《语言研究》2008 年第 4 期第 17—24 页）也谈到了这个问题。

音中间可产生清音浊化的音变，当然也存在长安音浊音清化的可能①。

咱们看看时代稍早些的玄奘对音的情况，拿汉语全清声母字对梵文浊音的几乎没有，拿汉语全浊声母字对梵文不送气清音的有 8 个：健竭（群）、荼雉（澄）、毗揺跋薄（並纽），全浊声母字出现 124 个，对过清音的只占 6.5%。这种异常对音现象也可用上面提到的原因来解释。

再往后看，14 世纪初，元朝指空、沙罗巴对音，全浊声母已经清化，表现之一就是对音清浊大乱。塞音、塞擦音中，汉语清声母字对梵文的浊音、浊声母字对梵文的清音的占 58.9%②。

敦煌写本密咒材料中，清浊对音混乱的比例，高于不空、玄奘译经，低于指空、沙罗巴对音，符合汉语浊音清化逐步发展的过程。不过藏语浊音清化的因素也有重要影响。本章所讨论的咒语，是拿藏文字母转拼梵文的，藏文的单浊声母已经开始清化了，转拼梵文时，出现不少清浊混乱的现象，汉语再照着这样的本子来对译，清浊对音混乱的比例稍高也是可以理解的。

这么分析，可以从具体的对音数据找到线索。虽然从整体上看，元代指空、沙罗巴对音中清浊混乱的比例比敦煌写本密咒高得多，但是，具体到“佛顶尊胜陀罗尼”，敦煌写本密咒材料中发生清浊对音混乱的地方儿，指空本在许多地方没有跟着混乱，由此看来，敦煌写本中的清浊对音混乱，有的地方，可能不能简单地归因于汉语浊音清化。咱们先看拿汉字全浊塞音、塞擦音声母对清音的（下加横线的字）：

表 2－35　**全浊塞音、塞擦音对清音**

梵藏文本	不空	S. 165	S. 5914	S. 4941	北 7367	S. 5249	S. 2498	北 7338	北 7337	指空
bhavatu		薩婆杜	跋婆覩	婆杜	婆婆覩	婆覩	婆婆覩	摩摩都	摩摩都	跋缚杜
pari-	跛哩	钵梨	跋唎	钵梨	钵唎	钵利	钵利	波唎	波唎	缚哩
gati	孽底丁异反	揭底		揭底	揭啼	揭底	揭底	葜帝	葜帝	迦地
-catu	左輡引	者都	赞…	者覩	佐都	赞覩	赞覩	左度	左度	赞杜
trai-	怛嚩二合	啼沥		啼丽	啼唎		帝囇	帝唻	帝唻	怛哩
-ṭaya	咤二合引也	咤耶	咤耶	咤耶	驮耶	咤耶	咤耶	咤耶	咤耶	咤野

① 刘广和：《音韵比较研究》，中国广播电视出版社 2002 年版，第 6—8 页。

② 刘广和：《元朝指空、沙罗巴对音初释》，耿振生主编：《近代官话语音研究》，语文出版社 2007 年版，第 109—121 页。

续表

梵藏文本	不空	S. 165	S. 5914	S. 4941	北 7367	S. 5249	S. 2498	北 7338	北 7337	指空
saṃcodite	散祖引祢帝	珊祖地帝	□□地啼	珊祖地帝	跚珠啼提	珊祖帝底	珊祖地帝	散祖嵯帝	散祖嵯帝	僧祖地帝
varttaya	韈多也	跋怛耶	跛哆耶	跋怛耶	钵罗驮耶	跋驮耶	跋驮耶	伐驮夜引	伐驮夜引	日多野
kaya	迦上引也	迦耶	迦引耶	迦耶	迦耶	伽耶	伽耶	个引夜	个引夜	迦野
bhūta	步多	部多	部多	输驮	部□	部多	布咤	部驮	部驮	簿哆
satā		娑陁	娑驮	娑陁	萨多	悉驮	噁驮			
bhagavate	婆誐嚩帝	薄伽跋帝		薄伽…	□□跋啼	薄伽跋底	薄伽跋底	婆伽拔帝	婆伽拔帝	

12 条中，前 4 条是敦煌写本密咒和指空译的咒语都拿全浊汉字对梵文清音的，如梵文 bhavatu 中的 tu，S. 165、4941 和指空译本都拿定母字杜来对。

从第 5 条开始，敦煌写本密咒出现全浊汉字对梵文清音的情况，而指空本是拿清声母汉字对。比如表中第 5 条，梵本 trai 的首音 t-，S. 165、4941，北 7367 都用定母字啼对，指空用端母字怛对。这种情况有 6 例。

再看拿全清汉字对梵文浊音的（下加横线的字）。

表 2－36　　全清汉字对浊音

梵藏文本	不空	S. 165	S. 5914	S. 4941	北 7367	S. 5249	S. 2498	北 7338	北 7337	指空
mudri	亩捺嚟二合	慕怛丽	谋怛隶	慕怛丽	某迄唎	某帝隶	某帝唎	慕帝唎	慕帝唎	舞怛嚟
bhasa	婆娑	婆娑死		婆娑	婆莎	跛娑	跛婆	摩诃娑	摩诃娑	跛沙
bhāva	婆引嚩	婆婆	跋娑	婆婆	婆〃	婆婆	跛婆	婆婆	婆婆	跛缚
śuddhe	秫输律反第	秫提	秫提	秫提	输提	秫提	秫提	戍帝	戍帝	素谛
śuddhe	秫提	秫提	秫提	秫提	输底	秫提	秫提	戍帝	戍帝	叟谛
mudri	畆捺嚟二合		某啼隶			某帝隶	某帝隶	慕帝唎	慕帝唎	舞怛嚟
śuddhe	秫第	秫提		秫提	输提	秫提	秫提	戍帝	戍帝	叟谛
śuddhe	秫第	秫提	秫提	秫提	输提	秫提	秫提	戍帝	戍帝	叟谛
śuddhe	秫第	秫提		秫提	输底	秫提	秫提	戍帝	戍帝	叟谛
śuddhe	秫第	秫提	秫提	秫提	输底	秫提	秫提	戍帝	戍帝	叟谛
śuddhe	秫第	秫提	秫提	秫提	输底	秫提	秫提	戍帝	戍帝	叟谛
śuddhe	秫第	秫提	秫驮	秫提	输提	秫提	秫提	戍帝	戍帝	叟谛
śuddhe	秫提	秫提		秫提	输啼	秫提	秫提	戍帝	戍帝	素谛
vibodhaya		毗蒲陁耶	毗步驮	毗蒲陁耶	毗步驮耶	毗布□□	毗布驮耶	毗部驮夜	毗部驮夜	毘普陀也
vibodhaya		毗蒲陁耶	毗步驮耶		毗步驮耶	毗布驮耶	毗布驮耶	毗部驮	毗部驮	毘普陀也
śuddhe		秫提	秫提	秫提	輸提	秫提薩	秫提	戍帝	戍帝	叟癡

续表

梵藏文本	不空	S. 165	S. 5914	S. 4941	北 7367	S. 5249	S. 2498	北 7338	北 7337	指空
vara	嚩啰	伐啰		伐啰	跋罗	跛啰	跛啰	袜啰	袜啰	瓦啰
vacana	嚩左曩	跋折那	跛左耶	跋折那	跋佐耶	跋佐那	跛佐那	袜椤那	袜椤那	嚩左曩
avaraṇi	嚩啰拏	阿嚩拏	…波啰拏	阿嚩拏	阿婆罗那	阿波啰拏	阿钵啰拏	嚩啰那	嚩啰那	阿卧啰那
vajra	嚩日啰二合	跋拔梨	跛唧□	跋拔梨	跋唧唎	跛唧唎	跋唧唎	跋左罗	跋左罗	缚日𠼝
vijaya	尾惹也	毗佐耶	毗左耶	毗佐耶	毗佐耶	毗佐耶	毗佐耶	毗磋夜	毗磋夜	毘惹野
jaya	惹也	佐耶	左耶	佐耶	佐耶	佐耶	左耶	磋耶	磋耶	惹野
vijaya	尾惹也	毗佐野	毗左耶	毗佐野	毗佐野	毗佐耶	毗左耶	微磋耶	微磋耶	毘惹野
vajri	嚩日𠼝二合	跋扶梨	跛唧唎	跋扶①梨	跋唧唎	趺唧唎	跋唧唎		跋拶𠼝	缚日𠼝
vajra	嚩日啰二合	跋扶罗	跋唧唎	跋扶啰	跋唧唎	跋唧唎	跋折啰	跋拶啰	跋拶啰	缚日啰
vajrāṃ	嚩日囕二合	跋扶蓝	跋唧蓝	跋扶蓝	跋唧蓝	跋唧蓝	跋唧啾蓝	跋拶嚂	跋拶嚂	缚日凌
bhagavate	婆誐嚩帝	薄迦跋帝	薄……		□伽薄底	薄伽跋底	薄伽跋底	婆伽婆帝	婆伽婆帝	跛伽缚地
dhāraṇi	驮引啰抳	哋啰尼	陁罗尼	哋啰尼	陁啰你	陁啰你	陁啰尼	馱啰宁	馱啰宁	陀啰抳
bodhaya	冒引驮也	蒲陁耶		蒲陁耶	步驮耶	勃他耶	某驮耶			普陀也
bodhaya	冒引驮也	蒲陁耶			步驮耶	勃他耶	某驮耶			普陀也
bhūta	步多	部多	部多	部多	输驮	部□	布咤	部驮	部驮	簿哆
śuddhe	秫第	秫提	秫提	秫提	输提	秫提	秫提	戍帝	戍帝	叟陀
saṃcodite	散祖引祢帝	珊祖地帝	□□地啼	珊祖地帝	跚珠啼提	珊祖帝底	珊祖地帝	散祖㭨帝	散祖㭨帝	僧祖地帝
śuddhe		秫提		秫提	输底	秫提				
adhisṣthite								瓶瑟耻帝	瓶瑟耻帝	

上表共 35 例，其中 16 例是敦煌写本密咒和指空本密咒都用清声母汉字对梵文浊音，如第 1 例，S. 165、5914、4941 用端母字“怛”，S. 5249、2498、北 7337、7338 用端母字“帝”对梵文 d，指空本亦用端母字“怛”对 d。

另外 17 例是敦煌写本密咒出现了用全清汉字对梵文浊音的情况，而指空本不这么对，其中有 8 例能够从语音演变和对音方式上解释。

S. 5914、5249、2498 用帮母字“跛波钵”对 va，说明梵本的 va 在此读作 ba。元代用疑母字合口字“瓦、卧”来对，说明指空用的本子读 va 而不读 ba。而且疑母读为零声母，合口字以 w-开头，所以可以近似地转写 va 这样的音。

梵文 ja、ji 之类音，敦煌写本密咒拿精纽字“左佐磋唧拶”等对 ja、

① 这份卷子中的这个字似乎左边加口旁。

j-，元代指空对音拿日纽字对 ja、j-，这应该是不同的方言区或译经传统，日母的念法不同。

还剩下 9 例，敦煌写本拿清声母汉字对浊音，而指空本相同的地方还是用浊声母汉字。

综上所述，47 例中，有 15 例是敦煌写本清浊对音混乱而指空本不混。从表面上看，似乎敦煌写本密咒浊音清化的程度比元代指空对音本还厉害，可是罗常培、高田时雄等先生唐五代的汉藏对音研究表明，汉语全浊塞音塞擦音用藏文清辅音字符来转写的是很少的，这说明敦煌写本密咒清浊对音混乱可能另有他因。汉文本所译的咒语是用藏文字母从梵本转拼而来的，而藏语当时正经历着浊音清化，兴许还有抄手水平参差不齐，辗转传译，才造成了如此多的清浊对音混乱现象。不能简单地据此判断当时汉语全浊塞音、塞擦音也清化。

所以，大体上看，晚唐五代敦煌地区汉语全浊塞音、塞擦音声母还是保留的。不过全浊的擦音已经清化了，罗常培先生《唐五代西北方音》已经说过这层意思了。

（四）和不空对音所代表的 8 世纪长安音有差别

不空对音有如下现象：

並纽字 31 个对 bh，对过 b 的只有 6 个，明纽字 44 个对 m，其中对过 b 的有 14 个；

澄纽字 5 个对 ḍh，1 个对 ḍ，娘纽字 10 个对ṇ，其中有 4 个也对 ḍ；

定纽字 26 个对 dh，4 个对 d，泥纽字 28 个对 n，其中 15 个对过 d，8 个对过 d 或 ḍ；

群纽字 8 个对 gh，7 个对 g，疑纽字 28 个对 g，其中 2 个对 gh。

全浊声母並澄定群对送气音浊塞音的有 70 个，对不送气浊塞音的 18 个；次浊声母明娘泥疑，对鼻音的有 110 个，对同部位浊塞音的有 43 个。正是基于这些统计数字，人们总结出，不空对音，全浊声母字对送气浊塞音，次浊声母字对不送气浊塞音和同部位的鼻音的特点。

不空对音，宕摄 11 字对-ṅ尾，6 字对-n 尾，6 字对以元音收尾的音节；梗摄 2 字对-n 尾，13 字对以元音收尾的音节。从韵母上看，宕梗两摄阳声韵尾消变。不空对音代表了 8 世纪的长安音。[①]

① 以上数据来自刘广和先生《音韵比较研究》。

敦煌汉文本对音特点和不空本既有相似点，又有不同。

並纽字“鞞婆薄毗跛鼻陛部”8个对bh，“蒲勃步菩部”5个对b。

明纽字“摩末漫满冥无嚰慕弭磨麻名谟蜜某谋铭”17个对m，其中，“谋某慕”3个对b，“摩”1个对bh。

定纽字“驮陁提地姪啼弟嵯”8个对d，其中“陁驮提地啼姪”6个对过dh。

泥纽字“拏那南囊你尼难娜哪儜寧”11个对n，其中“尼拏你那”4个对ṇ。

群纽字“伽揭碣”3个对g，疑纽字“蘗嵑”2个对g。

全浊声母並定群对过送气音浊塞音的有19个，对过不送气浊塞音的13个；次浊声母明娘泥疑，对过鼻音的有32个，对过同部位浊塞音的有6个。

和不空对音相比，敦煌汉文本全浊声母对不送气浊塞音的比例高，次浊声母对同部位浊塞音的比例低。原因就在于，不空拿次浊声母字对音的地方，敦煌汉文本有一些改用全浊声母字对了。

为了更清楚地说明这一点，这里列表比较。专门挑选不空拿次浊声母字对音的例子，看敦煌汉文本怎么对，并列出宋、辽、西夏、元代译本作为参考。从纵向看，表中第一部分是梵藏文本，第二部分是本书讨论的几份敦煌汉文写本，前面已经介绍过。第三部分是题名为不空译的本子，包括《佛顶尊胜陀罗尼念诵仪轨法》（《大正藏》No. 972，丽本）和《佛顶尊胜陀罗尼注义》（《大正藏》No. 974D，据日本续藏经收。尾题“宝永二年乙酉冬十二月二日，以如来藏本书写竟　兜率谷鸡头院阇梨严觉　享保三岁戊戌九月令得忍写校正了　慈泉　文政六年癸未六月以东叡山真如院本令他写自校之了　龙肝”），另外还有P. 4501《一切如来尊胜佛顶陁罗尼加句灵验本》、北7371《佛顶尊胜陀罗尼》两份敦煌写本。第四部分是宋辽译本，包括宋代法天《最胜佛顶陀罗尼经》（《大正藏》No. 974A丽本）、《佛说一切如来乌瑟腻沙最胜总持经》（《大正藏》No. 978，丽本）的两个本子，以及契丹慈贤译《佛顶尊胜陀罗尼》（《中华大藏经》第68册460页，房山云居寺石经本）的本子。第五部分是元代译本，即指空《于瑟抳沙毘左野陀啰尼》（《大正藏》No. 979据东熙三十七年刊真言集东京帝国大学梵文研究室藏本）译本。第六部分是西夏译本，即宝源《圣相顶尊总持功能依经录》（俄TK164，见《俄藏黑水文献》第四卷）。这个表见附录二。

题名为不空译本和法天译本的都不止一个，各版本之间只有细微的差别，在统计时取一个更符合不空对音特点的本子。比如第 3 条，不空本 No. 972 “勃驮引耶”，No. 974D、P. 4501、北 7371 “勃” 作 “没”，统计时就选 “没” 不选 “勃”；第 26 条，No. 972、No. 974D、P. 4501 没有这句咒，北 7371 本有，则依北 7371。根据上面说的原则，不空本拿次浊声母字对不送气浊塞音的有 40 个字，法天本有 43 个字，法天本的比不空本的多，是因为他对的本子增加一些句子。各版本拿次浊声母字对不送气浊塞音的情况如下表所示：

表 2－37　**次浊声母字对不送气浊塞音概况表**

不空	敦煌汉文本								法天	慈贤	指空	宝源
	S. 165	S. 5914	S. 4941	北 7367	S. 5249	S. 2498	北 7337	北 7338				
40	0	1	0	1	5	6	11	11	43	40	7	22

敦煌汉文本中，用次浊声母字对不送气浊塞音的情况明显比不空本少，北 7337、7338 是最多的，才 11 个，最少的是 S. 165、4941，一个也没有。比如 bhagavate，不空本译作 “婆誐嚩帝”，拿疑母字 “誐” 对 ga，八个敦煌汉文本都用塞音声母字 “伽、迦” 对 ga。gata，不空本译作 “誐哆”，北 7337、7338 “蘖哆”，用疑母字对 gat，其他本子用塞音声母字 “揭、伽” 译。

有意思的是，元代指空本用次浊声母字对梵文不送气浊塞音的才 7 个，与敦煌汉文本的比例差不多，不过反映的语音事实却迥异。指空本这 7 个次浊声母字全是日母字，比如 “惹野” 对 jaya，其他字次浊声母不再对梵文不送气浊音了。保留日母字对 j 的对音习惯，说明日母还有较重的擦音或塞擦音成分。

另外，西夏宝源译本在用字上往往有独特的地方，比如用影母字遏对 ga[①]，这就减少了拿次浊声母字对不送气浊音的比例。

不空对音，宕梗两摄阳声韵尾有消变，特征就是宕梗两摄阳声韵字能对以元音收尾或前鼻音-n 收尾的音。把不空译本反映这个特点的例子挑出来，看看敦煌汉文本怎么对。详细情况见附录二。下表是统计结果：

---

① 孙伯君：《西夏新译佛经的梵汉对音研究》，中国社会科学出版社 2010 年版。

表 2-38　　宕梗摄阳声韵字对音表

不空	敦煌汉文本								法天	慈贤	指空	宝源
	S. 165	S. 5914	S. 4941	北 7367	S. 5249	S. 2498	北 7337	北 7338				
9	1	1	1	1	1	1	3	3	11	11	2	1

敦煌汉文本中，北 7337、7338 各有 3 例是拿宕梗摄阳声韵字对以元音收尾的音的，其他本子各有 1 例，这是体现不空西北音特色的地方，比如清青韵系“名冥宁铭”对 e、i，但不空拿阳声韵“曩”对 na，敦煌本拿阴声韵“那娜”对。宝源译本其实有很多阳声韵尾消变的例子，比如“熟寧”对śūddhe，但是多数和不空本不重合，所以表上只出现一例。指空本除了表上的两例外，还有拿“望”对 man，拿“曩”对 nam，也是反映韵尾消变的。

敦煌汉文本既能反映出不空音系的对音特点，又与之有明显的差异，这种现象怎么理解？第一，不空是在长安译经，反映长安音，而敦煌地区的方音与长安音不完全一致，高田时雄先生总结的河西方音特点就与不空长安音有差异。第二，不空是 8 世纪中期在长安译经，有正规的译场，译出佛经，呈献给官方。这在文献中有记载。不空曾上表奏请重译《仁王经》，“仍请僧怀感、飞锡、子翱、建宗、归性、义嵩、道液、良贲、潜真、慧灵、法崇、超悟、慧静、圆寂、道林等，于内道场所翻译”。[①] 御史中丞杜冕资助不空译经，他在奏章中写道：“佥量京城义学大德七人，同参会翻译，各写二十一本。”[②] 敦煌写本多数没明确记录译者是谁、籍贯在哪、何时翻译、在何处译经。敦煌汉文本有的书写极其草率，有抄错了再划掉的句子、有抄反了用换位符更改的，有的出现了错字，字体不工整，因而敦煌译经音系的性质似乎不像不空音系这么单纯。就《佛顶尊胜陀罗尼》而言，敦煌文献中有百余份，大多数是抄录佛陀波利体现中原音对音规律的译本，能够体现不空西北音特征的译本并不多见，而且内部也不尽一致，北 7337、7338 体现不空对音特点的地方明显一些，其他六个本子大多数地方符合中原音对音规律。另外，北

① 《大正藏》史传部类 No. 2120《代宗朝赠司空大辨正广智三藏和上表制集》卷一《请再译仁王经》。

② 《大正藏》史传部类 No. 2120《代宗朝赠司空大辨正广智三藏和上表制集》卷一《杜冕中丞请回封入翻译经院》。

7684虽然也体现不空对音特点，但是u、o对音严格区分，o绝对不用遇摄字对，而用效摄字，这与其他的本子不太一致，所以就没放在一起说。总之，敦煌材料的性质比较复杂，正确认识这些材料所反映语音现象的性质需要进一步细致深入的研究。

第七节　唐代西北方音中的于母字①

根据王力先生《汉语语音史》，汉语于母字上古归匣母，一直到隋—中唐时期还和匣母合在一起；晚唐五代时期于母和以母合流，形成喻母。近年来，有学者指出，《切韵》音系中，于母是独立的，可构拟为/w/，后来一些于母字变为开口，是因为主元音或韵尾的唇音性对声母产生逆异化的作用②。然而，从一些对音材料和反切材料来看，于母在唐代西北音中已经按照开合口发生分化。

一　梵汉对音

从后汉三国开始，直到隋代，于母字都和匣母合口字一起对梵文以v开头的音节。请看下面的材料：

表2-39　**后汉至隋梵文v的对音**

时代	于母字	匣母合口字	对音
后汉三国③	于越域云洹曰卫为韦围	和惒桓亘会扈还	v
西晋④	为卫围韦于域曰越云芸	和惒洹桓会	v
东晋⑤	韦卫于域曰越云芸	和惒洹桓会	v
后秦⑥	韦违卫于域越洹	和桓	v
周隋⑦	玮于	活户	v

① 本节内容发表于《古汉语研究》2015年第3期，第67—72页。

② 黄笑山：《切韵于母独立试释》，《古汉语研究》1997年第3期，第7—13页。

③ 俞敏：《俞敏语言学论文集》，商务印书馆1999年版，第15—16页。

④ 刘广和：《音韵比较研究》，中国广播电视出版社2002年版，第187页。

⑤ 同上书，第154页。

⑥ 施向东：《鸠摩罗什译经与后秦长安音》，《芝兰集》编委会编《芝兰集》，人民教育出版社1999年版，第203—217页。

⑦ 尉迟治平：《周隋长安方音初探》，《语言研究》1982年第2期，第23—24页。

另外，南朝僧伽婆罗译咒中，于母和匣母合口字没出现，对 v 的只有並母字婆，或许跟僧伽婆罗念 v 为 b 有关[①]。有的先生认为北朝于母对 v、y[②]，那是因为把对 y 的炎字归为喻三。炎字本有喻三、喻四两读，如果把炎字归为喻四，那么喻母三等字“于韦卫云域洹曰越”还是只对 v。

到了唐代，从玄奘、不空对音开始，情况发生了变化，梵文以 v 开头的音节一般不再用匣母字和于母合口字对，改用奉、微母字对；以母对 y 清清楚楚，而于母字几乎不再出现了。梵汉对音研究中，唐代于母字的拟音非常模糊。有的先生把于母写在以母［j］的下面，拟音存疑[③]；有的先生把于母拟为［ɣ］，和浊音奉微［v］列在一栏，外加括号表示推测，依然难以确定[④]。

二 汉藏对音

汉藏对音为这个问题的解决提供了清晰的线索。罗常培先生指出，于母按照开合出现分化，开口字和以母一起对 j，合口字对 'w，有少数几个以母字也对 'w。[⑤] 罗先生只在声母表中给出结论，并未展开论述。当时主要以《千字文》《大乘中宗见解》《金刚经》和《阿弥陀经》为研究材料，其中出现的于母字不太多，而且对音情况较为复杂，所以这个结论未引起大家的注意。后来又有一些敦煌吐蕃汉藏对音材料公开发表，周季文、谢后芳先生集中收录整理，编著《敦煌吐蕃汉藏对音字汇》，王新华先生据此完成了博士论文《唐五代敦煌语音研究》，他的结论是，“部分于母字保留了舌根擦音的读音，这部分字出现在合口。而另外一部分于母字则失去声母，读为零声母，这包括部分合口字和开口字的全部”。[⑥] 王著中，合口于母字读零声母的例证是指如“荣”对 weng 之类的现象，其实这是不妥的。王先生是完全依照周季文先生的

① 刘广和：《南朝梁语声母系统初探》，中国音韵学研究会、石家庄师范专科学校编：《音韵论丛》，齐鲁书社 2004 年版，第 229 页。

② 施向东：《北朝译经反映的北方共同汉语音系》，中国音韵学研究会、石家庄师范专科学校编：《音韵论丛》，齐鲁书社 2004 年版，第 235 页。

③ 施向东：《音史寻幽——施向东自选集》，南开大学出版社 2009 年版，第 32 页。

④ 刘广和：《音韵比较研究》，中国广播电视出版社 2002 年版，第 48 页。

⑤ 罗常培：《唐五代西北方音》，科学出版社 1961 年版，第 16 页。

⑥ 王新华：《唐五代敦煌语音研究》，博士学位论文，山东大学，2008 年。

转写来研究的，把周先生转写成 w 的音，理解为现代藏语通音［w］，因而导致了于母合口拟音的混乱。

汉藏对音材料当中，于母的对音相当齐整，合口字绝大多数对应藏语以འ（此处转成 ɦ）为基字的音节，开口字对应以ཡ［j］、ཨ［ʔ］为基字的音节，而藏语以འ为基字的音节绝大多数对应汉语的于母合口字。为了清楚地说明这一点，我们还是用统计数字说话。先分析藏文以འ为基字的音节主要对应汉语的什么声母。材料来源依然是周季文、谢后芳先生的研究。请看下表。

表 2－40　　**藏文以འ为基字的音节的对音**

	以	明	影	于	匣$_{合口}$
ɦi	1	1			
ɦu	2		1	9	
ɦun			1	2	
ɦo					1
ɦoŋ		1			
总计	3	2	2	11	1

表中左侧是藏语以འ为基字的音节，首行是对音汉字的声母，表心的数据是该声母对音汉字的个数。

和 ɦo 对应的匣母合口字指的“户”，一等字。隋唐时期，匣母是浊舌根音［ɣ］，在汉藏对音材料中，有的转成以 h 开头的音节，说明已经清化，有的加了前加字འ，表明或许还残存浊音。从这个角度讲，ɦo 对匣母字“户”是顺理成章的。上古时期，于母本来就归匣母。如果忽略“等”的不同，“户”也可当作于母对待。这样看来，藏文以འ为基字的音节对应汉语于母字有 12 个，对应其他声母的字每类只有 2—3 个①，于母对音的优势非常明显。

再分析汉语于母字主要用什么藏文音来对。具体数据见表 2－41。

① 汉藏对音中，以母字对ཡ［j］，明母字对 མ［m］、བ［b］和འབ་b，影母字对ཨ［ʔ］，这种对音是大量的。与此相比，对འ的 2—3 次，实在只能是例外。

表 2 - 41

敦煌藏汉对音材料于母字对音表

		一	二					三									四		五				六
		ɦu-	ɦwa-	ɦwu-	ɦwin	ɦwe-	' ɦwaŋ	ju	jeɦu	jiɦu	jïɦu	jwan	jar	jwar	' ju	' jwan	ʔiɦu	ʔeɦu	'gwan	'gwar	hun	ŋo	' bwaŋ
合口	王		35																			1	
	往						1																1
	韦			1																			
	为	92						5							5								
	围	1																					
	违	3		1																			
	炜					1																	
	纬	1																					
	位	1																					
	谓	1						1							2								
	卫					1																	
	永	1				4																	
	雨	1																					
	禹							1															
	垣																						
	员																						
	圆															1							
	辕																		1				
	远		3									1											
	曰		2										1	6						2			
	云	31																			1		
	运	2			1																		
开口	友																1						
	有									51							35	13					
	又									1	2						3	1					
	右							1	2														
合计		134	50					80									53		5				1

左侧一栏是汉语的于母字，首行是藏语的对音形式，表心的数据是于母字藏文对音形式出现的次数。如“为”字用 ɦu 转写，出现了 92 次，表中相应位置写“92”。本书主要探讨汉语声母和藏语开头辅音的关系，和韵尾部分关系不大，为了表格简约易读，把藏文开头辅音、介音和主要元音相同的词形合并在一栏中。比如“云”和“运”都转写成 ɦun，在表中都列在 ɦu-列之下，和“为”有相同的开头辅音。汉语于母字按开合口不同，分开统计，表中上方列合口字，下方列开口字。

表中的第一纵栏是以འ为基字主要元音 u 的藏语音节，全部对应汉语中的于母合口字，共 134 次；第二纵栏是藏语带有འྦ的音节，主要元音是 a、i、e、u 等，全都对应汉语的于母合口字，共有 50 次；第三纵栏是藏语以ཡ［j］为基字的音节，一共对音 80 次，其中对于母开口 57 次，合口字 23 次；第四纵栏是藏语以ཨ［ʔ］为基字的音节，一共对音 53 次，全部是于母开口字。

王新华先生遇到的问题是，表中第二纵栏中，于母合口字“王往远曰”等还对应藏文的“w”。其实这是个书写的问题。这些字在敦煌吐蕃文献中为含འྦ的音节，其转写各家有分歧。《千字文》第 26 行第 6 字“远”字下的藏文记音是འྦན，罗常培先生转写为 'wan，把左侧上部读作基字འ，用'表示。①《唐蕃会盟碑》南面第 12 行和“王”字相对的藏文，王尧先生、李方桂先生转成 vwang，用 v 转写基字འ。② 王青山先生认为འྦ是འ与བ的合体，可能就是ཝ的前身。③ 这些地方高田时雄分别转写为 wan 和 wang，在该书凡例中他把字母 wa 排列在 tsa、tsha、dza 之后，是把འྦ当作字母ཝ。④ 周季文书中的ཝ是依照高田时雄的拉丁转写恢复出来的。瞿霭堂先生说过，真正的藏文字母ཝ直到 14 世纪才出现。⑤ 所以敦煌卷子当中的འྦ即使是转写成 wa 也不能认为就表示通音［w］。

高田先生的处理固然有一定的道理。请看 P. t. 1228《南天竺国菩提达磨

---

① 罗常培：《唐五代西北方音》，科学出版社 1961 年版，第 25 页。

② 王尧：《吐蕃金石录》，文物出版社 1982 年版，第 23 页。Fang Kui Li and W. South Coblin, *A study of the Old Tibetan Inscriptions*, Taipei：ROC（台湾“中央研究院”历史语言研究所专刊第 91 号），1987，p. 66。

③ 王青山：《古藏文札记》，《青海民族学院学报》1982 年第 1 期，第 50 页。

④ ［日］高田时雄：《敦煌資料による中國語史の研究——九・十世紀河西の方言》，（东京）创文社 1988 年版。

⑤ 瞿霭堂：《〈音势论〉和藏文创制的原理》，《民族语文》2011 年第 5 期，第 20 页。

禅师观门》第29行第4字འཝང，对应汉字“往”，在ཝང之前，又加了འ。འ只能看作前加字（此处转为'），那么འཝ就成了基字，转成后来的字母ཝ。但是这么转写，掩盖了འཝ和基字འ的密切关系。从对音情况来看，以འ为基字的音节对应于母合口字，而含有འཝ的藏文音节，也大量对应汉语于母合口字，表中出现了50次之多，这二者之间有一致的关系，这说明上部的འ其实就是字母འ。实际上，《天地八阳神咒经》中的འ就是这么写的，比如第8行第24个字符འུ是汉字“围”的记音，转写为ɦu应该没什么问题；同一行第16个字符འཝང是汉字“王”的记音，左侧上部和第24个字符几乎相同，应该就是འ。下方的部分应该是ཝ或其变体，表示汉语的合口音色。至于藏文字符འཝ前又加འ的形式，主要出现在P. t. 1228中，或许还能从其他角度解释，此处不详述。

从藏文字母的拼写原理上看，转写主要元音是u的于母合口字时，用ɦu-就足够了，藏语元音符号u可以身兼两职，既表合口成分也表u元音；但是转写主要元音是a、e、i等的于母合口字时，由于这些元音都是开口的，藏语元音符号不能身兼两职，同时表示合口介音了，必须有一个符号表示汉语的合口成分，把ཝ或其变体写在འ下面，就出现了འཝ的形式。

如果把འཝ读为ɦw-，那么表中第一二两大栏可合在一起算，于母合口字对ɦu-和ɦwa-什么的一共有184次，而于母合口字对以ཡ［j］为基字的音节只有23次。值得注意的是，在这23次中，还有8次是基字前头有前加字འ（此处转为'），表明其读音与单纯的ju、jwan等不同。除去这8次，于母合口字对以ཡ［j］为基字的音节只剩下15次，二者的比例太悬殊了。这足以证明于母合口和开口的分化是相当明显的。

于母合口晚唐五代西北音还保留一定的舌根音成分。藏文字母འ作为基字用时念［ɦ］有比较充分的证据，在现代卫藏方言中还发［ɦ］音，从藏文字母表的排列次序来看，它排在第六组ཞ［ʑ］ཟ［z］འ［ɦ］ཡ［j］中，这一组都是浊擦音。[①] 另外，从附表第五纵栏看，于母合口字偶尔还对以ga、ŋa、ha为基字的藏文音节，一共有5次。这些都是于母合口有舌根音成分的线索。从来源上看，于母是从匣母分化而来的，于母合口是［ɣjw］，合口字中的u音色舌位靠后，接近舌根，大概因此阻碍了舌根擦音的脱落。由此可见，晚唐五代时期的西北音，汉语的于母合口字应该保留舌根浊擦音成分。

---

① 瞿霭堂：《藏文的语言文字学基础》，《中国语言学》第三辑，北京大学出版社2009年版，第63页。

于母开口已经失去开头的浊音［ɣ］，读为零声母，和以母合并。汉藏对音材料中，于母开口字出现了“友有又右”四个，共对音 110 次，几乎没对过以འ［ɦ］为基字的音节，全都对以ཡ［j］和ཨ［ʔ］为基字的音节。对音情况如下：“友”对“ʔiɦu”1 次；“有”对“jiɦu”51 次，对“ʔiɦu”35 次，对“ʔeɦu”13 次；“又”对“jiɦu”1 次，对“jïɦu”2 次，对“ʔiɦu”3 次，对“ʔeɦu”1 次；“右”对“ju”1 次，对“jeɦu”2 次。于母开口和以母具有相同的对音形式，说明二者已经合流。

于母合口晚唐五代尚保留舌根浊擦音，那么在初、中唐时期，恐怕仍然是这样。玄奘和不空的对音，匣母全部和晓母合并，说明匣母已经清化，读为［h］；而奉母、微母此时从双唇音中分化出来，变为浊的唇齿音，对梵文的 v；以母对梵文的 y［j］；于母字不再出现，是因为于母的合口当时还保留着［ɣw-］的念法，自然不能和匣母奉微一起对音。

三　慧琳注音

汉藏对音的结果可以和慧琳音义相互印证。唐代慧琳音义中，于母字开口切开口，合口切合口，分用清清楚楚。

首先要注意两个问题，一是区分《慧琳音义》中哪些是玄应的音，哪些是慧琳的音，二是慧琳自作的音义和转录音义要分开看待。徐时仪先生说过，只根据《慧琳音义》的标题来判断哪些是慧琳的，哪些是玄应的是非常困难的，必须再从内容上进行研究[①]。他比较诸本，详加校勘，做了区分，研究成果收在他的著作《一切经音义三种校本合刊》中，我们就依此来判定。《慧琳音义》中有一部分是转录玄应、释云公、惠苑等人的。黄淬伯先生“仅取慧琳注经徵用之反切而考索之，玄应诸家之反切，别有所据，故不采用”。[②] 后来人们认识到《慧琳音义》中所录的玄应音义与玄应原书多有不同，丁锋先生认为慧琳对玄应音义的改订，体现了两位作者的语言差异：“研究慧琳书对玄应音义的改订问题，不仅对有唐一代佛典音义的发展演进史有认识价值，而且能深入了解两位音义大师的学术风格，更重要的是能从两部音义书的内容差异上，窥见两个时代以

---

① 这是徐时仪先生引用水谷真成《慧琳音义杂考》中的话，见徐时仪《一切经音义三种校本合刊》，上海古籍出版社 2008 年版，《绪论》第 145 页。

② 黄淬伯：《慧琳一切经音义反切考》，中华书局 2010 年版，第 12 页。

及两位作者的语言差异。”① 然而就于母字而言，《慧琳音义》中所转录的诸家音义与慧琳自作之音义反映出不同的语音特点，因此本书仍旧将二者分开处理。

黄淬伯先生于母实系联为三组：1. 韦违苇伟爰越为于盂宇禹瑀运云篔殒陨晕；2. 尤疣右囿；3. 荣。② 其中第 1 组全是合口字，与开口字不相系联；第 2 组全是开口字，与合口字不相系联。金雪莱博士的学位论文《慧琳〈一切经音义〉语音研究》重新系联了慧琳的反切，她大概吸收了丁锋先生的意见，把《慧琳音义》中转录的诸家音义也算为慧琳的东西③，因此，和于母字系联的字比黄著多出不少，而且开合口是系联在一起的。金雪莱把和于母系联的被切字或被音字都列了出来，我们据此检索《一切经音义三种校本合刊》，逐条核对。

依照《切韵》音系，被音字“焉疣肬邮友尤宥佑囿鸮炎爗喋晔”都是开口字，标明慧琳自作的反切中，全部用于母开口切上字，或者用于母开口字注音，请看以下证据：

表 2－42 **于母开口字的注音**

被音字	注音	被音字	注音
焉	矣虔 1	疣肬	有忧 2 有求 5 音尤 6 右忧 1 有休 1 尤救 1
邮	有求 4 又牛 1 音尤 1	佑	尤救 3
囿	尤救 5 音右 1	鸮	尤骄 1
炎	读与艳同	喋	炎輙 1
晔	炎劫 3 炎辄 2	爗	炎劫 1

焉，矣虔反，出现 1 次，用“矣虔 1”表示。囿，音右 1 次，用“音右 1”表示。

① 丁锋：《如斯斋汉语史丛稿》，贵州大学出版社 2010 年版，第 2 页。

② 黄淬伯：《慧琳一切经音义反切考》，中华书局 2010 年版，第 26 页。

③ 金雪莱：《慧琳〈一切经音义〉语音研究》，博士学位论文，浙江大学，2005 年。在《选取范围和研究方法》一节中金雪莱说：“本文主要研究的慧琳的反切，因此暂不考察梵语音译、真言和借音字以及玄应等人的音义，仅对慧琳汉字反切和直音作一个详细的记录和研究。”（第 5 页）但经过逐条核对，确实混有玄应、释云公等人的注音材料。参考文献中，列有丁锋《慧琳一切经音义改良玄应反切考》，或许她认为玄应、释云公等人的注音材料是经过慧琳改良的，反映了慧琳的语音特点。

切上字和直音字有：矣有右尤炎艳，分别为之、尤和盐韵系开口字。

《慧琳音义》中于母开口字确实有用合口切上字的，但都出现在转录他人的注音中：

卷五六《佛本行集经》卷十二“死肬，于鸠反”，玄应撰。

卷二五《大般涅盘经音义》卷五“疮疣，于鸠反”，释云公撰，慧琳再删补。

卷二十八《普曜经》卷一“苑囿，于救反”，玄应撰。

卷三十四《超日明三昧经》下卷“苑囿，于救反”，玄应撰。

卷五十六《佛本行集经》卷六“苑囿，于救反”，玄应撰。

卷四十三《大方便报恩经》卷二“炎旱，雨廉反”，玄应撰。

卷四十七《显扬圣教论》卷一“炎燎，于廉反”，玄应撰。

卷七十《阿毗达磨俱舍论》卷十“炎石，于廉反”，玄应撰。

卷二十六《大般涅盘经》卷十四“炎旱，上于廉反”，释云公撰，慧琳删补。

卷十七《大集日藏分经》卷二“娑邮，于鸠反”，玄应撰。

卷二十八《维摩诘所说经》卷上“友而，于久反”，玄应撰。

卷三十二《拔陂经》“不宥，于救反”，玄应撰。

卷七十六《阿育太子法益坏目因缘经》“赦宥，下于救反”，玄应撰。

卷六十五《鼻柰耶律》卷五“赦宥，下禹救反”，玄应撰。

卷二十《大方广佛华严经》卷五“众佑，于救反”，前译六十卷玄应撰音。

卷二十六《大般涅盘经》卷十八“良佑，于救反”，释云公撰，慧琳删补。

卷三十三《六度集经》卷一“众佑，于救反”，玄应撰。

卷四八《瑜伽师地论》卷十七“怨尤，禹留反”，玄应撰。

用合口切上字注音的例子全都出现在《慧琳音义》各卷转录的玄应、释云公的音中。转录他人的反切，出现开合混切，而慧琳自创的反切，于母开口字只用开口切上字，这恰能说明慧琳是在十分认真地区分于母开口和合口。

再看合口的被音字，慧琳全部用合口切上字或注音字。

依照《切韵》音系，下列各被音字都是于母合口字：为蔿彙闈韦帷违闱洧伟痏苇暐炜玮纬鲔韪胃卫帏渭猬、邘盂雩雨瑀杅迂謣芋、垣爰援院湲圆辕鶢远瑗戉跋钺越、芸耘涢篔陨运晕汩颶、王暀、泳醟荣域減罭蜮阈。

切上字或注音字有：为韦违谓苇伟胃、于雨禹羽宇、云筠雲运，袁远员爰圆越、王、咏永荣，分别为支、微、虞、真、文、仙、元、阳、庚三韵系合口字。不杂一个于母开口字。

上面的材料能够证明，慧琳所作的反切注音材料中，于母字开合口分用清清楚楚。

慧琳注音依据的是关中方音。景审《一切经音义序》：“近有元庭坚《韵英》及张戬《考声切韵》，今之所音取则于此。”又《慧琳音义》卷一《音大唐三藏圣教序》：“覆载，上敷务反，见《韵英》，秦音也。诸字书音为敷救反，吴楚之音也。”正如黄淬伯先生所说：“慧琳居住长安有二十多年之久，在注语中，又时时指责《切韵》反切为吴音，而有取于元廷坚依据秦音所作的反切。由此可见，当时关中方言是慧琳反切的语音基础。”① 这与不空译咒和晚唐五代的汉藏对音材料所反映的语音基础是大体一致的，都是西北音。

四　结论

本节提供的材料表明，汉藏对音和慧琳音注中，于母按照开合发生分化。假定这种分化反映的是音位性的差别，那么可以推测，唐代西北音于母的演化经历了以下过程：不空译咒所反映的 8 世纪长安音，于母合口保留着［ɣw-］的念法；8 世纪到 9 世纪，师从于不空的慧琳依照“秦音”作音义，反映出当时关中方言于母开、合口分化，但于母开口并未和以母混切；到了晚唐五代藏汉对音材料中，于母合口依然保持［ɣw-］，开口和以母合流。

① 黄淬伯：《唐代关中方言音系》，中华书局 2010 年版，第 4 页。

第三章

于阗文文献与于阗语语音研究[1]

第一节　P. 2026、P. 2029、P. 2782 于阗文咒语内容的考订

前面已经利用 P. 2855 于阗文《出生无边门陀罗尼》咒语做过对音研究，这里谈谈其他几个于阗写本。P. 2026、P. 2029、P. 2782 中的咒语，前贤只有转写，没有定名。经过比较可以确定，这三份咒语也是《出生无边门陀罗尼》。下面把梵本、P. 2026、P. 2029、P. 2782 及 P. 2855 于阗本，另外还有智严的汉译本放在一起来列表比较。从纵向看，第一大栏是梵本，指的是《大正藏》所收的《普通真言藏》的悉昙本；第二大栏是于阗本，包括 P. 2026、P. 2029、P. 2782、P. 2855；第三大栏是智严的汉译本。

表 3－1　　**四份于阗文咒语与梵本、汉文本的比较**

梵本	于阗本				汉文本
普通真言藏本	P. 2026	P. 2029	P. 2782	P. 2855	（唐）智严译
tad	syāda	syāda	syāda[2]	syād	写陀提耶反
yathā	thidaṃ	thedaṃ	thidaṃ	yathy į daṃ	体昙
ane	maṇi	a̡ ṇe	a̡ ṇe	a̡ ṇe	阿拏
	ma̡ ṇi	ma̡ ṇe	ma̡ ṇe	ma̡[3]ṇe	么拏
akhe	akhe	akhe	akhe	akhe	阿豀

① 本章的部分内容曾发表在以下两篇文章中：《两份于阗文写本无量门陀罗尼比较研究》，《敦煌研究》2009 年第 1 期，第 102—109 页；《从 P. 2855、2782 于阗文咒语对音看于阗字母读音》，《华西语言学刊》第一辑，四川文艺出版社 2009 年版，第 71—80 页。

② da 写在两行之间，syā 和 thi 下方的空位，是补写的。

③ Bailey 转写为 maṇe。ma 字上有 anusvāra。

续表

梵本	于阗本				汉文本
普通真言藏本	P. 2026	P. 2029	P. 2782	P. 2855	（唐）智严译
makhe	makhe	makhe	makhe	makhe	麽谿
mukhe					
samanta	samaṃtta	simaṃtta	simaṃtta	simaṃtta	娑蔓多
mukhe	mūkhe	mūkhe	mūkhe	mūkhe	目谿
satyarame	sattyārą̄me	sattyārą̄me	sattyārą̄me	sąttyārą̄me	娑低低耶反逻咩
sume①	saume	są̄me	są me	są̄me	扫咩
sautiyukti	yūktte	yūrtte	yūrtte	yuhte	欲讫低二合
dirukte	narūhtte:	niyūrtte	niyūrtte	nirūhte	泥噜讫低二合
dirukti	narūhtta:	niyūrtti	niyūrtti	nirūhtä	泥噜讫多二合
prabhe	prrabhe	prribhe	prribhe	prrabhe	钵鞞
	ele	ele	ele	ele	翳嚟
	mele	mele	mele	mele	咩嚟
hile	hile				
hili		hele	hele	hele	醯嚟
karpe	kalpa			ką lpe	舸立箄二合
	kalpă ṃ② tte	kalpāṃtte	kalpāṃtte	kalpāṃtte③	舸立谤二合泥
karpaṣi	kalpase	kalpatte	kalpatte	ką lpäse	舸立跛二合柶
sāle	sāre	sāra	sāre	sāre	娑嚟去
savavati	sāravą tte	sāravatte	sāravatte	sārävatte	娑嚟去啰唎低
hile					
hili				hale	
	hala halī	hala hala	hala halī	halā halīla	醯啰醯黎
hilile	halīle	halīle halīle	halīle④ halīle	halīla	醯礼黎
	halā halīle halā halīle	halā halīle halā halīle	halā halīle halā halīle	halā halīla	醯逻 醯礼黎
mahāhihile					
caṇḍe	caṃ⑤de (caṃ)⑥	caṃde	caṃde	cade	战提

---

① 梵本 sume 在 satyarame 之前。

② 下加的 pa 写得像 ya，左边有上下两点，所以 Bailey 先生写成 lyă，看来是不正确的。

③ 于阗文 ta 与 na 极像，这个合体字恐怕是 nna，而不是 Bailey 先生所转的 tta。这样能和汉语对得上。

④ Bailey 先生误转为 la。

⑤ Bailey 先生误转写为 vaṃ。

⑥ de 后面还有一些残笔，像 caṃ 的一部分。应当补出来。Bailey 先生未转出。

续表

梵本	于阗本				汉文本
普通真言藏本	P. 2026	P. 2029	P. 2782	P. 2855	（唐）智严译
cavade	vatte	caṃdatte	caṃdatte	civä①tte	遮㘄低
	caraṇe	cire cire			者黎遮啰拏
carācarade	carā caraṇe	cirā ciriṇe	cira ca②rāṇe	cirā ciräṇe	遮啰遮啰拏
acale	aṃcale	acile acile	a③cale acale	icile	阿者嚟
macale					
anante	atte	aṃtte	aṃtte	aṃnatte	按低
anante	aṃttatte	aṃttatte	aṃttatte	attatte	按多低
gati					
	karaṇe	karaṇe	karaṇe	karṇe	舸啰拏
ara ··④	arą ṇe	karaṇe	karaṇe	ikirṇe⑤	阿啰拏
	asaṃtte	asaṃtte asaṃtte	asaṃtte asaṃtte	asaṃtte	阿散低
nirmade	naravą ktte	nirivartte	nirivartte	nirmatte	涅麽泥
nirvapade					
niratane⑥	naravarttane	niravartte	niravartte	nirvattane	涅靺哆泥
	naramūktte			narimūhā: tte	涅目讫低二合
nirdhante	naidhyaṃtte	nidhyaṃtte	nidhyaṃtte	naidyatte	涅殿低
dharmadhare					
	naidhyaste	nidhyaṃste	nidhyaṃste	naidyaste⑦	
	nadhare	nidhare nidhare	nidire nidire	naidyadare	涅陀提耶反嚟
dīhale					
nirhale	ną rahāre			narähārę	涅诃嚟
	ną rahāra	nirahāra	nirahāra	narähärä	涅诃啰
vimale	vamale	vimale	vamale	vimile	伏麽黎
	narahāra	nirahāra	nirahāra	nīrähärä	涅诃啰
	śudhane	śudhane	śudhane	śaudäne	烧驮泥
	śudhane			śāṃbine	烧跋泥

① Bailey 转写为 di，应该是 vä。
② Bailey 先生转为 ci，应该为 ca。
③ Bailey 先生转为 aṃ，应该为 a。
④ 这个字不认得，像是在辅音 l 上加了个什么东西。但是看于阗本及汉译，应该是ṇe。
⑤ 如果依照平行写本，疑 ki 误增。或另有传承。
⑥ 汉译本用並母或明母字来对第二个音节，梵本可能有误，应该是 nirvataṇe。或另有传承。
⑦ Bailey 先生转为 sta，应该是 ste。

续表

梵本	于阗本				汉文本
普通真言藏本	P. 2026	P. 2029	P. 2782	P. 2855	（唐）智严译
śīlaviśuddhani	śīlaśudhana	śīla – śudhane	śīla – śudhane	śīlä-śāṃbine:	尸罗烧驮泥
	prrakatta-varṇe	prriką tta-varṇe	prraką tta-varṇe	prrikättä-varrṇe:	钵吉低二合鞢泥
prakṛti	prra（ką）① tta	prriką tta	prraką tta	prrikätta	钵吉低二合
dīpāne	dīpane	dīpane	dīpane	dīpäne:	泥跛泥
bhava	bhāvā	bhāve	bhāve	bāve	婆去啝
vibhavani	bhąvane	bhāvena	bhāvena	vibāvane	伏婆啝泥
asa②ṅghe	ą saṃge	asaṃge asaṃge	asaṃge asaṃge	isaṃge': ③	阿僧倪
asaṅghavihare					
dame	dame			dime	娜咩
vimare					
				dädäme:	
	same			säme	縒娑可反咩
vimara prabhe	vą pūla prrabhe			vapula-prrabhe:	微晡罗钵鞞
saṅkarṣaṇi	saṃkarṣaṇe			säką ṣäṇe':	桑葛屣拏
dhire	dare			dare	娙嚟
dhidhire	dhadhare			dadare:	娙娙嚟
mahādhidhire	mahādhadhare			mähā dadäre	摩诃娙娙嚟
	dīpane			dīpäne	泥般泥
	bhāvā			bāve	婆去啝
	bhāvą ne			väbhävine	伏婆去啝泥
				bhävane	婆啝泥
				mähābhäväne	摩诃婆啝泥
				krraṭäne	讫咤泥
				mähäkrriṭine:	摩诃讫咤泥
yaśe yaśuvati				yą śävätte	耶赊啝低
				nirähā④re:	
cale				cale	者黎
acale				acale	阿者黎

① 该字残缺大部，只留下少量笔画。用（）表示重构的字。Bailey 先生重构为 ka，但是辅音符号上方有一残笔，应该是 anusvāra。

② 此处与 satya 中的 sa 明显不同，竖划下面有一点儿，像 su。

③ Bailey 先生转作 ge。但 ge 下头有明显的小勾，当转为 ge'。

④ Bailey 转写为 he，当为 hā。

续表

梵本	于阗本				汉文本
普通真言藏本	P. 2026	P. 2029	P. 2782	P. 2855	（唐）智严译
macale				ma̡ cale	摩者黎
samacale				säma̡ cile	娑摩者黎
dṛḍha①saṃdhi				draiṇḍa̡ sthaitte:	姪茶散泥
susthire				sū̡sthaitte	速思体(二合)低
asaṅghe	asaṃge	asaṃge	asaṃge		
asaṅghavihare	asaṃge va̡ hāre	asaṃ②ga-vihāre	asaṃga vihāre	asagävyahāre	阿僧伽鞞呵嚟
asaṅgha nirhāre	a(saṃ)③ga̡ nīhāre	asaṃga-nīhāre	asaṃga nīhāre	asaṃga-nīrähāre	阿僧伽泥呵嚟
	samatta̡ mūkhe	samaṃtta-mukhe	samaṃtta mukhe	sa̡ maṃtta-mūkhi	娑蔓多目溪
	nirahāre			närähāre	涅诃黎
	nirhāra-yuktte	yūrtte niruktte	yūktte nirūktte	nīrähārä-yu̡hte:	涅诃啰欲讫低(二合)
dīharavimale	narhāra-vamale			nīrähārä-vamäle:	涅诃啰伏麽黎
dīharaśuddhade	nahāra śudhane			nīrähāra-śaubhine	涅诃啰烧驮泥
					扫咩宋摩喇低
				śaubhine śīle-śaubhane:	
dṛḍhasume	draiḍhasaṃdhe			draiṇḍa̡ sthaitte	姪茶散泥
sthile					
	sūsthatte			sū̡sthette: ④	速思体(二合)低
sthime	saume			sthā̡me	思汤(二合)咩
sthimavadti	saumavatte stambhavatte			sthā̡mävatte:	思汤(二合)摩喇低 思贪(二合)婆喇低
	draiḍhasthaume			draiṇḍa̡ sthā̡me:	姪茶思傥(二合)咩
	sthā̡maprrāptte			sthā̡mä⑤prrāpätte	思汤(二合)摩钵卑低
mahāprabhe				mähāprribhe:	摩诃钵鞞
samantaprabe	samaṃttaprabhe	samaṃttaprribhe	samaṃttaprrabe	samataprrabe⑥	娑蔓多钵鞞
vipuraprabhe	va̡ mala prrabhe	vimala-prribhe	vimala-prrabhe	vamäla-prribhe:	鞞摩罗钵鞞
vipra⑦rāraśme	va̡ mala raśme	vimala-raśme	vimala-raśme	vamalä-raśme:	鞞摩罗啰湿咩(二合)

① 写得像 pha。

② sa 上的 anusvāra 符号尾巴长了些，有点像元音符号 i。Bailey 先生误转成 si。

③ 此字符残缺大部，据残存的笔画和平行文本重构为 saṃ。Bailey 先生未转写此字。

④ tte 是用红色小字补写在 sthe 的下面。

⑤ 此处应该是 mä，Bailey 转写为 ma。

⑥ 用小字加在两行之间。

⑦ pra 为 pu 之误。

续表

梵本	于阗本				汉文本
普通真言藏本	P. 2026	P. 2029	P. 2782	P. 2855	（唐）智严译
samantamukhe	samaṃtta mūkhe	simaṃtta mukhe	sa̧ maṃtta mukhe		娑蔓多目谿
sarva	sarva	sarvi	sarva	varva	萨婆
trāṇugate	ttrauṇu①dha gatte	ttrā̧ṇādagatte	ttrā̧ṇādagatte	ttrā̧②ṇūga̧ rbhe:	怛嚩二合女揭低
anacchede	anāchida	anāchida	anāchida	anāchaidya̧ ③	闇乌可反那去 揸陀提耶反
	prrattabhā̧na	prrittadhāriṇe	prrittadhārā̧ṇe	prrittäbhāväne:	钵啰二合低婆去泥
dharaṇi	dhāraṇe	dhāriṇa	dhāriṇa	dārä④ṇe'	驮啰尼
	nadhāna dhāraṇe			nadäräṇe':	泥驮泥驮罗尼
dhadma⑤					
nidana gutre					
samantabhadre	dhāraṇa				
	mūkhānesaṃdhe	mukhā̧nesaṃdhe	mukhā̧ṇe⑥saṃdhe	mukhaunūsai⑦de:	目抗奴散泥
	sa̧ ⑧rvabudhā	sarvibaudha	sarva-baudha	sarva-baudhā	萨婆勃陀
	bhā̧sa̧ tte	bhāṣattā	bhāṣattā	bhāṣätte:	婆去瑟低
sarva tathāgata	sarva budha	sarva baudha	sarva-bhaudha	sarva-bhaudha	萨婆勃驮
adhiṣṭanādhiṣṭhiti	adhaiṣṭatte	adhiṣṭatte	adhiṣṭatte	adaiṣṭätte:	姪瑟耻二合低
				nadā̧nädäräṇe:	泥驮泥 驮罗尼
	nadhā̧na gauttre	nidhā̧na gūptte	nidhāṇa-gūptte	nädā̧ṇä-grā̧ttre:	泥驮那遨低嚟二合
svāhā	sva̧ hā	svāhā	svāhā		莎诃

Bailey 先生转写有的地方还可商榷。

P. 2026 第 101 行有 [illegible] 这个字符，Bailey 先生转写为 lyä。左侧有上下两点表示元音 ä，右侧中间一横表示长音，下部特别像 y，所以 Bailey 先

① Bailey 转成ṇḍa。

② Bailey 转写为 ttrā，此处有 anusvāra。

③ Bailey 转写为 dya，此处有 anusvāra。

④ 此处应该是 rä，Bailey 先生转写为 ra。

⑤ 应为 dharma 之误，为法之意，不空译为“达磨”，达往往对 dhar。

⑥ 这一句 Bailey 先生转写为 mukhāye，khā 上有 anusvāra。ṇe 误转成 ye。

⑦ sai 下面有一小圈，是用朱笔加的。

⑧ Bailey 先生转成 sa。此处有 anusvāra。

生转写为lyä。这个字，P. 2029 写作，P. 2782 写作，都可转写为 lpāṃ。所以 P. 2026 下部的应该是 p 之误。

其实，P. 2026 左侧的两点和 ä 的写法是有区别的，P. 2855 lpä 写作，左侧是上下两个小圆点，而 P. 2026 左侧上部的一点是一个顿笔，有向下的尾巴，非常像 anusvāra。但是这个符号下面还有一小圆点，如果认为这个小点是误加，就可转写成 lpāṃ，如果认为左侧两点表示 ä，也应当转写成 lpä ṃ。

P. 2026 第 111 行，Bailey 先生转写为 ṇḍa。这个字符，P. 2855 写作 ṇū，P. 2029 和 P. 2782 都写作 ṇā。IOL Khot S. 24 于阗文的悉昙章中，ṇu 写作，ṇḍa写成 P. 2026 的写法确实和这两个字都像，如果参考 P. 2855，恐怕转成ṇu 比较合适。

P. 2782 第 71 行，Bailey 先生转写为 ye。这个字，P. 2026 写作 ne，P. 2029 写作 ṇe，P. 2855 写作 nū。IOL Khot S. 24 中ṇe 写作，ye 写作。如果写快了，ṇe 和 ye 确实容易混，不过仔细观察 P. 2782 中的起笔和落笔，应该是ṇe。

P. 2855 第 6 行，Bailey 先生转写为 di。从字形上看，应当是 vä，这和智严本“咖”字能对应。

P. 2026 第 102 行，Bailey 先生转写为 vaṃ。其他各本作 ca、caṃ。ca 和 va 写法上有差别，P. 2026 第 106 行有，转写为 vaṃ。左下角是有区别的。所以 P. 2026 的应当是 caṃ。

P. 2855 第 2 行，Bailey 先生转写为 ma，此处有 anusvāra，应当是 mą。

P. 2855 第 21 行，Bailey 先生转写为 trrā，此处有 anusvāra，应当是 trrą̄。

P. 2855 第 21 行，Bailey 先生转写为 dya，此处有 anusvāra，应当是 dyą。

P. 2782 第 71 行，Bailey 先生转写为 khā，此处有 anusvāra，应当是 khą̄。

P. 2855 第 20 行，Bailey 先生转写为 ma，应当是 mä。

P. 2855 第 22 行，Bailey 先生转写为 ra，应当是 rä。

P. 2782 第 65 行，Bailey 先生转写为 ci，应当是 ca。

P. 2855 第 8 行，Bailey 先生转写为 sta，应当是 ste。

P. 2855 第 15 行，Bailey 先生转写为 he，应当是 hā。

四个于阗本中写法上完全一致的词只有 akhe、makhe、mūkhe、ele、mele、sāre、dare 少数几个。不过，判断于阗写本所记录的内容具有一致性，并不要求各版本写法上完全一致，只要记录的每个词相同，就可判断整体内容具有一致性。从上表可以看出 P. 2026、P. 2029、P. 2782 和 P. 2855 及智严汉译绝大多数词是相同的，具有显著的对应关系，所以 P. 2026 等三份咒语也是“出生无边门陀罗尼”的于阗文抄本。

观察上面的表格，我们还可发现这四份文献之间有远近亲疏关系。P. 2029 和 P. 2782 关系最近，它们和 P. 2855 相比，都缺少几段文字，而缺少的部分也是相同的。P. 2026 比 2029、2782 多出一些句子，多出的句子一般能和 P. 2855 对应。语句最全的本子是 P. 2855，比梵本和其他几个于阗本句子都多，只有智严译本能够对应。

这四个于阗本虽然记录的内容相同，但是在拼写方面几乎每个词有差异。这种异文现象需要尽量给出合理的解释，比如因为语音相近而产生异文，因为字形相近而产生异文，因为版本来源不同而产生异文，因为抄手讹误而产生异文等。关于 ä、anusvāra 等字符的异文，见本章第三节。其他异文现象分析如下。

有的异文，似乎是因为语音相近而产生。元音 a 和 ā、u 和 ū 读音差别不大；按照 Emmerick 的观点，于阗文中 ai 和 e 音近，au 记录梵文的 o。所以下面几例关于元音的异文大概能从音近替代角度解释。

表 3-2 **四个于阗本元音方面的异文**

P. 2026	P. 2029	P. 2782	P. 2855	智严汉译
ha la halī	ha la hala	ha la halī	ha lā halīla	醯啰醯黎
ca rā caraṇe	ci rā ciriṇe	ci ra carāṇe	ci rā cirāṇe	遮啰遮啰拏
budhā	baudha	baudha	baudhā	勃陀
vą pūla			va pula	微晡罗
mūkhe	mukhe	mukhe	mūkhi	娑蔓多目溪
yuktte	yūrtte	yūktte	yuhte :	欲讫低二合
mūkhā	mukhą̄	mukhą	mukhau	目抗
naidhyaṃtte	nidhyaṃtte	nidhyaṃtte	naidyatte	涅殿低

续表

P. 2026	P. 2029	P. 2782	P. 2855	智严汉译
naidhyaste	nidhyaṃste	nidhyaṃste	naidyaste	
nadhare	nidhare	nidire	naidyadare	涅陀提耶反嚟
anā chida	anā chida	anā chida	anā chaidya̧	閜乌可反那去搚陀提耶反
a dhaiṣṭatte	a dhiṣṭatte	a dhiṣṭatte	a daiṣṭätte	姪瑟耻二合低

梵语的浊塞音、塞擦音有送气和不送气两套，而于阗语的只有一套，而且是不送气的。于阗文中也有表示送气浊塞音、塞擦音的符号，那是为了转写梵文用的。梵本中的送气浊辅音，于阗本有的写成送气的，有的写成不送气的。dh 和 d、bh 和 b 的异文大概能这么解释。P. 2855 写成不送气的多一点，而其他三个于阗本写成送气的多一些。比如：

表 3－3　**四个于阗本辅音方面的异文**

P. 2026	P. 2029	P. 2782	P. 2855	梵本	智严汉译
nai dhyaste	ni dhyaṃste	ni dhyaṃste	nai dyaste		
na dhare	ni dhare ni dhare	ni dire nidire	nai dyadare		涅陀提耶反嚟
dha dhare			da dare	dhi dhire	姪姪嚟
dha dhare			da däre	dhi dhire	姪姪嚟
dhāraṇe	dhāriṇa	dhāriṇa	dārä①ṇe’	dharaṇi	驮啰尼
saṃ dhe	saṃ dhe	saṃ dhe	sai② de		散泥
a dhaiṣṭatte	a dhiṣṭatte	a dhiṣṭatte	a daiṣṭätte	a dhiṣṭhiti	姪瑟耻二合低
na dhā̧na	ni dhā̧na	ni dhāna	nä dā̧nä		泥驮那
bhāvā	bhāve	bhāve	bāve	bhava	婆去咘
bhāvā			bāve		婆去咘
budha	baudha	bhaudha	bhaudha		勃驮

P. 2026、P. 2029、P. 2782 送气浊音多一些，从这一点上看，它们具有更显著的梵文拼写特征。

① 此处应该是 rä，Bailey 先生转写为 ra。

② sai 下面有一小圈。

有两组异文需要单独分析。

梵本 tad yathā，P. 2855 syād yathyịdaṃ，P. 2026 syāda thidaṃ，P. 2029 syāda thedaṃ，P. 2782 syāda thidaṃ，智严译本“写陀(提耶反)体昙”。于阗本记录的是另外几个梵词，syāt yathā idaṃ，ā 和 i 连声作 e，末尾的清辅音-t 在元音前变为-d，所以出现 P. 2855 中的 dya 这个字符，可是其他三个于阗本都写成 da，这从梵文方面很难解释，yathā 这个词的首音节 ya 哪去了？此处我们提出一种推测。P. 2855 和智严本能够严格对应，syā 对“写”，thy ị对“体”，daṃ 对“昙”。dya 对“陀”，陀是一等字，是洪音，按规律，应当对 da 这样的音，为了能够准确描摹 dya，用三等字“耶”作切下字加注反切。这就启发我们，P. 2026 等三个于阗本中的 da 或许是记录汉字“陀”字的音，而且写于阗本的人没把“陀”字下面的反切注音吸收进来。

相似的例子还有一个。

梵本 anacchede，P. 2855 anāchaidyą，P. 2026 anāchida，P. 2029 anāchida，P. 2782 anāchida，智严译本“閜(乌可反)那(去)搼陀(提耶反)”。P. 2855dyą，对“陀”字注“提耶反”，其他三个于阗本都写成 da。

智严是初唐时期从于阗来华的僧人，根据智升的《开元释教录》，《出生无边门陀罗尼经》是智严于开元九年（721）在奉恩寺译的。根据张广达、荣新江先生的介绍①，敦煌发现的于阗卷子，一般说来，是 10 世纪的文献，具体到这几份卷子也不例外。

P. 2026 背面全都是于阗文的内容，其中第 100—112 行是一段咒语，在这段咒语之后，用汉字抄有“维大晋天福拾年乙巳”的文字，天福是后晋的年号，从公元 936 年到 944 年，共九年，卷中写“十年”，大概是中原改了年号而西北地区还不知道。这份卷子大概写于公元 945 年左右。

P. 2782 背面第 1—61 行是于阗文《法华经纲要》，在这篇文献中，出现供养人的名称 ḍyau tceyi śīnä，一般认为这就是汉文史书记载的“刘再昇”，他是天福七年（942）入贡于后晋的于阗使臣，所以据此判断这份文献年代在 942—943 年前后。第 62—72 行的咒语，年代应该在此以后。P. 2029 背面 17—21 行也是与 P. 2782 同样的《法华经纲要》，所以这份卷

---

① 张广达、荣新江：《关于敦煌出土于阗文献的年代及其相关问题》，《于阗史丛考》，上海书店 1993 年版，第 98—139 页。

的年代或许也在943年以后[1]。

P. 2855明确的时代线索几乎没有，不过有几处现象值得注意。开头部分是藏文《毗卢遮那佛命名仪轨》，一般说来，藏文文献传到敦煌，大概是八九世纪之后的事情。于阗咒语前面抄有汉字写的《回向发愿文》，里面出现“世”“純纒”等字，并没有什么缺笔之类。敦煌文献当中，有避唐讳的，比如P. 2011《王仁昫刊谬补缺切韵》去声祭韵改“泄”为“洩”、改“袣”为“袟”，S. 2071《切韵》残卷真韵“屯”作乇，从屯旁的字，比如窀、纯、莼等，这个部件都缺笔[2]。而这篇《回向发愿文》不避唐太宗及宪宗（李纯806—820年在位）、武宗（李瀍841—846年在位）的名讳，有一种可能就是，抄写时代已经在唐之后。把P. 2855于阗文咒语当成和其他几份于阗咒语大致同时代的文献，应该问题不大。

而智严所译的《出生无边门陀罗尼经》在时代上比这几个于阗本早。或许，这些于阗本的形成受了智严汉译本的影响。

有的异文的形成，似乎是字形方面的原因。

P. 2026 yūktte，P. 2029 yūrtte，P. 2782 yūrtte，P. 2855 yuhte，智严本“欲讫低二合”。梵文有yukta这个词，讫本来就是见母字，对k正合适。为什么有的本子写成yūrtte？rtte写作，ktte写作，写在上头的r和k非常接近。yūktte和yūrtte的异文大概是因为字形相近吧。

有的异文大概是因为版本来源不同。

P. 2026 bhą̄na，P. 2029 dhāriṇe，P. 2782 dhārąṇe，P. 2855 bhāväne，智严译本“婆去泥”。P. 2029和P. 2782记录的显然是dhāraṇi这个梵词，P. 2026、P. 2855和智严本应该是另外一个词。

P. 2026 śudhane，P. 2855 śāṃbine，智严本“烧跋泥”。śudhane明显是梵词，śāṃbine可能另有所本。

P. 2026 saume，P. 2855 sthą̄me，智严“思汤二合咩”。P. 2026 saumavatte，P. 2855 sthą̄mävatte，智严“思汤二合摩唎低”。sthą̄写作，sau写作，如果写工整了，辅音部分按说差别很大，sthą和sau的差别大概是版

[1] 上述内容参考了张广达、荣新江：《关于敦煌出土于阗文献的年代及其相关问题》、《巴黎国立图书馆所藏敦煌于阗语写卷目录初稿》，《于阗史丛考》，上海书店1993年版，第98—139、155—190页。

[2] 周祖谟：《唐五代韵书集存》，中华书局1983年版；虞万里、杨蓉蓉：《唐五代字韵书所反映之唐代避讳与字形》，《古汉语研究》1983年第3期，第26—35、50页。

本来源不同。可是写得草一点，这两个字又有相似的地方，也有古人认错、写错的可能。

P. 2026 narūhtte:，P. 2029 niyūrtte，P. 2782 niyūrtte，P. 2855 nirūhte，梵本 dirukte。智严本“泥噜讫低二合”。P. 2029 和 P. 2782 的 yūr 和其他本子都不一致，不过僧伽婆罗译本是“尼育底”。僧伽婆罗译《孔雀王咒经》以母字绝大多数对 y-，屋韵字对-ug、-uk[①]，所以“尼育底”和 niyūrtte 大体对应，大概当时存在某个写作 yūr 的本子。

还有一些异文大概是抄手的讹误。

P. 2026、P. 2782 sarva，P. 2029 sarvi，P. 2855 varva。varva 显然是 sarva 之误。

P. 2855 drainḍą sthaitte，P. 2026 draiḍhasaṃdhe，梵本 dṛḍhasaṃdhi。智严本“姪荼散泥”。P. 2855 用 sthaitte 转写梵本的 saṃdhi，太怪了，而且各汉译本都不能和 sthaitte 对应，大概是抄手把下一句的 sthaitte 误抄在这儿了，这里本应该是 saṃdi 之类的音。

第二节 《佛顶尊胜陀罗尼》于阗本和梵本、藏文本的比较

按照 Emmerick 的介绍，于阗本的“佛顶尊胜陀罗尼”咒语部分有 S. 2529 背面第 1—10 行[②]和 Ch. c. 001 第 1—11 行[③]两份。Ch. c. 001 开头残缺，S. 2529 虽然是全本，但是梵本、藏文本当中大段的语句，S. 2529 却没有。

这两份于阗本，在细节方面，有的地方能看出与 P. t. 54 等八份藏文咒语比较接近，于阗本和藏文本谁受谁的影响还说不准，但一定存在着某种联系。为了证明这种关系，需要逐句比较。下面列表说明这些版本之间

① 刘广和：《南朝梁语声母系统初探》，中国音韵学研究会、石家庄师范专科学校编：《音韵论丛》，齐鲁书社 2004 年版，第 213—230 页。刘广和：《南朝梁语韵母系统初探》，董琨、冯蒸主编：《音史新论——庆祝邵荣芬先生八十寿辰学术论文集》，学苑出版社 2005 年版，第 209—216 页。

② 图版见国际敦煌项目网站（http：//idp. nlc. gov. cn）。转写见 Bailey，*Khotanese Texts Volume V*，Cambridge：Great Britain at the University Press，p. 359。

③ 图版见田久保周誉：《敦煌出土于阗语秘密经典集の研究》，春秋社 1975 年版。转写见 Bailey，*Khotanese Texts Volume V*，Cambridge：Great Britain at the University Press，p. 368。

的关系。表中纵向分四大栏，第一大栏是于阗本，包括 Ch. c. 001 和 S. 2529，Ch. c. 001 开头残缺；第二大栏是汉文本，即北 7684，这篇文献标题为“真言杂抄佛顶尊胜陁罗尼”；第三大栏是梵本，以《大正藏》收录的灵云寺藏的“普通真言藏本”为代表，有的地方参考了其他梵本；第四大栏是藏文本，以 P. t. 72、P. t. 368、P. t. 399 为代表。

表 3-4　**《尊胜咒》于阗、梵、藏、汉四种版本对比**

于阗本		汉文本	梵本	藏文本		
Ch. c. 001	S. 2529	北 7684	普通真言藏	P. t. 72	P. t. 368	P. t. 399
	sadhahama					
	namau rahna			namo ratna	namo radna	namo ratna
	ttrīyāyą ①			trayāyā	traya: ya:	trayaya
	namau	南谟	namo	namo	namō	namo
	bagavatte	嚩誐嚩谛	bhagavate	bhagabhate	bagavate	bhagavate
	ttrailokyatta	怛嚟劳继也	trailokya	namas trĭfiĭlokya	namatrelōkya	namos trelogkya
	prratta	钵啰底	prati	phratĭ	prati	pratĭ
	vīśaiṣṭāya	尾室瑟咤野	viśiṣṭaya	vĭśiṣṭayā	viśiśthaya:	vĭśṭistaya
	bād < ā > ②ya	渤驮野	buddhāya	bhuddhayā	buddahaya:	fibuddhaya
	bagavatte	薄誐鞅谛	bhāgavate	bhagavatĭ	bhagavate:	bagavate
	ttad yathā	怛祢也他	tadyathā	tad yathā	tad dyatha	tad thya tha
	auma	唵	oṃ	ōm	ōm	om
	vīśaudīya vīśaudīya	微韶驮野	viśoddhaya viśoddhaya	vĭśoddhayā	bhiśodaha: ya: bhiśodha: yā:	vĭśodhaya vĭśodhaya
	sama sama	糁么	sama sama	sama	sama	sama
	samattāvabāsa	糁闷多嚩磨娑	samantavahāsa	samantāvabhasa	samanta: abha-va: sa	samanta abha-bhasas
	[spha]③spha-raṇa	塞颇啰儜	spharaṇa	sparana	sparana:	sparana
	gatta gahana	蘖底虐诃娜	gatigahana	gatĭ gaganĭ	ga: tigagana	gatigagana
	svabāva	娑嚩磨嚩	svabhā	svābhavā	sbaha: bhava	svavabha
	vīśūdhe	微述递	vaviśuddhe	vēśuddhe	bhiśuddeha	vyĭśuddhe

① Bailey 先生写成 ya，此处有 anusvāra。

② 元音符号缺损，ā 是补出的。

③ spha 处似有涂抹笔画，当为衍文，用［ ］表示。

续表

于阗本		汉文本	梵本	藏文本		
Ch. c. 001	S. 2529	北 7684	普通真言藏	P. t. 72	P. t. 368	P. t. 399
	abaṣaicattūmā	罨寐诜者覩蔓	abhiṣiṃcatumaṃ	abhïṣ̤ṭïntsa-tuman	aviś intsa-tuman:	avïśintsatuman
	sugatta	素蘖跢	sugata	sugata	sugata	sugata
	varavatte	靺啰嚩□那	varavacana	varavatsana	va: ravatsana:	varavatsana
	amrratta	没嘌多	amṛta	amrïtā	amrita:	amfigrïta
	abaṣaikai:	寐曬蜀	abhiṣaikai	avïś ïkefiira	abiśefiiker	abyïśeka
	mahāmadra		mahāmanttra	mahamantra	mahamantrā	mahamantra
	padā		paddhai	padēfi	pade	padhefi
	āhā'ra āhāra	阿喝啰喝啰	āhara āhara	ahara aharā	ahara ahara:	ahara ahara
	āyū	愉	āyu	ayu	ayu	ayu
	sādāraṇe	散驮啰昵	sandhāraṇi	sanādharanï	sandaharani:	sandharanï
	śādhīya	韶驮野	śoddhaya	śoddhayā	śodhaya	śodhaya
	śādīya	韶驮野	śoddhaya		śodhaya:	śodhaya
	gagana	誐蘖娜	gagana	gagana	gagana	gagana
	vīśūdheī	尾述递	viśuddhe	viśuddhe	bhiśuddeha	vïśuddhe
	uṣṇi (ṣa)①	欝瑟尼沙	uṣṇīṣa	uśnïśa	uśṇiśa	usnïśa
	vījaya	微惹野	vijaya	vïdzayā dzayā	vidzaya	vïdzaya
	vīśūdhe	尾秫递	viśuddhe	parïśuddhe	pariśuddēha:	parïśuddhe
	sahasrra	索贺萨啰	sahāsra	sahasra	sahasra	sahasra
	raśmi	啰审弭	raśmi	raśmi	rasmyi	rasmyï
	sacāditte	沼祢谛	saṃsudite	santsoditi	santsodete:	sandzodite
sarva	sarva	萨嚩	sarva	sarva	sarva	sarva
tathāgata	ttathāgatta	怛他蘖多	tathāgata	tad thagatā	tathāgata	tathagata
			avalūkaniṣaṭpa-ramita			
			paripuraṇi sarvatathāgata			
hṛdaya	hrradaya		hṛdaya	rhïdayā	rhidhaya:	rhïdaya
diṣ̤ṭā̤ṇādhiṣ̤ṭata	adheṣ̤ṭānādhe-ṣ̤ṭātta	地瑟侘那地瑟耻跢	adiṣ̤ṭanādiṣ̤ṭita	adïśtana adïśtïte	adhiśthadna adhiśidtate:	adhïṣ̤ṭ ana adhï-ṣ̤thite

① 下加字符 ṇ 的右半部涂黑，字符 ṣa 漏写。

续表

于阗本		汉文本	梵本	藏文本		
Ch. c. 001	S. 2529	北 7684	普通真言藏	P. t. 72	P. t. 368	P. t. 399
mudrre	mādre	麼诃没姐黎	mahāmudre	mahatrĭ	mahamutrī̆ :	
						śuddhe
vajrre				vadzre		vaddzrĭri vaddzrĭri
vajrra① kāya	vajrrakāya	拔日啰箇野	vajrakāya	vadzrekāyā	vadzrakaya	vaddzragaya
saṃghata	sagāttana	僧荷丹囊	suṃ②hātana	saṅhatana	saṅhatana	saṅhatana
viśuddhe	vīśūdhe	微戍递	viśuddhe	śuddhe	śudhe	śuddhe
sarvāvarṇa	sarvāvaraṇa	萨嚩韈啰拏	sarvāvaraṇa	sarva avarna	sarvābharana:	sarvāvarana
viśuddhe	vīśūdhe	尾术㣃	bhayadurgati pariśuddhe	vĭśuddhe	viśuddhe	vĭśuddhe
prati	prrata	钵啰底	prati	phratĭ	prati	pradtĭ
nivattaya	narvattą③ya	你栰跢夜	nivarttaya	nĭrdayā	nivartaya	nivartaya
āyu viśuddhe	āyū vīśūdhi	榆述递	ayuḥśuddhe	ayur vĭśuddhe	ayurviśuddhe	ayurvĭśuddhe
samaya	samaya	糁麼耶	samāya	samayā	samaya	samaya
adhis̤tate	adhis̤tātte	地瑟耻谛	adhis̤tite	adaśtĭte	adhiśiddati	adheṣtete
mani mane		满你	maṇimaṇi	manĭ manĭ	mani mani	mani manĭ
		摩满你		mamanĭ	mamani	mamanĭ
	mahā mane		mahāmaṇi	mahamani	mahamani:	mahamanĭ
tathatā	ttad yathā	妲他多	tathāta	tad thagata	tathāta	tathata
bhutakauṭi	būtta kauṭī	暮跢高胝	bhūtakoṭi	bhuddhakotĭ	bhutakoti	bhuta koti
pariśuddhe	paraśūdhi	钵理戍递	pariśuddhe	pariśuddhe	bariśuddhe	bariśuddhe
viṣphauṭata	vaisphuṭitta	尾塞普咤	visphoṭa	vĭsputa	vispudta	vĭsputa
buddha śuddhe	būdha śūdhi	渤地述题	bodhiśuddhe	bhuddheśuddhe	śuddhe	buddhe śuddhe
jaya jaya	hehe jīya	惹野惹野	jaya jaya	hehe dzayā dzayā	hehe dzaya dzaya	hehe dzaya dza-ya
vijaya vijaya	vajīya vajeya	微惹野尾惹野	vijaya vijaya	vĭdzayā vĭdzayā	vidzaya vidzaya	vĭdzaya vĭdzaya

① Bailey 先生转写成 vajrre，误。

② 可能是 saṃ 之误。

③ Bailey 先生写成 tta，此处有 anusvāra。

续表

于阗本		汉文本	梵本	藏文本		
Ch. c. 001	S. 2529	北 7684	普通真言藏	P. t. 72	P. t. 368	P. t. 399
smarra	smara smara	私麼啰思麼啰	smara smara	smara smara	smara smara	smara smara
	sarva ttathāgattā	萨嚩	sarva	sarva	sarva	sarva
buddhādhiṣ̤tata	būdhādhiṣ̤tau	没馱地瑟耻跢	buddhādiṣ̤tita	buddha adhĭ-śthĭna adhĭśthĭ	bhuddhe-adhi śṭana:	buddha adhe-śtana atheśthĭta
śuddhe	śūdhi	述递	śuddhe	śuddhe	śuddhe	śuddhe
vajrre vajrre	vajrre vajrre	嚩尔隸	vajri	vadzre vadzre	vadra vadra:	vaddzre vaddzre
mahāvajrre				mahavadzre	mahavadzre	mahavaddzre
vajrra garbhe		日啰孽弊	vajra garbhe	vadzregarabhe	garbe	vaddzre garbhĭ
		嚩日嚂	vajrāṃ	vadzra maha	vadzram	vaddzrema
vabhu		磨靺覩	bhavatu	bhavatu	bhavatu	bhavatu
mama		麼麼	mama	mama	mama	mama
ithunā̤(ma)sya						
śirīraṃ			śariraṃ	śarĭram	sarva: śariram:	sarva śarĭram
		萨嚩	sarva	sarva	sarva	sarva
		萨埵难者	satvānāṃca	satvanan tsa	sadtvā: nantsa	sadtvanantsa
		歌野	kāya	kāyā	kaya	gaya
pariśuddhe	vaparaśūdhi	尾述昳	pariviśuddhe	parĭśuddhis śca	pariśuddhe	parĭśuddhe
bhava bhume		皤靺覩咩萨那		bhavatu mē satā	bhavadhume sa-da	bhavatume sāta
mahāyānaṃ prabhakāya						
viśuddhe						
sarvagata		萨嚩孽底	sarvagati	sarvagatĭ	sarva: gati	sarvagatĭ
pariśuddhe		拨秤秌①地始者	pariśuddhe	parĭśuddhe	bariśudde	parĭśuddhe
				sarva tatha gata samā śvāsa		
				adheśtĭte		

① 左米右禾。

续表

于阗本		汉文本	梵本	藏文本		
Ch. c. 001	S. 2529	北 7684	普通真言藏	P. t. 72	P. t. 368	P. t. 399
sarvatathāgata（在下一句后面）		萨嚩妲他孽多始者谜	sarvatathāga-taśca me	sarvatathagata śca mān	sarvatathāgata:	sarvatathagata śaman
samāśvāsayattu		糁摩湿嚩娑演覩	samāśvasayaṃto	samā śvā sayan-tu	śamaśvasayan: dhu	sama aśvasayan-tu
sarvatathāgata samāśva		糁摩湿嚩娑	sarvatathāgata samāśvasa			
sādhiṣṭate		地瑟耻谛	adhiṣṭite			
buddhya buddhya		没驮	buddhya bud-dhya	buddhyan bud-dhya	bhudhya bhudhya	buddya buddya
			vibudhya			
			vibudhya			
		渤驮	bodhaya	budhayā	bhodhya	bodhaya
buddhya			bodhaya	budhayā	bodhya	bodhaya
vibuddhaya		微帽駄野	vibodhaya	vībodhayā	bhibhodha	vībodhaya
vibuddhaya		尾帽駄野	vibodhaya	vībodhayā	bhibhodha:	vībodhaya
samatta		糁蔓跢	samanta	samanta	samanta	samanta
pariśuddhe		钵理述递	pariśuddhe	parīśuddhe	pariśuddhe	parīśuddhe
sarva	sarva	萨嚩	sarva	sarva	sarva	sarva
tathāgata	ttathāgattā	妲他孽多	tathāgata	gathata	tatagata	tathagata
hṛday（ā）	hrradayā		hṛdayā	rhīdayā	rhidhaya:	rhidaya
diṣṭāna	dhiṣṭauna	地瑟侘那	dhiṣṭana	adīśthīna	adhiśṭana	adhīśthana
adhiṣṭate	adheṣṭautta	地瑟耻跢	adhiṣṭita	adhīśīta	adhiśṭite	adheśtite
mahāmudre	mūdre	姥妲嚟	mahāmudre	mahā mudrī	mahamutri	mahamud tre
svāhā	svāhā	沙诃	svāhā	svāhā	svāha	svāhā

先对 Bailey 先生的转写做些说明。

S. 2529 第 1 行，Bailey 先生转写为 ya，此字有 anusvāra，应当转写为 yaͅ。

Ch. c. 001 第 3 行，Bailey 先生转写为 jrre，应当是 jrra。

S. 2529 第 7 行，Bailey 先生转写为 tta，此处有 anusvāra，应当转写为 ttaͅ。

于阗本和藏文本关系明显比较接近的是这么几句：

表 3－5　　《尊胜咒》四种版本对比简表

于阗本		汉文本	梵本	藏文本		
Ch. c. 001	S. 2529	北 7684	普通真言藏	P. t. 72	P. t. 368	P. t. 399
	namau rahna			namo ratna	namo radna	namo ratna
	ttrīyāyą [1]			trayāyā	traya: ya:	trayaya
			avalūkaniṣaṭparamita			
			paripuraṇi sarvatathāgata			
viśuddhe	vīśūdhe	尾术悌	bhayadurgatipariśuddhe	vïśuddhe	viśuddhe	vïśuddhe

比如开头部分藏文本都有 namo ratna trayāyā，于阗本 namau rahna ttrīyāyą 能够对应，而梵本没有这句话。梵本有 avalūkaniṣaṭparamita、paripuraṇi sarvatathāgata 两句，于阗本和藏文本都没有，梵本 bhayadurgatipari śuddhe，藏文本和于阗本都是 vi śuddhe。

这两个于阗本之间以及于阗本和梵本之间存在一些异文，下一节将结合《出生无边门陀罗尼》，分析异文的成因。

第三节　于阗语语音的讨论

一　从对音角度讨论于阗语语音的相关问题

于阗字母的读音，Sten Konow[2]、Герценберг[3]、Emmerick[4] 等都有研究，主要证据是异文及同族语的比较，利用构拟出的原始伊朗语的形式来拟测于阗语的语音。相对于历史比较，对音研究是更加直接的证据。Emmerick 和 Pulleyblank 利用《金刚经》的于阗转写本和汉文本做对音研究，

① Bailey 先生写成 ya。

② Konow Sten, *Primer of Khotanese Saka*, Oslo 1932.

③ Герценберг Л. Г. , *Хотано-сакский язык* , Moscow 1965.

④ Emmerick R. E. , "The vowel phonemes of Khotanese", *Festschrift for Oswald Szemerényi*, ed. Béla Brogyanyi. Amsterdam. 1979, pp. 239－250. "The Consonant Phonemes of Khotanese", *Acta Iranica* 21 (= *Monumentum Georg Morgenstierne* Ⅰ), 1981, pp. 185－209.

据此修改了自己先前的某些观点。[①] 他们用的材料有个缺点，如果于阗语的某个音汉语没有，那么在于阗文转写汉语的文献中就很难表现出来，用这样的材料研究于阗文的读音可能有盲点。咒语对音比普通的文献转写更加严密，是用汉字转写于阗文的读音，能够弥补前人研究的不足，也体现了汉语音韵学的一种功用。本节准备利用智严的汉译本和 P. 2855 于阗本比较做对音研究，讨论于阗语语音的相关问题。

智严生活在 8 世纪初，来唐朝当质子并为官，应该是居住在长安，比不空（705—774）稍早，我们确定智严对音字的读音可参照不空的音系。

（一）于阗字母 g d b 的发音

长久以来，于阗字母 g d b 被构拟为擦音［ɣ］［ð］［β］。Emmerick 和 Pulleyblank 后来修改了这种看法，认为于阗字母 g d b 是塞音而不是擦音。他们的证据主要是，《金刚经》的于阗转写本中用于阗字母 g d b 转写汉语的次浊声母。如果拟为擦音，就很难解释这种对音现象[②]。但是这个论证存在不足之处：唐代西北音的次浊声母含有鼻音成分和同部位的塞音成分，于阗字母 g d b 记录的究竟是鼻音还是塞音，需要进一步推导或证明。如果有大量对汉语全浊声母字的例证，那就能证明于阗字母 g d b 不是鼻音了。《金刚经》的于阗转写本中 g d b 对汉语全浊声母的例证太少了，只有 dąnä 对定母字“袒”一例。

P. 2855《出生无量门陀罗尼》提供了大量 g d b 对汉语全浊声母的例证。

g 对群母 3 次，对疑母 2 次。对群母的：ga 对“伽”1 次。gä 对“伽”1 次。gaŗ 对“揭”1 次。对疑母的：ge 对“倪”1 次。grą̄对“遨”1 次。

d 对定母 18 次，对泥母 4 次。对定母的：dar 对姪 1 次，dad 对姪 2 次，dā 对驮 1 次，dą̄对驮 1 次。de 对提 1 次。dai 对姪 1 次。däd 对姪 1 次。dä 对驮 1 次。daṃ 对昙 1 次。dya 对陀（自注提耶反）2 次。dya 对殿 1 次。dyą 对陀（自注提耶反）1 次。drai 对姪 2 次。drai 对姪 2 次。对泥母的：de 对泥 1 次，di 对娜 1 次，dī 对泥 2 次。

---

① Emmerick R. E. and E. G. Pulleyblank, *A Chinese text in Central Asian Brahmi script: new evidence for the pronunciation of Late Middle Chinese and Khotanese*, Roma : Istituto italiano per il Medio ed Estremo Oriente, 1993.

② Ibid. , p. 34.

b 对並母 5 次。bā 对婆去 3 次。bi 对跋 1 次。be 对鞞 1 次。

再从对应的梵文看，于阗字母 g d b 分别对梵文的 gh、g、ḍh、d、b。于阗 de 对梵文 ḍe，dya 对 dhan，dī 对 dī，ge 对 ghe，di 对 da，da 对 dhi 4 次，dä 对 dhi，drai 对 dṛ 2 次，gä 对 gha，ga 对 gha，be 对 be，gar 对 gat，dya̧ 对 de，dā 对 dha，dai 对 dhi。

g d b 既对汉语全浊声母又对次浊声母，对全浊声母的比例较大。唐代长安音的全浊声母是送气的浊塞音，没有鼻音成分，这说明于阗语 g d b 的音值应当是浊塞音。和梵文的对应关系更加证明了这一点。

那么于阗文的 g d b 送气还是不送气？如果是送气音，拿汉语的全浊声母对再恰当不过了，就不大可能对汉语的次浊声母。合理的解释只能是 g d b 在于阗文中表现为不送气浊塞音，唐代西北音没有与之音值相同的辅音声母，不管拿全浊声母还是拿次浊声母来对 g d b，都是音近替代。

（二）ṇḍa 的读音

《北京大学图书馆藏敦煌文献》D005 背面是一份草体的于阗文悉昙章，顶音一组为

ṭa	ṭā	ṭi	ṭī	ṭu	ṭū	ṭe	ṭai	ṭo	ṭau	ṭaṃ	ṭa
ṭha	ṭhā	ṭhi	ṭhī	ṭhu	ṭhū	ṭhe	ṭhai	ṭho	ṭhau	ṭhaṃ	ṭha
ṇḍa	ṇḍā	ṇḍi	ṇḍī	ṇḍu	ṇḍū	ṇḍe	ṇḍai	ṇḍo	ṇḍau	ṇḍaṃ	ṇḍa、①
ḍha	ḍhā	ḍhi	ḍhī	ḍhu	ḍhū	ḍhe	ḍhai	ḍho	ḍhau	ḍhaṃ	ḍha、
ṇa	ṇā	ṇi	ṇī	ṇu	ṇū	ṇe	ṇai	ṇo	ṇau	ṇaṃ	ṇa

第三行以合写字母开头，只能转写成 ṇḍa 而不是单一的 ḍa。这种情况在其他于阗文献中也存在。比如 IOL Khot S. 16（Ch. 00272）第 73 行是 ka kha [gha]② ga gha ṅa jca③ cha ja jha ña ṭa ṭha ḍha ṇḍa ṇa④。IOL Khot S. 22（Ch. xl. 002. 1—53）第 19 行 ṇḍrra ṇḍrrā ṇḍrri ṇḍrrī ṇḍrru ṇḍrrū ṇḍrre ṇḍrrai ṇḍrro ṇḍrrau

① 该行字后有一顿点，转写成顿号“、”。

② 卷中此字（akṣara）写了又删除。

③ 卷子中就这么写，并非误转。

④ Prods Oktor Skjærvø, *Khotanese manuscripts from Chinese Turkestan in the British Library*, London: The British Library, 2002, p. 518.

ṇḍrraṃ ṇḍrra[1]。IOL Khot S. 23（Ch. xl. 003）第二行ṭa ṭha ṇḍa ḍha ṇa：[2]。IOL Khot S. 24（Ch. xl. 003）第 3 行ṭa ṭha ṇḍa ḍha ṇa，第 23 行ṇḍa ṇḍā……，第 57 行ṇḍya ṇḍyā……[3]IOL Khot S. 25（Ch. c. 002）第 37 行 ṭa ṭha ṇḍa ḍha ṇa[4]。IOL Khot S. 27（Ch. 1534）第 5/6 行 ṭa ṭha ṇḍa ḍha ṇa[5]。但是另外一些版本的悉昙章这个字母就不是合体字。比如《塞语文献第七卷：圣彼得堡的收藏品》图版 129—135 是用正体婆罗米字写的悉昙章，顶音组（图版 129 下、130 下）就写作 ṭa ṭha ḍa ḍha ṇa[6]，转写为 ḍa。按照常理，悉昙章的同一个字母读音不应该不同。段晴老师曾提出一个看法，晚期于阗文合体字 ṇḍa 相当于 ḍa，是个单纯的塞音而没有鼻音成分，写成 ṇḍa 是就字面转写[7]。非常幸运的是，P. 2855 于阗文咒语中出现了 ṇḍa̧ 这个字母，共出现三次，都对澄母字茶，而且前面没有鼻韵尾字出现。汉语的澄母不大可能有鼻音成分，《大正藏》梵本、P. 2026 于阗本对应的部分都是 ḍha，也没有鼻音成分。这些材料能支持段晴老师的观点。

（三）ä 的读音

Герценберг 认为于阗语 ä 读［ə］，他的证据主要是不同时期的于阗文献存在 ä/i/ei/ai/e 交替的现象[8]。Emmerick 发现，ä 和 i 交替非常频繁，所以和 i 的音值应该很近。他认为 ä 在重读音节（stressed syllables）中音值是［e̝］；在非重读音节（unstressed syllables）中音值是［ə］，是/ɑ/的变体。[9] Ch. 00120 是用记录于阗文的婆罗迷字母转写的汉文《金刚经》，在那份材料中，ä 从来不转写汉语的主要元音，而是加在末尾辅音之后用作“增音”（epenthetic），以凑成一个音节，对应汉语的一个辅音，如用 kīmä 转写“金”字。Ch. 00120 中的 ä 其实不参加对音，所以无法拿汉字音推求 ä 的读音。密咒材料和 Ch. 00120 不

① Prods Oktor Skjœrvø, *Khotanese manuscripts from Chinese Turkestan in the British Library*, London: The British Library, 2002, p. 526.

② 出处同上注，p. 528。

③ 出处同上注，pp. 528, 529, 530.

④ 出处同上注，p. 531，相似的内容卷中多次重复出现，不一一列举。

⑤ 出处同上注，p. 534。

⑥ R. E. Emmerick and M. I. Vorob'ëva-esjatovskaja, *Saka Documents VII: the St. Petersburg collections*, London: Corpus Inscriptionum Iranicarum 1993.

⑦ 这是段晴教授在讲课时提出的，她同意我在此引述。

⑧ Л. Г. Герценберг, *Хотано-сакский язык*, Moscow 1965, pp. 44 – 47.

⑨ R. E. Emmerick, The vowel phonemes of Khotanese, Festschrift for Oswald Szemerényi, ed. Béla Brogyanyi. Amsterdam. 1979, pp. 242, 248.

同，ä 也出现在主要音节当中，对音情况主要有以下几种。

1. ä 作为增音，附着在辅音后面，对应汉语的入声韵尾或一个辅音。如智严译咒中 närä 对“涅”1 次，nīrä 对“涅”3 次，narä 对“涅”3 次。rä 对应“涅”字的入声尾。kättä 对“吉低二合”、kätta 对“吉低二合”、hätte 对“讫低二合”，kä、hä 对应的实际只是一个辅音。共 11 例。在这些例子中，参与对音的是 ä 前面的那个辅音，ä 是为了凑足音节而增加的一个元音。这种对音特点和 Ch. 00120 相同。

2. ä 对应汉语音节的主要元音

详细例证看下表。表中前五列是于阗音节和汉字、梵文音节的对应，于阗文重读或非重读音节的确定根据 Emmerick 讲义①。后面三列是完整的于阗词、汉语对音和梵本对应的词。

（1）对应汉语果假山宕摄

表 3－6　**ä 对应果假山宕摄**

于阗	汉字	摄	梵	韵律	于阗本	智严对音	梵本
gä	伽	果	gha	弱	asagävyahāre	阿僧伽鞞呵嚟	asaṅghavihare
ṭä	咤	假		弱	krraṭäne	讫咤泥	
tä	多	果	ti	弱	nirūhtä	泥噜讫多二合	dirukti
nä	那	果		弱	nädḁ̄nä-grḁ̄ttre	泥驮那遨低嚟二合	
pä	跛	果	pa	弱	kḁ lpäse	舸立跛二合 拪	karpaṣi
pän	般	山		弱	dīpäne	泥般泥	
bhä	婆	果		强	bhävane	婆喇泥	
bhä	婆	果		强	mähābhäväne	摩诃婆喇泥	
mä	摩	果		弱	mähābhäväne	摩诃婆喇泥	
mä	摩	果	ma	弱	mähā ［da］② dadäre	摩诃姪姪嚟	mahādhidhire
mä	摩	果	ma	弱	sthḁ̄mävatte	思汤二合摩喇低 思贪二合婆喇低	sthi③mavadti
mä	摩	果		弱	sthḁ̄mä④prrāpätte	思汤二合摩钵卑低	

① 倒数第二个音节如果是包含长元音或者以两个辅音结尾的音节（heavy syllable），重音（stress accent）就加在这个音节上，如 uysnóra、namástä。在双音节词中，重音落在首音节上，如 pháru。多音节单词，如果倒数第二音节是轻音节（light syllable），那么重音（stress accent）落在倒数第三音节上，如 hvátana。

② 卷中这个字母涂掉了。

③ 如果依照不空的对音，此处应该是 stha。或另有传承。

④ 此处应该是 mä，Bailey 转写为 ma。

续表

于阗	汉字	摄	梵	韵律	于阗本	智严对音	梵本
mä	摩	果	ma	弱	mähāprribhe	摩诃钵鞞	mahāprabhe
mä	摩	果	pu	弱	vamäla-prribhe	鞞摩罗钵鞞	vipuraprabhe
mä	摩	果		弱	mähākrriṭine	摩诃讫咤泥	
mä	麽	果	ma	弱	nīrähārä-vamäle	涅诃啰伏麽黎	dīharavimale
rä	啰	果	ra	弱	dārä①ṇe'	驮啰尼	dharaṇi
rä	罗	果		弱	nadäräṇe'	泥驮泥驮罗尼	
rä	啰	果		弱	nīrähārä-yụhte	涅诃啰欲讫低二合	
rä	啰	果	ra	弱	nīrähārä-vamäle	涅诃啰伏麽黎	dīharavimale
rä	啰	果	ra	弱	särävatte	娑嚟去啰唎低②	sava③vati
rä	啰	果	ra	弱	cirāciräṇe	遮啰遮啰拏	carācarade
lä	罗	果	rā	弱	vamalä-raśme:	鞞摩罗啰湿咩二合	viprarāral me
lä	罗	果		弱	śīlä – śāṃbine	尸罗烧驮泥	śīlaviśuddhani
vä	婆	果		弱	prrittäbhäväne	钵啰二合低婆去泥	
vä	唎	果		弱	mähābhäväne	摩诃婆唎泥	
vä	唎	果	va	强	ya̧śävätte	耶赊唎低	yaśuvati
śä	赊	假	śu	弱	ya̧śävätte	耶赊唎低	yaśuvati
sä	縒	果		强	säme	縒娑可反咩	
sä	娑	果	sa	弱	sämącile	娑摩者黎	samacale
sä	桑	宕	saṅ	弱	säkąṣäṇe'	桑葛屣拏	saṅkarṣaṇi

(2) 对应汉语蟹止臻摄

表 3－7　　ä 对应蟹止臻摄

于阗	汉字	摄	梵	韵律	于阗本	智严对音	梵本
ṭä	耻	止		强	sarva-bhaudhādaiṣṭ̤ätte	萨婆勃驮娅瑟耻二合低	sarva tathāgatā dhiṣṭanādhiṣṭ̤i④ti
ttä	低	蟹		弱	prrikättä-varrṇe	钵吉低二合鞢泥	
ttä	低	蟹		弱	prrittäbhäväne	钵啰二合低婆去泥	

① 此处应该是 rä，Bailey 先生转写为 ra。

② 从不空、佛驮扇多、功德直共玄畅、僧伽婆罗、阇那崛多等人的汉译来看，第二个音节应当是 ra。《大正藏》所录的悉昙体梵本写作 va，恐怕有误。智严译作“娑嚟去啰唎低”，嚟字似乎误增。或另有传承。

③ 似乎当为 ra，见上注。

④ 悉昙体 ṭ和 ṭh 的区别就在封口不封口，ṣṭ合体字中太小了，有误抄的可能。

续表

于阗	汉字	摄	梵	韵律	于阗本	智严对音	梵本
där	姪	臻	dhir	弱	mähā [da]① dadäre	摩诃姪姪嚟	mahādhidhire
nä	泥	蟹		弱	nädā̦nä - grā̦ttre	泥驮那遨低嚟二合	
pä	卑	止		强	sthā̦mä②prrāpätte	思汤二合摩钵卑低	
ṣä	屣	止	sa	弱	säka̦ṣäṇe'	桑葛屣拏	saṅkarṣaṇi
ṣätt	瑟	臻		强	sarva-baudhā-bhāṣätte	萨婆勃陀婆去瑟低	

果假山摄字的主要元音是［ɑ］或［a］，都是低元音。蟹摄四等、止摄、臻摄三等的主要元音都是高元音或央元音，一般拟作［e］、［i］或［ə］之类。这份对音材料中，对果摄的27个，假摄2个，山宕摄各1个，共31个，而对蟹止臻摄三四等韵的共8个。至少可以说明，ä这个字母在很多情况下读音舌位偏低。再看ä字母所在的音节，表3-7中的8例子5个是非重读音节，表3-6中的27个非重读音节，4个重读音节。另外，ä作为增音出现11例，所在的音节当然是非重读了。这样看来，ä出现在非重读音节中的共43个，出现在重读音节中的有7个。可见这个字母主要出现在非重读音节中。ä这个字母到底该怎么用？本书仅提供对音方面的线索，具体音值的构拟，尚俟方家。

（四）i的对音

P.2855以i为元音的音节多数对汉语的齐韵系字，如khi（17）③对溪、thyị（2）对体、ni（3、3）对泥。可是这类音节还对汉语的果假山摄字。比如i（7、7、11）对阿、ci（6、6）对遮、ci（7、15）对者、di（11）对娜、prri（10、10、20、21）对钵、prri（22）对钵啰二合、bi（10）对跛、mi（9）对麽、vi（6、13）对啝、si（2）对娑。从写法上看，对“阿”的三处i是个单独的字符，其余的都是和辅音组合成一个字符。草体的单写的i是在a上头加一个向左的撇笔。用i来对阿，可能是误加了元音符号。草体于阗文中，和辅音组合的i，只在字母基座上增加一个向左的撇笔。和辅音组合时，i和ä的区别非常小，笔画的形状完全相同，

① 卷中这个字母涂掉了。

② 此处应该是mä，Bailey转写为ma。

③ 括号中的数字是出现的位置，指P.2855敦煌文书中于阗文咒语部分各行的编号。下同。

区别只在起笔的位置[①]。如果严格按照这个原则校正 Bailey 先生的转写，第 11 行 di 应为 dä，第 10 行的 bi 应为 bä，第 6、13 行的 vi 应为 vä。从抄手的角度想想，极容易把这两个字母抄混，所以这几处的 i 恐怕得当成 ä 来理解，ä 对果假山摄字，就和上节讨论的对音现象一致了。其中有几处 P. 2855 的 i，P. 2782 就写作 a，如 P. 2855 icile（7）—P. 2782 acale（65）、vimile（9）—vamale（67）、prri（10）—prra（68）、isaṃge（11）—asaṃge（69）、prribhe（20）—prrabhe（70）。这些材料能支持上述的观点。《金刚经》的于阗转写本中也有类似的对音现象，如 khi'yi（10）：开；thiyi（45）：胎；thiyi（25）：大；thiyä（29）：大；tciyä（36）：哉。这些对音汉字都是蟹摄一等，主元音是低元音［ɑ］之类，所以于阗本第一个音节中的 i，实际上表示的是低元音。这个想法儿能在其他文献中得到印证，P. 2741（第 96 行）ttäyä khī 是转写人名“大庆”[②]，大字就转作 ttäyä。

（五）anusvāra 的对音

梵文当中的 anusvāra 叫“随韵”，也称之为“鼻腔音”，这个鼻音要和后面的辅音发音部位保持一致，一般转写为-ṃ。梵文当中含有 anusvāra 的音节都有鼻音成分，一般用汉语阳声韵字对。于阗文献中 anusvāra 的应用是从梵文学来的，但是用法并不像梵文中的那么规则。Emmerick 指出，汉语的-m 和-n 尾通常用于阗字母-mä 和-nä 转写，前头音节的主要元音要加上 anusvāra，比如“见”转写为 kyeṃnä[③]。但是对“可”转写为 khaṃ 他没法儿解释[④]。高田时雄猜测，“大概是音写时意识到了这个在发声上略有拖长的音而作的标记吧”。[⑤]

P. 2855 于阗文的咒中，不少有 anusvāra 的音节就是用阴声韵字对的。先列表看材料。表中前四列是音节之间的对应，后三列是整个词之间的对应。

---

① 这是段晴老师面授的。

② ［日］高田时雄：《敦煌·民族·语言》，钟翀等译，中华书局 2005 年版，第 226 页。

③ R. E. Emmerick and E. G. Pulleyblank, A Chinese text in Central Asian Brahmi script—new evidence for the pronunciation of Late Middle Chinese and Khotanese, Roma: Istituto italiano per il Medio ed Estremo Oriente, 1993, p. 41.

④ Ibid., p. 47.

⑤ ［日］高田时雄：《敦煌·民族·语言》，钟翀等译，中华书局 2005 年版，第 263 页。

表 3－8　　　　　　　　　　　anusvāra 的对音

编号	P. 2855	P. 2782	汉字	梵本	P. 2855	智严对音	梵本
1	a̡	a̡	阿	a	a̡ṇe	阿拏	ane
2	ka̡	—	舸	ka	ka̡lpe	舸立箪二合	karpe
3	ka̡	ka	舸	ka	ka̡lpäse	舸立跛二合捿	karpaṣi①
4	ṇḍa̡	—	茶	ḍha	draiṇḍa̡sthaitte	姪茶散泥	dṛḍha②saṃdhi
5	ṇḍa̡	—	茶	ḍha	draiṇḍa̡sthaitte	姪茶散泥	dṛḍhasume
6	ṇḍa̡	—	茶		draiṇḍa̡sthā̡me	姪茶思侻二合咩	
7	ṇū̡	ṇā	女	ṇu	ttrā̡③ṇū̡ga̡rbhe	怛囉二合女揭低	trāṇugate
8	ttrā̡	ttra̡	怛啰	trā	ttrā̡ṇū̡ga̡rbhe	怛囉二合女揭低	trāṇugate
9	thyi̡	thi	体	thā	yathyi̡daṃ	体昙	yathā
10	dā̡	dhā	驮		nädā̡nä	泥驮那	
11	dya̡	da	陀	de	anāchaidya̡④	閼乌可反那去搋陀提耶反	anacchede
12	ma̡	ma̡	麽		ma̡⑤ṇe	麽拏	
13	ma̡	—	摩	ma	ma̡cale	摩者黎	macale
14	ma̡	—	摩	ma	säma̡cile	娑摩者黎	samacale
15	ya̡	—	耶	ya	ya̡śävätte	耶赊唧低	yaśuvati
16	rā̡	—	逻	ra	sa̡ttyārā̡me	娑低低耶反逻咩	satyarame
17	rę	ra	嚟	le	narähārę	涅诃嚟	nirhale
18	sa̡	sa	娑		sa̡maṃtta-mūkhi	娑蔓多目溪	
19	sa̡	sa	娑	sa	sa̡ttyārā̡me	娑低低耶反逻咩	satyarame
20	ka̡ṣ	—	葛	kar	säka̡ṣäṇe’	桑葛屣拏	saṅkarṣaṇi
21	ga̡r	gat	揭	ga	ttrā̡ṇū̡ga̡rbhe	怛囉二合女揭低	trāṇugate
22	sū̡s	—	速	sus	sū̡sthaitte	速思体二合低	susthire
23	sū̡	—	速		sū̡sthette⑥	速思体二合低	
24	yu̡h	—	欲		nīrähārä-yu̡hte	涅诃啰欲讫低二合	

① 汉译各本对 ṣi 这个音节的都是心母字，于阗是 se。梵本的 ṣi 可能是抄手弄错了，或是另有传承。

② 写得像 pha，可能是形近而误。

③ Bailey 转写为 ttrā，此处有 anusvāra。

④ Bailey 转写为 dya，此处有 anusvāra。

⑤ Bailey 转写为 maṇe。ma 字上有 anusvāra。

⑥ tte 是用小字写在 sthe 的下面。

续表

编号	P. 2855	P. 2782	汉字	梵本	P. 2855	智严对音	梵本
25	pāṃ	pāṃ	谤		kalpāṃtte①	舸立谤二合泥	
26	sthą̄	—	思汤	stha	sthą̄me	思汤二合咩	sthame
27	sthą̄	—	思汤		sthą̄mävatte	思汤二合摩啝低 思贪二合婆啝低	sthi②mavadti
28	sthą̄	—	思傥		draiṇḍą sthą̄me	姪荼思傥二合咩	
29	sthą̄	—	思汤		sthą̄mä③prrāpätte	思汤二合摩钵卑低	
30	daṃ	daṃ	昙		yathy ịdaṃ	体昙	yathā
31	maṃ	maṃ	蔓	man	simaṃtta	娑蔓多	samantta
32	maṃ	maṃ	蔓		są maṃtta-mūkhi	娑蔓多目溪	
33	saṃ	saṃ	散		asaṃtte	阿散低	
34	saṃ	saṃ	僧	saṅ	isaṃge	阿僧倪	asa④ṅghe
35	saṃ	saṃ	僧	saṅ	asaṃga-nīrähāre	阿僧伽泥呵嚟	asaṅgha nirhāre
36	są̄	są̄	扫	su	są̄⑤me	扫咩	sume
37	śāṃ	—	烧		śāṃbine	烧跋泥	
38	śāṃ	śu	烧	śu	śīlä-śāṃbine	尸罗烧驮泥	śīlaviśuddhani
39	grāṃ	gū	遨		grāṃttre	遨低嚟二合	
40	ą	aṃ	按	a	ąnatte	按低	anante

第1—19例，都对汉语的阴声韵字，相应的梵文，元音都没有anusvāra出现。其中7例，P. 2782相应的于阗词就没有anusvāra。20—24对汉语的入声字，但是入声尾由-ṣ、-s、-r、-h之类对，和于阗文中的anusvāra无关。25—29都对宕摄字，唐代长安音宕摄的韵尾可能有消变，像不稳定的鼻擦音［ɣ̃］⑥。所以这几处的anusvāra是否代表鼻音不好确证，不过从第26例对应的梵文来看，没有鼻音成分。30—35都对汉语的阳声韵字，此处的anusvāra显示为鼻音的音值。我们看对应梵文的情况。第30例明显对梵文idaṃ，只不过《大正藏》的梵本中没出现这个词。32的前半部分和31就是一个词，都对梵文的samanta，34、35都对梵文的asaṅgha。第33例，《大正

① 于阗字ta与na极像，这个合体字恐怕是nna，而不是tta。这样能和汉语对得上。

② 如果依照不空的对音，此处应该是stha。或另有传承。

③ 此处应该是mä，Bailey转写为ma。

④ 此处与satya中的sa明显不同，竖画下面有一点儿，像su。

⑤ 于阗字sā上头加个anusvāra，像极了sau。

⑥ 刘广和：《音韵比较研究》，中国广播电视出版社2002年版，第60页。

藏》梵本中没有对应，我怀疑是对梵文的 asanta，虚妄、非实在。这样看来，对应梵文的相关音节都有鼻音伴随元音。36—39 都是含有 ā 的音节上头加 anusvāra，对应汉语的效摄字，这可能是形近而讹。于阗字 sau 如果写得草一点儿，很容易和sā̧混，或许śa̧和śau 之间、grā̧和 grau 之间也有类似的关系。40 可能是版本的问题，当作例外不多讨论了。

规律很明显，梵本有鼻音伴随元音出现时，相应的于阗文的 anusvāra 才表现出鼻音音值，否则就不一定表示鼻音。

anusvāra 在于阗文中用一个上加的顿点表示，有时拖曳出尾巴，形如逗号。比如转写为 ka，上面加一顿点写成就表示这个音节带 anusvāra。Bailey、Emmerick、段晴、Skjœrvø 等于阗文专家转写于阗卷子遵守一个原则：如果一个带 anusvāra 的音节确实表示鼻音伴随元音出现，那么就把于阗文的 anusvāra 转为-ṃ，否则就转为下加撇的元音字母 a̧、i̧……，以示和单纯的 a、i……之类有区别，正是体察到了上述规律。依照这个规律来观察用婆罗迷字转拼的汉语文献，像 thaṃyaṃ ttīkä 转写“大德”(P. 2786，第 135 行)[①]、pūhaṃ: yaṃ 转写“僕射”（Ch. 00269，第 116 行)[②] 之类的现象就容易理解了，这些词中的 anusvāra 其实不表示鼻音，可以分别转写为 tha̧ya̧ ttīkä、pūha̧ : ya̧。

二　从异文角度讨论于阗语语音的相关问题

目前我们得到四份于阗文写本“出生无边门陀罗尼”咒语，这四份文献在时代、内容、语句、用词方面都大致相同，而在拼写方面有诸多差异，这是非常珍贵的异文材料。异文分析是确定于阗文读音的一种基本的方法。Sten Konow[③]、Герценберг[④]、Emmerick[⑤] 等学者讨论于阗文的读音问题时主要证据就是异文，包括梵文词借用到于阗语之后的形式和梵文形式的差异及不同时期、不同内容的于阗文献当中相同词的拼写差异等。本书的材料在时代和内

① ［日］高田时雄：《敦煌·民族·语言》，钟翀等译，中华书局 2005 年版，第 220 页。

② 同上书，第 221 页。

③ Sten Konow, *Primer of Khotanese Saka*, Oslo 1932.

④ Л. Г. Герценберг, *Хотано-сакский язык* , Moscow 1965.

⑤ R. E. Emmerick, “The vowel phonemes of Khotanese”, Festschrift for Oswald Szemerényi, ed. Béla Brogyanyi. Amsterdam. 1979, pp. 239 – 250. R. E. Emmerick, “The Consonant Phonemes of Khotanese”, *Acta Iranica* 21 (= *Monumentum Georg Morgenstierne* Ⅰ), 1981, pp. 185 – 209.

容方面都大致相同，只是拼写有差异，相对而言比较单纯；佛教咒语，按照一般的规律，要求记音准确严密。所以分析它们之间的异文，具有非常重要的意义。可以和上节使用对音证据所得出的结论相互支持。

1. 和 ä 相关的异文

ä 是于阗文特有的字母，梵文没有。这类字怎么念一直是研究的热点。Sten Konow 已经提出 ä 读音基本上和 i 一致，证据主要是异文，比如梵词 nirvāṇa 写成 närvāṇa，于阗词biśśi又作 biśśä、bäśä等。① 但是这两个字母所表示的音有细微的差别，ä 还经常和 e 交替，从不会使前面的音颚化而 i 有这样的功能。ä 和 i 读音不完全相同，这一点是大家公认的，但是 ä 的音值和作用存在争议。Герценберг 认为 ä 读作［ə］，而［ə］也是 i、ī、e、ai 的音位变体，② 所以能够解释一些异文现象，ä 的作用有点像增音（svarabhakti③）。Emmerick 不同意把 ä 当作 svarabhakti，认为 ä 是在非重读音节中元音弱化的结果，比如 hvatana-弱化为 hvatäna-，此时，ä 读［ə］；而在重读音节中，ä 读［e̞］。婆罗迷字母用 e 记录［ɛ］，所以必须创造新字符 ä 来表示［e̞］。④

在本节所讨论的四份文献中，P. 2855 出现大量带 ä 的音节，P. 2855 写作 ä 的，其他三份文献都写成别的字符。这就产生了大量的异文。

前贤的著作中都提到于阗文 ä 和 i 的交替是经常出现的。而本节的材料中，纯粹 ä 和 i 的异文几乎没有，只有少数几例是 ä、i 和 a、ā 异文。

表 3-9　　　　**P. 2855 是 ä，其他 i、a、ā，共 3 例**

P. 2026	P. 2029	P. 2782	P. 2855	梵本	智严汉译本
dhā raṇe	dhā riṇa	dhā riṇa	dā rä⑤ṇe’	dharaṇi	驮啰尼
nadhāṇa	nidhāṇa	nidhāna	nädāṇä		泥驮那
ca raṇe	ci riṇe	ca⑥ rāṇe	ciräṇe	carade	遮啰拏

① Sten Konow, *Primer of Khotanese Saka*, Oslo 1932.

② Л. Г. Герценберг, *Хотано-сакский язык*, Moscow 1965.

③ svara，音，特指元音。bhakta，分割。svarabhakti 指梵文中如果 r、l 后面紧跟着一个辅音，在发音时会在中间加个元音，这个元音就叫 svarabhakti。如 varṣa 实际可读作 variṣa。

④ R. E. Emmerick, “The vowel phonemes of Khotanese”, Festschrift for Oswald Szemerényi, ed. Béla Brogyanyi. Amsterdam. 1979, pp. 239 - 250.

⑤ 此处应该是 rä，Bailey 先生转写为 ra。

⑥ Bailey 先生转为 ci，应该为 ca。

而 a 和 ä 的异文大量出现。

表 3 – 10　　P. 2855 是 ä，其余三份是 a，共 12 例

P. 2026	P. 2029	P. 2782	P. 2855	梵本	智严汉译本
kal pase	kal patte	kal patte	ką l päse	karpaṣi①	舸立跛(二合)栖
narahā ra	nirahā ra	nirahā ra	nīrähā rä		涅诃啰
śu dhane	śu dhane	śu dhane	śau däne		烧驮泥
sā ravą tte	sā ravatte	sā ravatte	sā rävatte	sava②vati	娑嚟(去)啰啝低③
śī la	śī la	śī la	śī lä	śīla	尸羅
prraka tta	prriką tta	prraką tta	prrikä ttä		钵吉低(二合)
dī pane	dī pane	dī pane	dī päne	dīpāne	泥跛泥
vą mala	vi mala	vi mala	va mäla	vipura	鞞摩罗
vą ma la	vima la	vima la	vama lä	vipra④rā	鞞摩罗
prra tta	prri tta	prri tta	prri ttä		钵啰(二合)低
dhai ṣ̤tatte	dhi ṣ̤tatte	dhi ṣ̤tatte	dai ṣ̤tätte	dhiṣṭhiti	姪瑟耻(二合)低
ną rahā ra	ni rahā ra	ni rahā ra	na rähā rä		涅诃啰

有些句子，P. 2029、2782 缺，只有 2026 和 2855 对应。

表 3 – 11　　P. 2855 是 ä，P. 2026 是 a，共 11 例

P. 2026	P. 2029	P. 2782	P. 2855	梵本	智严汉译本
ną rahāre			na rähārę	nirhale	涅诃嚟
mahā			mähā	mahā	摩诃
dha dhare			da däre	dhidhire	姪姪嚟
dī pane			dī päne		泥般泥
sthą̄ma			sthą̄mä⑤		思汤(二合)摩

① 梵本的 ṣi 可能是抄手弄错了，或是另有传承。

② 似乎当为 ra。

③ 嚟字似乎误增。或另有传承。

④ pra 为 pu 之误。

⑤ 此处应该是 mä，Bailey 转写为 ma。

续表

P. 2026	P. 2029	P. 2782	P. 2855	梵本	智严汉译本
same			säme		縒婆可反咩
sau ma			sthąmä	sthi①ma	思汤二合摩
narhā ra			nīrāhā rä	dīhara	涅訶囉
va male			va mäle	vimale	伏麽黎
nirhā ra			nīrāhā rä		涅诃啰
saṃkar ṣaṇe			säką ṣäṇe'	saṅkarṣaṇi	桑葛屣拏

于阗文中 anusvāra 的用法不像梵文中的那么规则，有一些并不表示鼻音成分，所以 ą 读音就相当于 a。这一点下文还要再次论证。ä 和 ą 的异文其实就相当于 ä、a 异文。

表 3－12　　**P. 2855 是 ä，其余三份是 a、ą，共 4 例**

P. 2026	P. 2029	P. 2782	P. 2855	梵本	智严汉译本
prra katta	prri ką tta	prra ką tta	prri kättä		钵吉低二合
bhāṣą tte	bhā ṣattā	bhā ṣattā	bhā ṣätte		婆去瑟低
prra（ka）tta	prri ką tta	prra ką tta	prri kätta	prakṛti	钵吉低二合
prra katta	prri ką tta	prra ką tta	prri kättä		钵吉低二合

以上异文现象中，ä 和 a、ā、ą 异文的共 27 个，ä、i 异文的只有 3 个，而这 3 个同时也和 a、ā 异文。ä 和 a 之类音的异文占绝大多数。如果承认异文分析是判断于阗字母读音的一种基本方法，那么就得说，在本书考察的材料范围内，ä 和 a 之类的音相近。ä 应当有个舌位较低的读音。

这个结论也能够得到对音证据的支持，P. 2855 中含 ä 的音节，智严的汉译本大多数拿果假山摄字对，中古果假山摄字的主要元音就是［a］、［ɑ］等舌位较低的音。对音证据和异文证据能够互相支持。

至于 Emmerick 提到的 ä 在轻重音节中读音不同的问题，前文已经探

① 如果依照不空的对音，此处应该是 stha。或另有传承。

讨过，即 P. 2855 中的 ä 主要出现在非重读音节中。不过，本书所用的材料记录的是梵文咒语，而不是于阗固有词汇，在轻重读音节方面会不会受其他因素影响？这个问题还要继续探讨。

2. i 和 a 异文

于阗字母 i 的读音和梵文的没什么区别，这一点是大家公认的。可是在本书的材料中，i 除了和音近的 e 发生交替之外，还大量和 a 之类的音交替。

表 3－13　**i、e 异文，共 3 例**

P. 2026	P. 2029	P. 2782	P. 2855	梵本	智严汉译本
a ṇi	ą ṇe	ą ṇe	ą ṇe	ane	阿拏
ma ṇi	mą ṇe	mą ṇe	mą① ṇe		麽拏
mū khe	mu khe	mu khe	mū khi		目豀

表 3－14　**i、a 异文，共 18 例**

P. 2026	P. 2029	P. 2782	P. 2855	梵本	智严汉译本
samaṃtta	simaṃtta	simaṃtta	simaṃtta	samanta	娑蔓多
carācaraṇe	cirā ciriṇe	cira ca②rāṇe	cirāciräṇe	carācarade	遮啰遮啰拏
prratta	prritta	prritta	prrittä		钵啰二合低
narūhtte:	niyūrtte	niyūrtte	nirūhte	dirukte	泥噜讫低二合
narūhtta:	niyūrtti	niyūrtti	nirūhtä	dirukti	泥噜讫多二合
naravąktte	nirivartte	nirivartte	nirmatte	nirmade	涅麽泥
naravarttane	niravartte	niravartte	nirvattane	nirataṇe	涅靺哆泥
prrabhe	prribhe	prribhe	prrabhe	prabhe	钵鞞
prrabhe	prribhe	prrabhe	prribhe	prabhe	钵鞞
carā caraṇe	cirā ciriṇe	cira ca③rāṇe	cirā ciräṇe	carācarade	遮啰遮啰拏
aṃ cale	a cile acile	aṃ cale acale	i cile	acale	阿者嚟
prrakatta	prrikątta	prrakątta	prrikättä		钵吉低二合

① Bailey 转写为 maṇe。ma 字上有 anusvāra。

② Bailey 先生转为 ci，应该为 ca。

③ Bailey 先生转为 ci，应该为 ca。

续表

P. 2026	P. 2029	P. 2782	P. 2855	梵本	智严汉译本
prra（ka）tta	prrikątta	prrakątta	prrikätta	prakṛti	钵吉低二合
sar va	sar vi	sar va	var va	sarva	萨婆
sar va	sar vi	sar va	sar va		萨婆
vamale	vimale	vamale	vimile	vimale	伏麼黎
na ramūktte			na rimūhä: tte		涅目讫低二合
dame			dime	dame	娜咩

上文已经说过，于阗文中 anusvāra 的使用不像梵文一样严密，有时 a 和 ą 其实表示一样的音。i、a、ą 之间也有异文的，共 8 例。

表 3－15　　　　　　　　**i、a、ą 之间的异文**

P. 2026	P. 2029	P. 2782	P. 2855	梵本	智严汉译本
ą cale	acie	ą cale	icile	acale	阿者嚟
ą saṃge	asaṃge	asaṃge	isaṃge	asa①ṅghe	阿僧倪
vą mala	vimala	vimala	vamäla	vipura	鞞摩罗
a są ge	a siga	a są ga	a sagä	asaṅgha	阿僧伽
vą hāre	vihāre	vihāre	vyahāre	vihare	鞞呵嚟
vą mala	vimala	vimala	vamalä	vipra②rā	鞞摩罗
samaṃtta	simaṃtta	są maṃtta		samanta	娑蔓多
bhā vą ne			väbhā vine		伏婆去唎泥

i 和 a 类音的异文近 30 例，远远多于 i、e 的异文。这个现象怎么解释？难道说 i 和 a 读音相近吗？一个是高元音，一个是低元音，舌位相差很远。要说 i 和 a 读音相近，太违背常理，恐怕得从别的方面找原因。在晚期于阗文献当中，元音符号 ä 和 i 在书写上的区别非常小，和辅音相拼时，区别只在于元音符号起笔的位置，比如 P. 2855 中，ki 写成，kä 写成。古人在识读或记录的时候，恐怕也容易出现失误，把 ä 误当作 i。i

① 此处与 satya 中的 sa 明显不同，竖画下面有一点儿，像 su。
② pra 为 pu 之误。

和 a 之类音的异文，其实就是 ä 和 a 之类音的异文，这就和前文中发现的规律一致，能从另一个方面支持 ä、a 音近的结论。同时也能够解释表3－9 中所列的异文现象，ä、i、a、ā 的异文，大多数和 i 没什么关系，全是 ä 和 a、ā 在交替呢！

3. anusvāra

在这四份文献当中，凡是带 anusvāra 的音节，各个版本之间基本上都存在异文，这说明于阗文中，anusvāra 的使用很不统一。因为于阗文咒语从源头上说，是源自梵文本，咱们按梵文本是否带 anusvāra 来分类，看于阗本怎么转写。

梵文词带鼻音成分，于阗本用 anusvāra 转写，各于阗本之间出现异文。共 7 例。

表 3－16 **梵文词带鼻音成分，共 7 例**

P. 2026	P. 2029	P. 2782	P. 2855	梵本	智严汉译本
caṃ[1]de	caṃde	caṃde	cade	caṇḍe	战提
samaṃtta	samaṃtta	samaṃtta	samatta	samanta	娑蔓多
samattą	samaṃtta	samaṃtta	są maṃtta		娑蔓多
naidhyaṃtte	nidhyaṃtte	nidhyaṃtte	naidyatte	nirdhante	涅殿低
asaṃge	asiga	asaṃga	a sagä	asaṅgha	阿僧伽
saṃkarṣaṇe			säką ṣäṇe’	saṅkarṣaṇi	桑葛屣拏
aṃttatte	aṃttatte	aṃttatte	attatte	anante	按多低

比如梵词 samanta，P. 2855 写成 samatta，ma 上头没有 anusvāra，其他三个本子都有 anusvāra，可转写成 samaṃtta。最后一例，于阗本和梵本记录的词可能不一致，不过从汉译本看，第一个音节应该带鼻音成分。

梵文词相应音节没有鼻音成分，于阗本有的带 anusvāra，有的不带，出现异文。有 22 例。

① Bailey 先生误转写为 vaṃ。

表 3 – 17　　**梵文词相应音节没有鼻音成分，共 22 例**

P. 2026	P. 2029	P. 2782	P. 2855	梵本	智严汉译本
aṇi	ą ṇe	ą ṇe	ą ṇe	ane	阿拏
kalpase	kalpatte	kalpatte	ką lpäse	karpaṣi	舸立跛(二合)栖
sattyārą̄me	sattyārą̄me	sattyārą̄me	są ttyārą̄me	satyarame	娑低(低耶)反邏咩
sāra vą tte	sāra vatte	sāra vatte	sārä vatte	savavati	娑嚟(去)囉啝低
a（saṃ）gą	asaṃ ga	asaṃ ga	asaṃ ga	asaṅgha	阿僧伽
ą cale	acile acile	ą cale acale	icile	acale	阿者嚟
thidaṃ	thedaṃ	thidaṃ	ya thyįdaṃ	yathā idaṃ	体昙
anāchi da	anāchi da	anāchi da	anāchai dyą①	anacchede	闇(乌可反)那(去)掐陀(提耶反)
nara vą ktte	niri vartte	niri vartte	nir matte	nirmade	涅麽泥
bhą̄vane	bhāvena	bhāvena	vi bāvane	vibhavani	伏婆啝泥
svą hā	svāhā	svāhā		svāhā	莎诃
sama ttą	samaṃ tta	samaṃ tta	są maṃ tta		娑蔓多
yuktte	yūrtte	yūktte	yųhte:		欲讫低(二合)
na dhą̄na	ni dhą̄na	ni dhāna	nä dą̄nä		泥驮那
kalpa			ką lpe	karpe	舸立箄(二合)
ną rahā re			narähā rę	nirhale	涅诃嚟
vą pūla			vapula	vimara	微晡罗
drai ḍha			drai ṇḍą	dṛḍha	姪荼
saṃ karṣaṇe			sä ką ṣäṇe’	saṅkarṣaṇi	桑葛屣拏
sūsthatte			sų̄sthette②		速思体(二合)低
drai ḍha			drai ṇḍą		姪荼
bhą̄ṣą tte	bhāṣattā	bhāṣattā	bhāṣätte		婆(去)瑟低

比如梵词 asaṅgha，gha 音节没有鼻音成分，而 P. 2026 相应音节带 anusvāra，转写为 gą，P. 2029、2782、2855 都不带 anusvāra，转写为 ga。

另外，表 3 – 12 和表 3 – 15 中还有一些这样的例子。此处不再重复列举了。

这几份文献转写的是同一份咒语，记录的词应该是大体一致的，可是

① Bailey 转写为 dya，此处有 anusvāra。

② tte 是用小字写在 sthe 的下面。

在 anusvāra 的使用上，于阗本出现这么多的差异。借助对音材料，可以找出差异背后的规律。

表 3－16 中，智严汉译本的对音汉字“战蔓殿按僧桑”都是阳声韵字，有鼻音韵尾，说明此处于阗文中的 anusvāra 表示鼻音成分，而梵文词相应音节多是带鼻音成分的。

表 3－17 中，智严汉译本的对音汉字“阿舸娑唎伽体陀麽婆莎驮嚟微茶”都是阴声韵字，没有鼻韵尾，说明此处于阗文中的 anusvāra 不表示鼻音成分，梵本相应的音节也没有鼻音成分。另外，“欲涅葛速”是入声字，入声韵尾对应的是梵文或于阗文后一个音节开头的辅音，比如“葛”对 kar 或 ka̮ṣ，和 anusvāra 没什么关系，此处的 anusvāra 也不表示鼻音成分。

于阗文献中的 anusvāra 虽然使用混乱，但是在理解的时候还是有规律可循，即对应的梵词有鼻音伴随元音出现时，相应的于阗文的 anusvāra 才表现出鼻音音值，否则就不一定表示鼻音。

顺便解释一类经常遇到的异文现象。anusvāra 的写法和元音符号 au 中的最上面一笔有近似之处，所以有时出现 au 和 ā̮ 的异文。例见表 3－18：

表 3－18　**au 和 ā̮ 的异文**

P. 2026	P. 2029	P. 2782	P. 2855	梵本	智严汉译本
<u>sau</u>me	<u>sā̮</u>me	<u>sā̮</u>me	<u>sā̮</u>me	sume	<u>扫</u>咩
<u>sthau</u>me			<u>sthā̮</u>me		<u>思傥</u>二合咩
ttrau	ttrā̮	ttrā̮	ttrā̮	trā	怛啰二合
mūkhā	mu <u>khā̮</u>	mukha̮	mu <u>khau</u>		目抗
<u>gau</u>ttre	gūptte	gūptte	<u>grā̮</u>ttre:		遨低嚟二合

这些异文有的能从字形方面来解释。比如 sau 写成，sā̮写成，二者太相近了，如果写快了点而把中间一笔拉直了，简直没什么区别。Bailey 先生有时就认不清，P. 2782 从字形上看，应该转写成 sā̮，他就认成 sau。想一想，古人或许也有同样的困惑吧！

本章使用的材料是佛教咒语。出于宗教信仰的追求，咒语材料要求记音准确严密，这为我们考察于阗语、汉语的语音问题提供了方便。不过，这些于阗文献都是拿婆罗迷字记录梵文音，和世俗文献中于阗文字的使用方式会不会有差别？这个问题也是我们一直关心的，在今后的研究中，还要继续探讨。

另外，这几份材料中还有一些其他的异文现象，由于和于阗字母读音的关系不太紧密，本章就不涉及了。

第四章

敦煌藏文文献与藏语语音研究

第一节 《佛顶尊胜陀罗尼》敦煌藏文本的版本来源

本章所涉及的藏文文献包括法国国家图书馆藏敦煌藏文文献编号为 Pelliot tibétain（以下简称 P. t.）54、P. t. 72、P. t. 73、P. t. 74、P. t. 368、P. t. 394、P. t. 396、P. t. 399 及印度事务部图书馆（India Ofiice Library）藏敦煌藏文文献编号为 IOL TIB J 1134（以下简称 I. T. J. 1134）九份文献。这些文献含有《佛顶尊胜陀罗尼》的咒语部分，只是拼写方面总是有细微的差别，它们记录的咒语与《大正藏》中所收的梵本及唐代汉译本在语句和细节方面略有差异，似乎不是一个来源。本节打算总结异文的规律，分析异文的成因，讨论这些藏文本是从哪种语言的本子转拼的。弄明白这个问题，才能够更好地利用这些材料做对音研究。

一 从异文角度推测 P. t. 54 等八份藏文咒语是藏人从梵本转译的[①]

“佛顶尊胜陀罗尼”敦煌藏文本各本之间的差异大致可分为以下几类：1. 在塞音、塞擦音和擦音前面有时会加上同部位的浊音，由此构成异文；2. 和梵文特有字母对应的地方，藏文本集中出现异文，或者另加符号，或者用变体字母，或者用相近的音；3. 送气、不送气清辅音、清浊辅音之间的异文。

---

① 这部分内容作为《〈佛顶尊胜陀罗尼〉敦煌藏文本版本研究》的一部分，发表于《西域历史语言研究集刊》第三辑，科学出版社 2010 年版，第 321—342 页。

1. 塞音、塞擦音、擦音前面加上同部位浊音

和梵文词相比，藏文本有时会在塞音前加上同部位塞音字母，这个规律似乎敦煌藏文文献中表现得更加突出。原先看过北京版、德格版藏文本的《智炬陀罗尼》，和于阗文写本[①]相比，藏文本在舌音前出现连读增音现象。请看表格：

表 4－1　**北京版、德格版藏文的增音**

于阗本	提云译本	施护译本	北京版藏文	德格版藏文
kalatha	迦(迦之上声，迦音纪伽反)罗(上)他(上)	迦啰伊②	ka lad tha	ka lad tha
ithithaṃsa	伊(上)替(他止反)炭(他邓反下同)娑(上)	伊体探娑	id tid than sa	id tid than sa
sūraṭa	苏(上)啰(依罗字本音而转舌呼之)吒(都假反)	酥啰那娑	sū radṭa	sū raṭṭa
suthāsa	苏(上)哆(丁佐反)娑(上)	阿他娑	sud thā ya	sud thā ya
itithaṃsa	壹炭娑(上)	伊蹉娑	id than sa	id than sa
sathāsa	悉他(上)娑	娑蹉(引)酥	sa da thā sa	sad thā sa

比如于阗本 kalatha，第二个音节是 la，汉译本“罗、啰”是阴声韵字，无塞尾，而藏文本是 lad。其余的例子都是这样。只出现在 th、ṭ 前面。

后来读到“佛顶尊胜陀罗尼”的敦煌藏文本，发现在舌根音和 r 音，甚至 n 音前也增生同部位的音，而北京版、德格版藏文本却没有这个现象。请看下面的表格。

表 4－2　**敦煌藏文文献的增音**

P. t. 54	P. t. 72	P. t. 73	P. t. 74	P. t. 368	P. t. 394	P. t. 399	iol tib j 1134	德格版	北京版
log kya			log kya		logkya	logkya	logkya	lokya	lokya
				tad dyatha		tadthyatha	×dthyatha	tadyathā	tadyathā
	tadthagatā							tathāgata	tathāgatā

---

① 这部咒语没找到梵本，就拿于阗本代替了。于阗本用俄国圣彼得堡东方研究所藏彼得罗夫斯基收集品，编号为 SI P 3，图版见 R. E. Emmerick and M. I. Vorob'ëva-Desjatovskaja: *Saka Documents VII: the St. Petersburg collections*, London 1993。转写见 E. Leumann: *Buddhistische Literatur, Nordarisch und Deutsch, I. Teil: Nebenstücke* (= Abhandlungen für die Kunde des Morgenlandes XV. 2), Leipzig 1920 (repr. Liechtenstein 1966), p. 158.

② “伊”字似为“他”之误。

续表

P. t. 54	P. t. 72	P. t. 73	P. t. 74	P. t. 368	P. t. 394	P. t. 399	iol tib j 1134	德格版	北京版
				adhiśthadna adhiśidtate				adhiṣṭhāna adhiṣṭhite	adhiṣṭhāna adhiṣṭhite
					mudtre			mudre	mudre
						vaddzrïri vaddzrïri vaddzra	vaddzre vaddzre vaddzra	vadzra	vadzra
					pratïnivarrtaya	pradtïnivartaya		pratinivartaya	pratinivartaya
…				adhiśiddati				adhiṣṭhāna adhiṣṭhite	adhiṣṭhāna adhiṣṭhite
	tad tha	tadthata					tad tā	tathātā	tathātā
				vispudta				visphuṭa	visphuṭa
						vaddzre vaddzremaha vaddzre	vaddzre vaddzre maha vaddzre	vadzre vadzre mahā vadzre	vadzre vadzre mahā vadzre
			vadzra gar rbhe	garbe	vadzre garrbhe	vaddzre garbhï	vaddzra garbhe	vadzre garbhe	vadzre garbhe
						vaddzrema	vaddzram	vajraṃ	vajraṃ
				sadtvā:		sadtva	sadtva	satvā	satānā
	parïśudd hisśca	pariśudd hisśca	parïśudd hïsśca					pariśuddhir	pariśuddhir
		tad tha						tathā	tathā
			muddre			mudtre	muddre	mudre	mudre

比方说，梵文 lokya，lo 后面没有塞音 g，P. t. 54、P. t. 74、iol tib j 1134 作 log kya，增生出了同部位的塞音。梵文 garbhe，P. t. 74、394 garrbhe，增生了 r 音。梵文adhiṣṭhāna，P. t. 368 adhiśthadna，增生了 d 音。增加的音一般是不送气的浊音。有了这个知识背景，P. t. 72 parïśuddhis śca、P. t. 73 pariśuddhis śca、P. t. 74 parïśuddhïs śca中的 s 大概也是增生的音，s 是发音部位和ś相近的擦音。

从语音学上看，这种现象是连读时音节间的一种同化增音。这在现代藏文中习以为常①。比方说，按书面藏文，数词“十”写作 btɕu，“一”写作gtɕig，“十一”就是 btɕu gtɕig，夏河话念成 tɕəχhtɕəχ，阿力克话念

① 这是瞿霭堂先生面授的。

成 ptçək ɣtçək [1]。前一字“十”就加上了韵尾，这个韵尾发音部位和后一字开头的音相近。汉字是表意文字，母语是汉语的汉族僧众恐怕对连读音变不会太敏感，估计不会有这样的记音能力。敦煌经卷中的连读增音现象不像通藏语的汉人所记，大概是母语是藏语的藏族僧众记下的，即这些卷子像是出自藏人之手。

2. 和梵文特有字母对应的地方，藏文本集中出现异文，或者另加符号，或者用变体字母，或者用相近的音

从辅音和元音两个方面说。先看辅音。主要谈梵文全浊辅音和卷舌塞音、擦音、鼻音的转写。

敦煌藏文写本中 bha 写作བྷ，dha 写作དྷ，是在 ba、da 下面附加送气符号 h。古藏语全浊辅音没有送气和不送气的对立，和梵本这类音对应的地方，容易发生音近替代，比如：

梵文是 bh，敦煌藏文写作 b 的：梵本 bhagavate，P. t. 73 bagabhate、bagavate；梵本 abhiṣaikai，I. T. J. 1134 abyïśekra，P. t. 368 abiśeɦike，P. t. 394 abiṣakera，P. t. 399 abyïśeka。

梵本是 b，敦煌藏文本是 bh 的：梵本 buddhāya，P. t. 72 bhuddhayā；梵本 buddha，P. t. 368 bhuddhe。

梵本是 v，敦煌藏文本是 bh 的：梵本 bhagavate，P. t. 72 bhagabhate；梵本 avabhāsa，P. t. 368 abhava: sa，P. t. 399 abhabhasas；梵本 svābhava，P. t. 368sbaha: bhava，P. t. 394 svavabha，P. t. 399svavabha。梵文有的方言或写本 v 和 b 混，所以上面提到的例子相当于 b 和 bh 的异文。

梵本是 dh，敦煌藏文本是 d 的：梵本 dhāraṇi，P. t. 74 dāranï；梵本 buddhya，P. t. 399 buddya。

梵本是 d，敦煌藏文本是 dh 的：梵本 hṛdaya，P. t. 74 hrïdhaya、P. t. 368 rhidhaya: ；梵本 adiṣṭana，I. T. J. 1134 adhiśtana；梵本 padai，P. t. 73 padhai、P. t. 399padheɦi。

值得注意的是，写送气浊塞音时，P. t. 368 有的地方把送气符号 h 写在 ba、da 的后面，有时还加上分音节符号，比如 buddhaya 写成བུདདཧཡཿ，按字面转写就得写成 buddahaya: 。这样的例子还有 bhiśodaha: ya: 、sbaha: bhava bhiśuddeha、ayusandaharani: 、gagana bhiśuddeha、pariśuddēha: 。

---

① 黄布凡主编：《藏缅语族语言词汇》，中央民族学院出版社 1992 年版，第 269 页。

藏文用ཥ表示梵文卷舌的ṣa。由于当时藏语中没有卷舌擦音ṣ，藏文中这类音有时用ś替代。比如：梵本viśiṣṭaya，P. t. 74 viśiśtaya；梵本ṣiṃ，P. t. 74、I. T. J. 1134 śin。

藏文用ཊ表示梵文卷舌的ṭa。由于当时藏语中没有卷舌塞音ṭ，藏文中这组音有时用t替代。比如：梵本adiṣṭana，P. t. 72 adïśtana；梵本koṭi，P. t. 72 kotï。

藏文用ཎ表示梵文卷舌鼻音ṇa。藏文中有时用na替代。比如：梵本maṇi，I. T. J. 1134、P. t. 72、P. t. 74 manï；梵本 uṣṇīṣa，P. t. 72 uśnïśa。

再看元音。主要谈梵文复合元音ai、舌尖元音ṛ的转写。

藏文记录梵文ai，有时分成两个单元音书写，而且主元音a选择哪个单元音转写并不一致。这类现象大约有9例。梵本trai，藏文本I. T. J. 1134 treɦï，P. t. 72 trïɦï，P. t. 73、74、394 treɦi。梵本padai，藏文本P. t. 72 padēɦi，I. T. J. 1134 padeɦï、394 pateɦi，399 padheɦi。梵本abhiṣaikai，P. t. 72 avïśïkeɦira。

也有的就按照梵文的ai的写法，写成复合元音，这类现象有5例。梵本padai，P. t. 73 padhai，P. t. 74. padai。梵本trai，P. t. 54trai。梵本abhiṣaikai，P. t. 54…ṣekāir，P. t. 73 abhiśekaira。

还有的转成其他近似的元音字母。转成e的4例，梵本abhiṣaikai，敦煌藏文本P. t. 54 … ṣekāir，P. t. 73 abhiśekaira，P. t. 74. abhiśeker，I. T. J. 1134 abyïśekar。转成ï的1例，梵本abhiṣaikai，P. t. 72 avïśïkeɦira。

和梵文的舌尖元音ṛ对应的地方，敦煌藏文本也比较混乱。有的用ri、rï转写。用ri转的有5个，梵本mṛ，P. t. 73、74、368、I. T. J. 1134 mri；梵本hṛdaya，P. t. 73 hridaya。用rï转的4个，梵本mṛ，P. t. 54、72、394 mrï；梵本hṛdaya，P. t. 74 hrïdhaya。

需要注意的是，梵文的hṛ，敦煌藏文对应的地方经常写成རྷི、རྷཱི，按照字面转写，只能转成rhi、rhï。用rhi的4次，P. t. 73 rhidāy、368 rhidhaya:、rhidhaya:，399 rhidaya。用rhï的8次，P. t. 54 rhïdaya，P. t. 72 rhïdayā，rhïdayā，I. T. J. 1134 rhïdaya、rhïdaya，394 rhïdhayā、rhïdaya，399 rhïdaya。前面提到过，梵文hṛ，藏文可转成hri，把下加字r放在上加字的位置上，hri就成了rhi。之所以这么调整，是因为梵文的hṛ发音太特殊，用hri来拼也是一种近似，写成rhi就提醒大家，梵文的hṛ与hri实有不同，一定要注意经师面授。上面的想法目前仅是个推测，这还需要请方家来下结论。

藏语中不存在这些梵文特有的音，转写这些音时产生困难，因而出现大量异文，这说明敦煌藏文写本所依据的原本就是梵本。只有从这个角度，才能合理解释这类异文现象。

这些藏文本是藏人从梵本转写的，相当于另外一种梵本。梵汉对音研究，相对于汉译本而言，梵本严重不足，拿藏文本作补充，是一个可行的办法。

另外，藏文本送气、不送气清辅音、清浊辅音之间也出现异文，这可能和藏语的浊音清化有关，本章第二节会专门讨论。

二　从异文角度证明 P. t. 396 是汉文咒语的藏文拼写本①

P. t. 396 和别的本子差别较大，比如梵本 jaya，P. t. 54 dzaya，拿 dza 转写梵本的 ja，这在藏文本中很常见，可是 P. t. 396 作 śaya，就格外引人注目了。这就提出一些问题：P. t. 396 到底是依照什么本子转写的？

P. t. 396 词语的写法绝大多数和梵文词都有差别，其中有一部分，从梵文词出发，参照上面提到的几条原因可以解释。比如 P. t. 396 bagavadte，梵词是 bhagavate，藏文本用 ba 转写送气浊音 bha 是音近替代；至于 va 的后加字 d，也可解释成增生的音。类似的分析，上文都说过，不再详述了。

另一部分异文现象，和梵本差距有些远，用上面的方法解释不了，和唐代西北音有相似的地方。恐怕得通过汉文本这个媒介来理解，才能解释通。大致的脉络是：拿唐代西北音从梵本译成汉文，藏文再照着汉文本拼写，转写者也熟悉汉语西北方音。下面按照藏文本和梵本的差异，分类逐句分析。为了方便大家核对，先列 P. t. 396 藏文本图版，再列转写。汉文本选择体现西北音特点的本子，包括不空本、北 7337、S. 5249、S. 2498 等，有的句子参考了义净、佛陀波利等人的译本。关于西北方音的知识，参考罗常培先生《唐五代西北方音》、刘广和先生《不空译咒梵汉对音研究》等著作。

（一）带前加字འ的音节的对音

通常的看法，藏文前加字འ表示鼻冠音，比方说，འད表示 nda 这样的

① 这部分内容曾以《P. t. 396 的版本来源及其反映的汉语语音现象》为题，发表于《语言研究》2013 年第 2 期，第 39—42 页。

音。P. t. 396 出现不少在浊辅音前加འ的音节，梵文没有这样的组合，P. t. 396 不可能是从梵文来的，恐怕得从汉文方面想办法。

根据罗常培先生的研究，汉藏对音材料《千字文》《大乘中宗见解》《阿弥陀经》《金刚经》等材料中，一般用 ɦba、ɦda、ɦga 这样的音节转写次浊声母明、泥、疑母字，而藏文带 a-chung 的音节还有一些对汉语的全浊声母和全清声母字，比如《阿弥陀经》ɦbu 对並母字"菩"，《大乘中宗见解》ɦphad 对非母字"发"[①]。这种现象在《天地八阳神咒经》（P. t. 1258）、《南天竺国菩提达磨禅师观门》（P. t. 1228）汉藏对音材料中更加普遍。

P. t. 396 中，上述三种对音现象都出现了。下面把相关语句列出来。

1. 藏文带前加字འ的音节对汉文次浊声母字：

（1）འབྱིཤུཤྟཡ ɦbyiśuśtaya，梵词 viśiṣṭaya，北 7337 弥失瑟吒耶。藏文本的 ɦbyi 对明母字"弥"。

（2）འབུའདཡ ɦbuɦdaya，梵词 buddhāya。不空本"没驮$_{引}$野"，S. 5249 某驮耶。藏文本的 ɦbu 对明母阴声韵字"某"、ɦbuɦd 对明母入声韵字"没"。

（3）འབུདྷ ɦbudha，梵词 buddhi，不空本"没地"，S. 5249 某他。藏文本的 ɦbu 对明母阴声韵字"某"，ɦbud 对明母入声字"没"。

（4）འབུདྷ ɦbudha，梵词 buddhā，S. 5249 某驮，不空本"没驮$_{引}$"。藏文本 ɦbu 对明母阴声韵字"某"。

（5）བའ་འབའ baɦ ɦbaɦ，梵词 mama，不空本"麽麽"，明母字"麽"对 ɦbaɦ、baɦ。西北音明母的读法既有鼻音成分也有塞音成分，拿明母字对梵本的 ma 是利用其鼻音成分，用藏文字母转拼"麽"的音，记成 baɦ 是突出其塞音成分，记成 ɦbaɦ 是把鼻音成分、塞音成分都记录下来了。

（6）བ་འབའ་འདུ ba ɦbaɦ ɦdu，梵词 bhāvatu，不空本"婆嚩覩"，藏文本 ɦbaɦ 转写微母字"嚩"。

（7）འབྱྀཤུདེ ɦvyïśude，འབྱིཤུདྡེ ɦvyiśudde，འབྀཤུདྡེ ɦvïśudde，梵词 viśuddhe，不空译本"尾秫提"。藏文本 ɦvyï、ɦvyi、ɦvï 转写微母字"尾"。

（8）འབྱྀཤཡ ɦvyïśaya，འབྱིཤཡ ɦvyiśaya，འབྷྱྀཤཡ ɦbhyïśaya，梵词 vijaya，不空本"尾惹野"。藏文本 ɦvyï、ɦbhyï 转写微母字"尾"。

① 罗常培：《唐五代西北方音》，科学出版社 1961 年版，第 15—30 页。

（9）ɦvyïsarpujra，梵词 visphuṭa，不空本“尾娑普二合吒”。藏文本 ɦvyï 转写微母字“尾”。

（10）ɦgate ɦgāhana，梵词 gati gahāna，不空本“誐底誐贺曩”。藏文本 ɦga、ɦgā 转写疑母字“誐”。

（11）ɦgate，梵词 gata，北 7337 蘖哆。藏文本的 ɦgat 转写疑母字“蘖”。

2. 藏文带前加字 འ的音节对汉文全浊声母字

（1）ɦbuɦdaya，梵词 buddhāya。不空本“没驮引野”，S. 5249 某驮耶。藏文本 ɦda 转写定母字“驮”。

（2）ɦbhyiśudhayā，梵词 viśuddhaya，北 7337 毗戍驮耶。藏文本 ɦbhyi 转写並母字“毗”。

（3）ɦbyïśrakye，梵词 abhiṣaikai。S. 2498 阿鼻世迦啰，藏文本 ɦbyï 转写並母字“鼻”。

（4）ɦdïśtana byin ɦdiśiciti，ɦdïśtana byin diśiciɦdï，ɦdïśtana ɦbyin ɦdiśiciɦdi，梵词 adiṣṭanadiṣṭata。S. 2498 阿地瑟咤娜阿地瑟哆，藏文 ɦdï、ɦdi 转写定母字“地”。

（5）ɦgayā，梵词 kaya，S. 2498 伽耶。藏文 ɦga 转写群母字“伽”。

罗常培先生认为，唐五代时期的西北方音，次浊声母既有鼻音成分又有同部位塞音成分。①这个结论能得到梵汉对音、西夏文对音等其他材料的支持，是站得住脚的。但是《阿弥陀经》《天地八阳神咒经》《南天竺国菩提达磨禅师观门》等文献的藏文转写本中，藏文的浊音字母前加 a-chung，还能转写汉语全浊声母字，数量仅次于转写次浊声母的情况，不能当成例外。可能当时的藏语已经开始发生浊音清化，单纯的浊音字母已经读得像清音，浊音字母前加了 a-chung 才能更好地表示浊辅音，用来转写汉语的全浊和次浊声母字。P. t. 396 的对音情况也能这么解释。

3. 藏文带前加字འ的音节对汉文全清声母字

（1）ba ɦbaɦ ɦdu，梵词 bhāvatu，不空本“婆嚩覩”。藏文 ɦdu 转写端母字“覩”。

（2）dïśïci ɦda，梵词 adhiṣṭhite，不空本“地瑟耻二合哆”。藏文 ɦda 转写端母字“哆”。

---

① 罗常培：《唐五代西北方音》，科学出版社 1961 年版，第 30 页。

（3）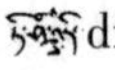diśicï ɦdi，梵词 adhiṣṭite，不空本“地瑟耻二合帝”。藏文 ɦti 转写端母字“帝”。

上述三例只涉及端母字。藏文字母 da 和 ta 写法极近，敦煌卷子中，混写的极多[①]。因为前加了 a-chung，本书一律转成 ɦd-[②]，或许此处书写者的意图是 ɦt-。好在这类现象不多，可当作例外。

需要指出的是，《佛顶尊胜陀罗尼》汉文译本、抄本数量相当多，或许还有一些本子更符合对音规律，我们还没看到。

（二）梵本是塞音，P. t. 396 藏文本是鼻音

看 Edgerton 的《佛教混合梵语语法》，有拿 b 之类音替换正梵文 m 的，相反的现象没看到。P. t. 396 拿 m 对应梵文 b，恐怕得从汉文本解释。唐代西北音，明母字既有鼻音成分，也有塞音成分，对梵本的 b 是体现塞音成分，藏人拿 m 来拼是描写其鼻音成分。

 mudzi mudzi，梵词 buddhi，S. 5249 某弟某弟。按西北音来念，“某”字声母既有鼻音成分，也有塞音成分，藏文本转成 mu 是突出其鼻音成分。下面的例子也是相同的思路，不详说了。

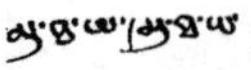 muthaya muthaya，梵词 bodhaya bodhaya，不空本“冒引驮也”，S. 2498 某馱耶。

（三）梵本是 ja，P. t. 396 藏文本是śa

 ɦvyï śaya，梵词 vijaya。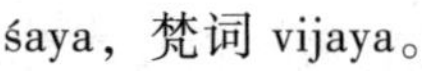 śaya śaya ɦvyï śaya ɦbhyï śaya，梵词 jaya jaya vijaya vijaya。一般来讲，梵文的浊塞擦音 ja，藏文用 ja［ʥa］或 dza［dza］来转写，P. t. 396 变成了清擦音śa［ɕa］，应该是经过了汉文本的媒介，而且还反映出汉语的浊音清化。我们列举以下几个汉文本：义净本“毘逝也”，杜行颛译本“毘上闍上夜”，佛陀波利译本“毗社耶”。逝闍社都是禅母。拿禅母字对梵文浊塞擦音 j，符合梵汉对音的规律。因为从后汉到不空的梵汉对音材料中，禅母字总是对 j。[③] 禅母字清化，一部分字，尤其是仄声字，变成擦音，罗常培先生考察的汉藏对音

---

① 瞿霭堂先生《藏文的语言文字学基础》一文指出：“早期使用的这种记录藏语的文字系统是不规范、不准确和不科学的，具有一定的任意性，这在今天保留的古老文献和敦煌文献中还有一定的反映。这种情况还是出现在藏文基本定型和规范之后，初始的状态肯定会更加混乱。”见《中国语言学》第三期，第 51—70 页，北京大学出版社 2009 年版。

② 按照藏文正字法，འ可加在ད前，不可加在ཏ前。

③ 刘广和：《音韵比较研究》，中国广播电视出版社 2002 年版，第 45 页。

材料中，禅母字绝大多数和审母合流，对ś类音。[①] 所以 P. t. 396 中的śa 应该是记录“逝阇社”这类禅母字清化后的音。

（四）藏文 ca 组音的特殊对音现象

藏文的 ca 组音一般转写梵文的相同的音，比如梵本 vajra，P. t. 396 也写作 vajra。但是在梵本是 ṭ、ṇ、d、dh 音的地方，P. t. 396 有一些对应的是 ca 组音。这中间恐怕要经过汉文本的媒介。

梵文的顶音 ṭa 组音，一般用汉语知组字来对，从两晋到隋唐对音都是这样，这为确定中古时期知组字的音值提供了重要证据。可是到了晚唐五代，知组读音发生了变化，知照开始合流，罗常培先生《唐五代西北方音》就发现知组和照组都对 c。从 P. t. 396 藏文拼写形式可看出，这时知组读音已经和梵文的顶音不太像了，所以拿藏文记录知组字的读音时，有的不再还原成梵文的顶音，而是用藏文的 ca 组音来记。

1. ɦdiśiciti，diśicïɦdi，dïśïciɦda，byin diśiciɦdï，ɦdiśiciɦdi，梵词都是一个，adhiṣṭita，北 7337 地瑟耻帝。梵文的ṭi，不送气，应当拿汉文不送气的知组字对，但是目前见到的汉文本都拿送气的彻母字“耻”来对，这里可能有版本传抄的差异，或者有语流音变的原因。梵文的卷舌塞音ṭi，藏文可以用反写的 ti 表示，或者有时就用 ti 音近替代。P. t. 396 写成 ci，是转写汉语某个知母字。晚唐五代时期，知组读音混同照组，比如汉藏对音《千字文》当中知母字“知”和章母字“之”都对 ci。[②]

顺便说一下，梵文本ṣṭi 中的 ṣ辅音，藏文本对应的是śi，增加了元音构成单独的音节。这也是转写汉文本。梵文本 ṣṭi 是一个音节，译成汉语就得用两个汉字“瑟耻”“失耻”等表示，从汉文本再译成藏文本，就成了śici、śicï、śïci 这样的形式了。这一点在第（六）小节就不再说了。

2. mujiri，muciri，mujrï，梵词都是 mudre。义净本“没姪囇”，佛陀波利“慕$_{\text{音母}}$啀隶”。muji muji，梵词 buddhi，S. 2845 勃啀。姪，《广韵》徒结切、直一切两读。藏文的对音形式或可这么理解：汉文本中，用来对梵本 d、dh 的某个定母字，被读为澄母音，藏人就拿 ji 或 ci 来转写这个澄母音了。中古的澄母本来就是从上古的定母分化出来

① 罗常培：《唐五代西北方音》，科学出版社 1961 年版，第 21 页。

② 同上书，第 20 页。

的，同一个汉字有定母、澄母的异读或者在不同地区有不同的念法，这是很容易理解的。

3. ɦvyïsarpujra，梵词 visphuṭa，S. 5914 毗萨普吒。吒，知母字。按照上面的分析，藏文应当用清音 ca 来对最合适，而 P. t. 396 用浊音 j 来转写，或是因为藏语单独的浊音已经清化，或者就是清浊转写混乱。下加 r，是在突出吒字的卷舌音色。

4. saparacra，梵词 spharaṇa，不空本“娑颇二合啰拏”；bharajrā，梵词 avaraṇa，不空本“嚩啰拏”。梵文的ṇa，藏文一般用反写的 na 来转，或者就用 na 音近替代。此处的 cra、jrā 不会是从梵文译的，而应该是转写汉文的娘母字。按照对音材料，娘母字读音和泥母字确实有别，根据刘广和先生的研究，不空对音中，泥娘两母分别井然，娘母字读音应当有卷舌的成分。① 根据罗常培先生的研究，在汉藏对音材料中，“舌上音混入正齿音”，② 娘母自然也和正齿音一样对藏文 ca 组音了。比如《阿弥陀经》中娘母字女、尼都用 ɦji 转写。③ P. t. 396 中 cra、jrā 加了下加字 ra，强调卷舌的音色，转写汉文的娘母字就更合适了。

（五）韵母方面的特点

P. t. 396 有些词语元音之后的辅音和梵词不一致，如果从汉文本来考虑，就能解释得通。举例如下。

strelogkyaṅ，梵词 trailokya。P. t. 396 kyaṅ，怎么多出个鼻韵尾来？相关现象在唐代西北音中能找到。唐代西北音宕摄阳声韵尾消变，梵音 kya 没准就有人用阳唐韵系字对，智严就拿“抗”对khā̧。转写藏文本的人照着汉字拼，自然就加上了韵尾。这在汉藏对音材料中很常见，比如相 syaṅ、绛 gaṅ等④。

还有一处，藏文是这么写的，对应的梵词是 prati-ni°，北 7371 汉文本译作：钵啰二合底甯。藏文本在 nï 字下面还有个符号，应该是藏文字母 na。古藏语文献中，为了书写简短，后加字有时可放在基字下面，写在下加字的位置，那么，这一段藏文就可转为 paratïnïn。nïn 对应汉文的“甯”。甯是青韵字，应当有舌根鼻音韵尾，此处用舌尖前的 n 来描写，反

① 刘广和：《音韵比较研究》，中国广播电视出版社 2002 年版，第 44 页。
② 罗常培：《唐五代西北方音》，科学出版社 1961 年版，第 16 页。
③ 同上书，第 21 页。
④ 同上书，第 55 页。

映了梗摄阳声韵尾的消变。

梵文的 pra 译成汉文是“钵啰二合”，藏文本写成 para，是记录汉文本的音。在第（六）小节就不重说了。

（六）梵本是复辅音，P. t. 396 在中间加上元音，构成独立的音节

1. pārate，梵词 prati，北 7337 波喇帝。梵本 pra 到藏文本中成了 pāra，增加了元音。藏文 pārate 转拼汉文本“波喇帝”正合适。

2. saparacra，梵词 spharaṇa，不空本“娑颇二合啰拏”，娑对梵文 s-。藏文本从汉文本转拼，娑就得转成 sa 了。

3. ɦvyïsarpujra，梵词 visphuṭa，S. 5914 毗萨普吒，萨对梵本的 s-。如果从汉文本转成藏文，萨就得转成 sar 了。

4. samara，梵词 smara，不空本“娑麽二合啰”，娑对梵本的 s-，如果从汉文本转成藏文，娑就得转成 sa 了。

（七）P. t. 396 藏文本有转写汉文本小注的句子

ɦbu kyab śiɦu ci。这句话在梵本中没有，而且汉文本的正文中也没有。不过，不少汉文本，比如 S. 5249、S. 2498 在“摩摩”这一句后有小注“某甲受持”。P. t. 396 转写的正是这句小注：明母字“某”转写成 ɦbu，反映出西北方音的特点，“甲”是入声，藏文的 kyab 转出了入声韵尾，“受”转写成 śiɦu，“持”是澄母，知组和照组合流，故“持”能用藏文 ci 转写。这再一次证明了 P. t. 396 就是从汉文本转拼的。

顺便说一下，P. t. 396 个别地方可能添加藏文小注。P. t. 396 出现了好几次这样的咒语：ɦdï ṡtana byin ɦdiśiciɦdi，中间的 byin 从梵、汉文本都无法解释。藏文有个词，byin，灵验，byin can，有神力，有加持力。梵文 adhiṣṭita 是加持、护持义。所以 P. t. 396 的 byin 或许是用藏文对 adhiṣṭita 加注解。

上述几点都能有力地证明，P. t. 396 是汉文咒语的藏文拼写本，而且反映出明显的西北音特点：汉语次浊声母念鼻音和同部位的浊塞音、宕梗两摄阳声韵尾消变。这说明不空译经所体现出的西北音特色，在敦煌地区有着广泛的社会基础，藏人传习的汉音，是西北方音。

下面把 P. t. 396 转写出来，附上梵本和相关的汉文本。汉文本以不空译本为主体，有些句子融合了其他的本子，主要是为了更好地体现对音规律。

表 4－3　　P. t. 396 与梵本、汉文本的对照

P. t. 396	梵本	汉文本
namo	namo	曩谟
bagavadte	bhagavate	婆誐嚩帝
strelogkyaṅ	trailokyā	嘇帝囇路迦
pārate	prati	波喇帝
fivyiśuśthaya	viśiṣṭaya	弥失瑟咤耶
fibufidaya	buddhāya	某驮耶
bhagyavadte	bhagavate	婆誐嚩帝
datetha	tadyathā	怛姪他
ōm	oṃ	唵$_{\text{引}}$
fibhyiśudhayā	viśodhaya	尾戍$_{\text{引}}$馱$_{\text{引}}$野
sāmasamandha bhanbhasa	sama sama samantā abhasa	三麼三滿多嚩婆娑
saparacra	spharaṇa	娑頗$_{\text{二合}}$囉拏
figate figāhana	gatigahāna	誐底誐賀曩
svavabha śudte	svābhāva viśuddhe	薩嚩$_{\text{二合}}$婆嚩秫苐
avyiśrancā	abhiṣiṃcatumaṃ	阿$_{\text{上}}$鼻诜$_{\text{去}}$左
sukāta	sugata	蘇揭多
vadzrana	varavacana	嚩左曩
amridhafibyïśrakye	amṛta abhiṣaikai	阿$_{\text{上}}$蜜嘌$_{\text{二合}}$哆鼻囇$^{\text{瑟曳}}_{\text{反}}$罽
ahara ahara	āhara āhara	阿$_{\text{去}}$贺啰 阿贺啰
ayusantranï	āyuḥsandhāraṇi	阿$_{\text{上}}$欲散驮$_{\text{引}}$啰抳
śodhaya śodhaya	śodhaya śodhaya	戍$_{\text{引}}$驮也戍驮也
gaganafivyïśude	gagana viśuddhe	誐誐曩 尾秫提
uśnaśa	uṣṇīṣa	坞瑟抳$_{\text{二合}}$灑
fivyïśaya śuddhe	vijaya viśuddhe	尾社也 尾秫提
sahasarakaraśïmyi	sahasraraśmi	娑贺娑啰$_{\text{二合}}$啰湿弭$_{\text{二合}}$
sancudïte	saṃcodite	散祖$_{\text{引}}$祢帝
sarvatathagāta	sarvatathāgata	萨嚩怛他$_{\text{引}}$孽多$_{\text{引}}$
fidïśtana byin fidiśiciti	hṛdaya adiṣṭanadiṣṭata	地瑟侘$_{\text{引二合}}$曩$_{\text{引}}$地瑟耻$_{\text{二合}}$多
muciri majrï muthaya muthayā	mahāmudri	某帝隶
vajra figayā siṅhatana	vajrakāya saṃhātana	嚩日啰$_{\text{二合}}$迦$_{\text{引}}$耶$_{\text{上}}$僧贺怛那
śudde	viśuddhe	秫提
sarva bharajrā	sarva varaṇi	萨嚩$_{\text{引}}$嚩啰拏
fivyiśudde	paridiśuddhe	尾秫第

续表

P. t. 396	梵本	汉文本
paratǐnǐnabha triryā	pratinivarttaya	钵啰二合底儞鞢多也
ayurśudde	āyuḥśuddhe	阿引欲秫第
samaya byin diśicǐfidi	samaya dhiṣṭate	三麼耶引地瑟耻二合帝
manǐ manǐ	maṇimaṇi	麼抳麼抳
trǐtata bhota gote	tathātā bhūta koṭi	怛闼多引步多俱胝
paraśudde	pariśuddhe	跛哩秫第
fivyǐsarpudzra fibudha śuddhe	visphuṭa buddhi śuddhe	尾萨普咤某他秫提
śaya śaya fivyǐśaya fibhyǐśaya	jaya jaya vijaya vijaya	社也社也尾社也尾社也
samara samara	smarasmara	娑麼二合啰　娑麼二合啰
fibuddha	sarvabuddhā	某驮
vbin dǐśǐcifidi śudde	diṣṭita śuddhe	地瑟耻帝　戍帝
vajra vajra	vajri	嚩日哩
gǐrbyi	vajra garbhe	蘖陛
vadzralam	vajrāṃ	跋唧蓝
bafibafi fidu	bhāvatu	婆嚩覩
bafi fibafi	mama	麽麽
fibu kyab śifiu ci		某甲受持
sarva sadtva sakaya	sarva satvanaṃ cakaya	萨嚩萨怛嚩二合引难上引左迦上引也
fivǐśudde	pariviśuddhe	尾秫第
sarvagāte paraśudde	sarvatathāgati pariśuddhe	萨嚩孽底　跛哩秫第
sarva tathagāfi	sarvatathāgata samāśvasa	萨嚩怛他去蘖哆
fidǐśtana byin diśicifidǐ	adhiṣṭate	地瑟侘引二合曩引地瑟耻二合多
muji muji	buddhya buddhya	某嚹某嚹
muthaya	bodhaya	某驮耶
muthaya	bodhaya	某驮耶
samanta paraśudde	samanta pariśuddhe	三满多跛哩秫第
sarvatathafigata	sarvatathāgata hṛdayā	娑嚩怛他蘖哆
fidǐśtana fibyin fidiśici fidi	dhiṣṭanadhiṣṭhata	地瑟侘引二合曩引地瑟耻二合多
mujiri	mahāmudri	慕嚹唎
svaha	svāhā	娑婆诃
huṃhuṃ phada svahā		

第二节 从敦煌吐蕃汉藏对音文献看藏语浊音清化[①]

一 引言

一般认为，藏文创制的时期，藏文字母ག、ཇ、ད、བ、ཛ表示古藏语浊的塞音或塞擦音。在现代藏语三大方言区中，这些浊音都发生了清化。康方言中，上述浊音基字不带上加字或前加字时，读成低调的同部位的清音；带有上加字或前加字时（འ、མ除外），读成单一的浊音，一般读高调[②]。安多方言中，上述浊音基字不带上加字或前加字时，亦读成同部位的清音；带有上加字或前加字时，与前置辅音相配合，组成复辅音声母，读浊音；安多方言没有声调的区别[③]。卫藏方言中，上述浊音字母，带有上加字或前加字时，读不送气清音；不带上加字或前加字时，在后藏地区，一律读为送气清音，在前藏地区，有的地方读送气，有的地方读不送气；卫藏方言声调系统发达。

藏语浊音清化的过程是利用历史比较法拟测出来的。瞿霭堂先生提出这个过程大致分为两个阶段：

1. 单独的浊塞音、塞擦音变成同部位的不送气清音，浊擦音变成清擦音，后来读低调。此时，带前置辅音的浊塞音、塞擦音和擦音还保持浊音音色。

2. 带前置辅音的浊塞音、塞擦音和擦音也变成清音，后来读高调。[④]

文献考证法能对浊音清化的具体时代提供线索。黄布凡先生确定在12—13世纪，卫藏方言中，浊音清化的第一个阶段已经完成了。她分析《正字拼读宝海》等藏文正字法的文献，发现带有不同前置辅音的浊塞音声母读音相同，但是和单独作声母的浊塞音读音不同，比方说，bsd = sd = bd = gd ≠ d，因此推断，古单浊塞音声母那时已经读成不送气的清塞音，古带前置辅音的浊塞音声母读成单浊音或浊复辅音。前置辅音 N（一般认

---

① 本节内容曾发表于《语言学论丛》第48辑，商务印书馆2013年版，第258—273页。

② 格桑居冕、格桑央京：《藏语方言概论》，民族出版社2002年版，第73页。

③ 华侃：《安多藏语声母中的清浊音——兼谈它与古藏语中的强弱音字母的关系》，《西北民族大学学报》1980年第1期，第67—74页。

④ 瞿霭堂：《谈谈声母清浊对声调的影响》，《民族语文》1979年第2期，第120—124页。瞿霭堂：《藏语的声调及其发展》，《语言研究》创刊号1981年，第177—194页。

为，འ表示鼻音，故本节暂转写为 N）和 m 已经读音相同，可能经过清化鼻音阶段[n̥]和[m̥]合并成一个音，最后再脱落，她指出，脱落最迟不会晚于 15 世纪。①

敦煌吐蕃藏文文献是目前所见最早的书面藏语文献之一，在这些文献中，藏语是否已经发生了浊音清化，译经者所持藏语何种方言，这些问题目前还没有很好的回答。

本节利用的敦煌吐蕃文献指汉藏对音材料 P. t. 1046/P. ch. 3419《千字文》、India office C93（ch. 80，Ⅺ）　《大乘中宗见解》、P. t. 1262/P. t. 1239《妙法莲华经》、India Office C129（Vol，72b + Vol. 73）《金刚经》、India Office C130（ch. 77，Ⅱ，3）《阿弥陀经》、P. t. 1258《天地八阳神咒经》、P. t. 1228《南天竺国菩提达磨禅师观门》、P. t. 1253《道安法师念佛赞》、P. t. 448《般若波罗蜜多心经》、P. t. 1230《寒食篇》、P. t. 1238《三皇五帝姓》、P. t. 1256《九九表》、P. t. 986《尚书》、S. t. 756/ P. t. 1057/I. O. 56，57/P. t. 127/ P. t. 1044“敦煌本吐蕃医学文献精要”、P. t. 1291《春秋后语》及《唐蕃会盟碑》。材料来源是周季文、谢后芳先生编著的《敦煌吐蕃汉藏对音字汇》。在这部书中，还收录 S. 2736/S. 1000 藏汉对照词表，这类文献先写出藏语义，再用藏文字母记录相应的汉语词语的音，不过由于没写出对应的汉字，到底是记录哪个汉语词，学者们存在争议，故暂不使用。

根据周季文、谢后芳的研究，上述各种材料，年代最确定的只有《唐蕃会盟碑》，立于唐穆宗长庆三年，公元 823 年。《阿弥陀经》卷末有藏文题记，是河西节度押衙康某于虎年写的发愿文，可证明写于 9 世纪后半期归义军时期。《金刚经》背面有唐乾宁三年（896）的文书，可证明此卷写于公元 896 年以后。《九九表》背面有于阗使臣刘再昇文书，证明此卷写于公元 940 年前后。其他的卷子，本身找不到时代信息，只能笼统推断为公元 8 世纪后半期到 10 世纪的文献。

二　前贤的研究

先贤类似的研究主要关注藏语单独的浊辅音字母对应汉语清声母的现

① 黄布凡：《十二、十三世纪藏语（卫藏）声母探讨》，《民族语文》1983 年第 3 期，第 33—42 页。

象。罗常培先生从声调上找规律，发现这些对藏语浊音的汉语清辅音字绝大多数是上声和去声，即都是仄声调，藏语以浊音开头的音节可能是个低调，因为二者调值类似，藏人误认为声母相同。[①] 高田时雄认为，既然承认藏语已经有声调的高低了，说明当时藏语浊音已经清化了，如果这种对音现象出现的量比较大，说明这份文献所反映的藏语浊音已经清化。他大致分了个界限，《金刚经》和《阿弥陀经》所反映的藏语浊音还没清化，其他的文献反映的藏语，浊音已经清化了。他指出："罗常培氏的假设或许是正确的。但是仅仅用汉语方言（这里指河西方言音）和藏语语音在声调调值上的类似来加以说明是不充分的。我们认为必须要看到其中的藏语的语音变化，即浊音声母清化正在进行以及作为补偿而导致的表现在声调上的对立。如果那样考虑的话，上述资料的差异反映的就是资料的时代差别。这样，在《金刚经》和《阿弥陀经》写定的时代，藏语的浊音声母还没有发生明显的清化，因此汉语的清音声母只对藏文的清音字母。而在其他的材料所反映的语言中，藏语的浊音声母已经发生了相当程度的清化，声调的区别也随之明确起来。因此，就不时能看到汉语的上、去声字用同样为低声调的藏语浊音字母来对的现象了。也就是说，《金刚经》和《阿弥陀经》与其他材料相比要更为古老。"[②]

前贤的研究，至少存在两点不足。

第一，都把汉语的全浊声母看成不变的音，保持浊音音值。问题在于，汉语的全浊声母当时可能正在发生清化，需要首先确定汉语全浊声母的音值才方便谈论藏语的浊音清化。比较几份九、十世纪前后反映西北音的文献就能发现这一问题，材料来源是刘广和先生《唐代八世纪长安音声纽》、罗常培先生《唐五代西北方音》、龚煌城先生《十二世纪末汉语的西北方音（声母部分）》，另外，周祖谟先生《宋代汴洛语音考》虽然不是研究西北音，但是描写了浊音清化的另一种方式：平送仄不送，所以也列在下边。

① 罗常培：《唐五代西北方音》，科学出版社 1961 年版，第 27—28 页。

② ［日］高田时雄：《敦煌資料による中國語史の研究——九·十世紀河西の方言》，（东京）创文社 1988 年版，第 59 页。本段译文是请暨南大学外国语学院李香老师翻译的，论文发表时，《语言学论丛》匿名审稿专家作了修改。

表 4－4　　全浊声母音值比较表

8 世纪长安音	后唐天成四年	12 世纪末西北音	11 世纪汴洛音
不空译音	《开蒙要训》注音	番汉合时掌中珠	声音唱和图
並 bh	並 p	並 ph	並：平声 ph，仄声 p
定 dh	定 t	定 th	定：平声 th，仄声 t
群 gh	群 k	群 kh	群：平声 kh，仄声 k

从时代上看，处于汉藏对音材料之前的不空译音，全浊声母还读送气浊音；后唐明宗天成四年（A. D. 929）注音本《开蒙要训》所反映的敦煌音浊音已经清化了，不论平仄，都归全清；西夏时期《番汉合时掌中珠》对音全浊声母不论平仄都归次清，说明清化后变为送气清音。北宋的汴洛音，全浊声母平声变送气清音，仄声变不送气清音。因此，敦煌吐蕃藏文文献所转写的汉语音全浊声母可能出现四种状态：

a 保持送气浊音

b 清化，全部变为不送气

c 清化，全部变为送气

d 清化，平声变送气，仄声变不送气

利用对音材料研究藏语语音时，要充分考虑汉语语音各种可能面貌。出发点不同，结论可能截然相反。光看藏语单独浊音字母的对音不能得出确定的结论。罗先生和高田先生的研究不足之处就在于，无法保证结论的唯一性。

汉语的全浊声母和藏语单浊音声母在晚唐五代时期都是不确定的音，研究这一时期的汉语语音，汉藏对音是重要证据，如果研究藏语的浊音清化反过来依靠汉语全浊声母的研究成果，那么就会陷入一个死循环，永远得不出确定的结论。只有跳出这个循环，扩大考察的对象，找到一个相对确定的汉语音作参照，才能得出确定的结论。藏语浊音清化问题有了确定的认识，也有利于汉语浊音清化问题的研究。

第二，从声调的角度来解释藏语浊音字母对应汉语清音的现象，暗示着当时敦煌地区的藏语已经产生声调。根据瞿霭堂先生的研究，从公元 7 世纪中叶起，吐蕃对外奉行扩张政策，西藏西部的阿里地区，曾是吐蕃王朝的一大兵源，向北折东进军甘青川地区，大多使用阿里的兵，并屯兵戍边。藏兵东进，把语言也带到了这些征服的地区，这一线的藏语都属安多方言。当时敦煌地区所通行的藏语亦应是今安多藏语的前身。[①] 藏语安多方言现代尚未产生声调的区别，如何在一千多年前的公元 8—10 世纪已有声调的分化？

三　统计数据

根据瞿霭堂先生的观点，藏语的前置辅音和浊音清化有密切的关系，因此，要研究藏语的浊音清化，不仅要考察藏语单浊音声母的对音，也要考察带前置辅音音节的对音。只有全面研究材料，才能找到解决问题的突破口。转写汉字的对音材料中，藏文音节所带的前置音绝大多数是འ，因此本章主要从两大方面考察：藏语单浊音声母音节的对音和带前置音 N 的音节的对音。依据对音事实，可详细分为以下几类：

（一）藏语单浊音声母音节的对音

1. 对汉语的全浊声母字，包括汉语浊塞音、塞擦音声母字。

2. 对汉语的浊擦音声母字。在晚唐五代时期，汉语西北音的浊擦音已经清化[②]，和浊的塞音、塞擦音不同，所以分开统计。

3. 对汉语的清声母字，全清（不送气清音）和次清（送气清音）分开统计。

4. 对汉语的次浊（鼻音、边音、流音）声母字。

（二）藏语带前置音 N 的音节的对音

1. 对汉语的次浊声母字。藏语带前置音 N 的音节出现以下三种情况：

（1）前置音 N 后面是浊塞音、塞擦音

（2）前置音 N 后面是鼻音和边音

（3）前置音 N 后面是清音

2. 对汉语的全浊声母字，包括汉语浊塞音、塞擦音。藏语带前置音 N 的音节出现以下两种情况：

（1）前置音 N 后面是浊塞音、塞擦音

（2）前置音 N 后面是清音

3. 对汉语的浊擦音声母字。

---

① 瞿霭堂：《藏文的语言文字学基础》，《中国语言学》第三辑，北京大学出版社 2009 年版，第 51—70 页。

② 禅母、床母字大部分和审母同对藏文的 ɕ，邪母和心母同对藏文的 s，晓母和匣母同对藏文 h。见罗常培《唐五代西北方音》，科学出版社 1961 年版，第 21—25 页。

4. 对汉语的全清声母字。藏语带前置音 N 的音节出现以下两种情况：

（1）前置音 N 后面是清音

（2）前置音 N 后面是浊音

根据以上分类，列表统计各种情况出现的次数。

表 4－5　　**藏语单浊辅音和带前置辅音 N 的音节对音**

藏语	单浊音					带前置音 N 的音节（以公式 N＋C 表示，C 是前置音 N 后的辅音）							
						C＝浊塞	C＝鼻音	C＝清音	C＝浊音		C＝清音	C＝清音	C＝浊音
汉语	全浊	浊擦	清音		次浊	次浊			全浊	浊擦	浊擦音	全清	
			全清	次清									
唐蕃会盟碑	6	4	3		1	10							
	32	20	6		1	23							
千字文	51		24			33							
	51		24			33							
莲华经	6	3	5		1	5							
	14	3	8		3	8							
寒食篇	8		1			2							
	9		1			2							
三皇五帝姓	1					2							
	1					2							
尚书	2		5		2	3							
	44		9		4	13							
春秋后语	3		1			1							
	28		1			32							
九九表		1	2			1							
		1	35			17							
阿弥陀经	23	1	3		1	22	1		9		1	6	2
	59	1	6		1	74	4		88		2	16	23
天地八阳神咒经	62	1	18	1	3	53		1	20		2	12	6
	181	1	47	2	3	177		1	109		4	18	11
南天竺国	18	3	24			11	5		9	2	13	22	6
	57	3	58			17	36		15	8	22	66	6
金刚经	26			1		21	3		2		1	2	
	125			1		69	13		3		1	2	
道安法师念佛赞	20	9	24			14			2	1		1	
	24	10	26			20			2	1		1	

续表

藏语	单浊音					带前置音 N 的音节（以公式 N + C 表示，C 是前置音 N 后的辅音）							
						C = 浊塞	C = 鼻音	C = 清音	C = 浊音		C = 清音	C = 清音	C = 浊音
汉语	全浊	浊擦	清音		次浊	次浊			全浊	浊擦	浊擦音	全清	
			全清	次清									
心经	12	6	18			7			1				
	16	14	34			16			4				
医学文献	2								3				
	2								3				
大乘中宗见解	11	1	29	1	7	26	2					1	3
	55	1	182	1	97	183	2					1	69
总计	251	29	157	3	15	211	11	1	46	3	17	44	17
	689	54	438	4	109	686	55	1	224	9	29	104	109

表里每一个单元格中，上下列出两个数字。下行的数字表示该类现象出现的总次数。同一个汉字可能不止一次出现，把重复出现的去除掉再统计，就得出了上行的数字。比如说，《唐蕃会盟碑》当中，汉语全浊字对藏语的浊音，一共有 6 个字：杜大部仆蕃朝。其中杜出现 1 次，大出现 19 次，部出现 5 次，仆出现 1 次，蕃出现 2 次，朝出现 4 次，一共出现 32 次，所以该单元格上行写 6，下行写 32。其余类推。

先看藏语单浊音声母的对音。对应汉语全浊声母字 251 个，出现 689 次，对应汉语全清声母字 157 个，出现 438 次。高田先生依据各份文献藏语浊音对应汉语全清声母字的比例来判断藏语浊音是否清化，比例高的就说明已经发生了清化。这个标准要成立，就需要一个必备的前提：汉语的全浊声母保持浊音。而晚唐五代，汉语的全浊声母可能也在变化之中，如果全浊声母已经清化，与之对应的藏文浊音声母也应该变清音，这种统计的说服力就相对减弱。所以要判断藏语浊音清化，光看藏语浊音的对音不能得出确定的结论，还要同时看藏语带前置音 N 音节的对音。

藏语带前置音 N 音节的对音，出现频率最高的是以下三类：1. 藏语浊音带前置音 N 对应汉语的次浊声母，共 211 字，出现 686 次；2. 藏语浊音带前置音 N 对应汉语的全浊声母，共 46 字，出现 224 次；3. 藏语清音带前置音 N 对应汉语的全清声母，共 44 字，104 次。而且还有一个明显的特点，一篇文献中，如果上述第 2 类对音现象出现次数多，第 3 类对音现象出现次数也多，二者似乎成正比。比如《唐蕃会盟碑》《千字文》

中第 2 类对音一次也没出现，第 3 类对音现象也没出现；《金刚经》第 2 类对音现象出现了 2 个字，共 3 次，第 3 类对音现象出现 2 个字，共 2 次；到了《天地八阳神咒经》，第 2 类对音现象多了起来，出现了 20 字，109 次，第 3 类对音现象也相应多了起来，出现 12 个字，18 次。

从藏语带前置音 N 的音节对音情况来看，这 16 份藏汉对音文献可分为两类，一类是藏语带前置音 N 的音节只对应汉语的次浊声母字，这类文献有：《唐蕃会盟碑》《千字文》《妙法莲华经》《寒食篇》《三皇五帝姓》《尚书》《春秋后语》和《九九表》8 份；另一类是藏语带前置音 N 的音节既对应汉语的次浊声母，也对应汉语全浊声母和清声母，这类文献有《阿弥陀经》《天地八阳神咒经》《南天竺国菩提达磨禅师观门》（表 4－5 简称为《南天竺国》）《大乘中宗见解》《金刚经》《道安法师念佛赞》《心经》和《医学文献》8 份文献。在第二类文献中，对音情况出现以下特点：藏文单浊音声母音节既对汉语的全浊声母字，也对全清声母字，藏文带前置音 N 的音节既对汉语的次浊声母字，也对全浊声母字。这为藏语浊音清化问题的证明提供了突破口。

四 统计数据的初步分析

1. 藏文带有前置音 N 的音节既对汉语的次浊声母字，也对全浊声母字的分析

为了条理清晰，我们把问题分解开讨论。

在讨论这个问题之前，首先需要明确汉语次浊声母的读音和对音原理。和全浊声母不同的是，次浊声母是个相对稳定的音，① 这就为判断藏语的语音面貌提供了一个参照。唐宋时期的西北音，尽管一部分次浊声母字有变成零声母的趋势，但是大多数还保留着既带鼻音成分又带塞音成分的特点，从 8 世纪的不空对音，到 12 世纪末的西夏对音都具有这个特点。

不空对音，明母读^{m}b、泥母读^{n}d，疑母读^{ŋ}g，北宋的天息灾、施护对音也是这个结果，西夏对音明母具有^{m}b 和 m 音位变体、泥母具有^{n}d 和 n 音位变体，疑母具有^{ŋ}g 和ŋ音位变体②。

① 主要指明母、泥母和疑母。

② 参考刘广和《音韵比较研究》，中国广播电视出版社 2002 年版；张福平：《天息灾译著的梵汉对音研究与宋初语音系统》，谢纪锋、刘广和主编《薪火编》，山西高校联合出版社 1996 年版，第 264—339 页；储泰松：《佛典语言研究论集》，安徽师范大学出版社 2014 年版；龚煌城：《十二世纪末汉语的西北方音（声母部分）》，《历史语言研究所集刊》（台北）第 52 本第 1 分，1981 年，第 37—78 页。

敦煌吐蕃汉藏对音材料，从时代上看，处在唐代不空对音和北宋、西夏对音之间，而且汉语次浊声母大量还是对应藏语带前置N音的音节，这说明，次浊声母从主体上看还保持着本来的念法。反映汉语次浊声母向零声母演变的材料只有少数几处，比如《南天竺国菩提达磨禅师观门》中，微母字“无”对 ɦwu，“闻”对 ɦwun①。汉藏对音材料中，微母字一般对b和Nb，这和不空对音微母字对v是不同的，这在罗常培先生《唐五代西北方音》中有说明。《南天竺国菩提达磨禅师观门》中，微母字不再念ᵐb，而向零声母转化，或许经历了开头辅音还保留了较强摩擦成分的中间阶段，故而用 ɦw 来转写，是音近替代。明母、泥母和疑母很少发生这个现象。因此，汉藏对音材料所记录的汉字音，次浊声母仍然是音值较为确定的音。这就为解决问题带来极大方便。

藏文འག、འད、འབ所代表的音亦是相对稳定的音。在安多方言和康方言中，单独的ག、ད、བ都已经清化，但是带上前加字འ之后都保留浊音。而前加字འ比起其他的前加字或上加字也相对稳定，康方言中，基字ག、ད、བ之前的前置辅音 s-、r-、b-、g-等全都脱落了，而前加字མ和འ还保留着鼻音。由此推断，敦煌文献中的藏文འག、འད、འབ亦读带有同部位鼻音的浊塞音。

汉语次浊声母的藏汉对音原理如下：次浊声母是带有同部位鼻音成分的浊塞音，而藏文前置音N最初表示鼻音成分，发音部位和后面的辅音的发音部位一致，所以拿藏文带有前置音N的音节转写最合适。有时退而求其次，分别用藏文的鼻音和浊塞音来转写，这是音近替代。就像用婆罗迷（brāhmi）字转写汉语的次浊声母字，婆罗迷字当中没有类似藏文前置音N功能的字母，就只能分别用鼻音和浊塞音来转写②。

表中第二类的8份文献，汉语的次浊声母字用藏语带前置音N的浊塞音音节转写，可以用上面说的原理来解释。

---

① 基字འ、下加字ཝ组成合体字母，在汉藏对音文献中，这个字母绝大多数用来对应汉语于母合口字，罗常培先生转写为'w，王尧、李方桂先生转写为vw，符合对音规律。如果把基字འ拟音为ɦ（作为基字的འ与前加字音值不同，故不转成N），则该合体字母可转写为ɦw。高田时雄先生认为是ཝ，转写为w，与对音规律不符。瞿霭堂先生认为藏语的通音wa出现得很晚，来源于lpa。故敦煌时期的藏语文献，不应当出现字母wa。

② R. E. Emmerick and E. G. Pulleyblank, *A Chinese Text in Central Asian Brahmi Script—New Evidenc for the Pronunciation of Late Middle Chinese and Khotanese*, Roma：Istituto Italiano per il Medio ed Estremo Oriente, 1993.

汉语全浊声母字也用藏语带前置音 N 的浊塞音音节转写，与次浊声母字有相同的对音形式，这能证明藏文所记录的汉语的全浊声母还是浊音。因为藏语前加字འ之后的ག、ད、བ保持浊音，而汉语次浊声母也包含着浊塞音成分，如果汉语全浊声母已经清化，则与汉语次浊声母及藏文འག、འད、འབ没有相同的音素，一般情况下不会产生这样的对音事实；只有汉语全浊声母还保持浊音，这三者之间才有共同的音素：浊塞音，所以会产生汉语全浊声母和次浊声母都对藏文འག、འད、འབ的现象。虽然晚唐五代，汉语全浊声母存在清化的方言，但是保持浊音的方言恐怕依然占优势，这些藏文所记录的汉语全浊声母依然读浊音，为藏文单浊音声母音节的对音分析打下基础。

2. 汉语全浊声母字的对音分析

在上述文献中，汉语全浊声母字既用藏文单浊音声母音节对，也用带前置音 N 的音节对，藏文带前置音 N 的音节转写的汉字个数与单浊音声母音节转写的汉字个数的比值反映了藏语的浊音清化程度。按照比值的高低，依次排列各份文献：《南天竺国菩提达摩禅师观门》（0.5）、《阿弥陀经》（0.39）、《天地八阳神咒经》（0.32）、《道安法师念佛赞》（0.1）、《金刚经》（0.08）、《心经》（0.08）、《医学文献》出现字数太少，每一类只有 2—3 个，不统计了。汉语全浊声母字主体上还是用藏文单浊音声母音节对，这说明，藏文单浊音声母从听感上，接近汉语的浊音；但是已经开始发生清化现象，再用它表示汉语的浊音已经不太准确，必须加上前加字འ才能够更好地表示汉语的浊音字，① 所以才出现用带前置音 N 的音节对汉语全浊声母字的现象。黄布凡先生记录的藏语巴尔蒂话，藏文无前置辅音的浊音字母一部分读浊音，一部分读清音②，瞿霭堂先生（2010）整理普里克话，从所附词表来看，也能表现出相同的规律③。巴尔蒂话和普里克话都属藏语西部方言，比较接近古代藏语，或许能描摹古藏语浊音清化的现象。

---

① 柯蔚南主张，对音材料中 a-chung 是作为一个抽象符号附加在藏文字母上，其功能是提醒读者该字母通常或普通的读法可能与所记录的音不完全一致。见 CoblinW. South，*On certain functions of ' a-chung in early Tibetan transcriptional texts*，Linguistics of the Tibeto-Burman Area，Volume 25. 2，pp. 168 – 184，2002.

② 黄布凡：《从巴尔蒂话看古藏语语音》，《中央民族大学学报》1994 年第 4 期；又见《藏语·藏缅语研究论集》，中国藏学出版社 2007 年版，第 38—57 页。

③ 瞿霭堂：《普里克藏语介绍》，《民族语文》2010 年第 1 期，第 65—81 页。

3. 藏文单浊音声母音节对汉语全浊声母字和全清声母字的分析

上述文献当中，藏文单浊音声母音节既对汉语的全浊声母字，也对汉语的全清声母字，全清声母字的个数与全浊声母字的个数的比值能够反映藏语的浊音清化程度。按照比值的高低，依次排列各份文献：《心经》(1.5)、《南天竺国菩提达摩禅师观门》(1.3)、《道安法师念佛赞》(1.2)、《天地八阳神咒经》(0.3)、《阿弥陀经》(0.13)，另外，《金刚经》和《医学文献》当中没有藏文单浊音声母音节对汉语全清声母字的情况。藏文单浊音声母处于类似吴语的“清音浊流”阶段，塞音、塞擦音的实际音值并不带音，故能够对应汉语全清声母，而整个音节附有带音的气流，故又能够对汉语的全浊声母。晚唐五代敦煌地区通行的藏语应该是安多藏语的前身，在现代安多方言中，藏文浊音单字母读成不送气清音，所以敦煌文献中，藏语单浊音声母开始清化后变不送气清音，故能够对汉语全清声母而不是次清声母。

综合上述两节中的统计数据，《南天竺国菩提达磨禅师观门》《道安法师念佛赞》在两类统计中都比较靠前，这说明，这些文献藏语浊音清化比较典型。

4. 藏文带前置音 N 的音节还对应汉语清声母字现象的解释

先列表考察涉及汉语哪些声母。

表 4-6　　带前置音 N 的音节对应汉语清声母字

声母	帮	非	心	敷	滂	章	昌	书	庄	初	生	精	清	端	见	溪	晓	影
字数	6	12	7	3	4	2	1	2	1	1	2	1	2	1	1	2	2	1
次数	70	62	34	7	4	2	1	2	1	2	4	1	3	6	1	3	3	5

表中“次数”指该类对音现象出现的总次数。同一个汉字可能不止一次出现，把重复出现的去除掉再统计，就得出了“字数”。

从次数看，出现最多的是对帮母、非母和心母字；其余的都不足 10 次，可算作例外。

帮母字虽然出现的次数多，但是“不”对 Nbu 就出现了 65 次，所以从字数上看，并不占优势。

综合来看，非母和心母的对音具有突出的优势。

非母字对音如下：发 Nphad、Nphwad、Nphar、Nhad；法 Nphwab、

Npwab、Nbwad、Nbub；方 Npwo、Nbwaŋ；非 Nphji、Npji；诽 Nphji；分 Npun；夫 Nphu、Nbu；福 Nphug、Nbu、Nbug、Nbog；父 Nphu；富 Nphu；返 Nban；弗 Nbur。

非母字对 ph 的最多，其次是对 p 和 b，也有一些对过 h。非常明显，非母字开始变轻唇音了。从重唇音帮母分化之后，非母如何拟音呢？目前主要有两种看法，王力先生《汉语语音史》晚唐五代音系非敷都拟作［f］，罗常培先生《唐五代西北方音》拟作［pf‘］。从藏文对音来看，合口介音显然存在，比如发 Nphwad、Nphwad；法 Nphwab、Npwab、Nbwad；方 Nbwaŋ、Npwo。而八思巴字《蒙古字韵》中，阳韵“房防坊防”、覃韵“凡帆范犯梵泛”、寒韵“蹯繁樊烦返畈”、“翻蕃反”的八思巴字注音都没有表示合口介音的符号，这些音节的声母一般拟为［f］。轻唇音从重唇音中分化出来，经历从［pf‘］到［f］的过程，敦煌藏汉对音材料所反映的应该是比［f］早的语音形式，最可能的就是［pf‘］。从这个角度讲，罗先生的构拟，更能解释汉藏对音的材料。

假定非母念唇齿塞音［pf‘］，藏文与之最接近的音就是 ph 了。但 ph 是双唇塞音，二者发音部位有差别，所以加上前加字 N 表示这两个音有别。

敷母对音如下：妨 Nphuŋ、Nhwaŋ；覆 Nphu。从汉藏对音上看，非敷应当合并，都念唇齿塞音［pf‘］。藏文前加字 N 依然表示汉语敷母读音和藏语的 ph 虽然接近，但是有区别。

按照藏文的拼写规律，前置音 N 不应当出现在辅音 s 前。可是在《南天竺国菩提达磨禅师观门》中，译者宁愿违背拼写规律，放着简单的 s 不用，也要把心母字转成藏语带前置音 N 的音节，而且出现 34 次之多，这里面一定有原因。汉语心母字在中古念［s］应该没什么问题，所以藏语转写心母的前置辅音 N 不可能念鼻音，只表示汉语的心母字和藏语的辅音 s 念法实际上不一样。因为古藏语的浊擦音ཟ［z］清化后，清擦音ས［s］必须与之有别而带有很强的送气成分，汉语擦音 s 送气成分不太强，对音时只好加个前加字以示区别。现代安多方言辅音ས［s］念送气很强的［s‘］，这种解释有现实的语言基础。

五　藏语单浊音声母清化大致时间探讨

前面说过，除了《阿弥陀经》《金刚经》《唐蕃会盟碑》之外，其他的对音文献从卷子本身很难找到明确的时代的线索了。不过，从整体上看，这些卷子应该写于8世纪后半期到10世纪之间。由此看来，至晚在公元10世纪，藏语的方言中，单浊音声母已经开始清化了。

第五章

梵文《心经》的对音与梵语语音研究

第一节　从不空音译本《心经》看梵文重音的对音[①]

《心经》有诸多译本，玄奘等人的意译本广为人知。除此之外，在敦煌文献及房山石经中有七个汉文音译本。梵文《心经》与咒语相比，句法形式多样，咒语对音所掩盖的有些内容，可以借助《心经》的对音尝试研究。本节打算探讨在《心经》对音中，梵文重音与汉语声调的关系。

一　本节所依据的《心经》汉文本和梵本

《心经》音译本中，译者和译经时代最确定的是《房山石经》所收的两个译本。千字文编号为“感”的译本，是“唐开元三朝灌顶国师和尚特进试鸿胪卿开府仪同三司肃国公食邑三千户食实封三佰户赠司空谥大辩正大广智大兴善寺三藏沙门 不空奉 诏译”，时代和译者清清楚楚，这是探讨不空对音特点的可靠资料。千字文编号为“丁”的译本，是“大契丹国师中天竺摩揭陀国三藏法师慈贤译”，慈贤译经音系与不空大体相同，林家妃、向筱路都用这份咒语做过对音比较研究。[②] 本节把慈贤译本作为研究不空对音的补充和参考。

敦煌文献中还存有 5 个音译本，分别为 S. 2464、S. 5648、P. 2322、S. 5627、S. 3178，虽然从用字上看，具有不空对音的特点，但是不能简单

---

① 本节内容发表于《语言学论丛》第 53 辑，商务印书馆 2016 年版，第 63—90 页。

② 林家妃：《慈贤音译梵咒所反映的汉语音系》，硕士学位论文，“国立”中央大学（台湾），2014 年。向筱路：《梵本〈心经〉不空和慈贤译音的比较研究》，中国人民大学国学院编：《雏凤集》，中国人民大学出版社 2015 年版，第 446—459 页。

认定为不空所译，只能当作不空对音的参考。这些译本，题为“梵本般若波罗蜜多心经”或类似的题目，且语句大体相同[①]，应该是同一类译本。有人认为是玄奘所译，主要证据是 S. 2464 在正文前的序文，“《梵本般若多心经》者，大唐三藏之所译也。三藏志游天竺，路次益州……”这篇序文署名为“慈恩和尚奉 诏述序”，一般认为，“大唐三藏”指玄奘，“慈恩和尚”指玄奘的弟子窥基。不过，陈寅恪先生认为可能出自不空之手。理由如下：该本与玄奘译本详略互异；序文称录自大兴善寺，而不空即居于此寺；《心经》前的《莲花部等普赞叹三宝》，是不空所译，所以二者或俱出于不空之手[②]。

日本学者长田彻澄注意到了这些音译本的浓厚的密教特点，推测 S. 2464 或非玄奘法师当年的原貌，而是在密教隆盛时期之后经过整编而成立的本子[③]。福井文雅进一步指出敦煌石室夹注抄本里语段的意译内容以及正文音写部分的若干润饰，并非出自玄奘法师而是经由不空三藏之手[④]。

方广锠先生指出，由于历代经录之玄奘、不空译经录中，均未著录此经，故现很难确切地回答译者问题，倾向于接受敦煌遗书上“玄奘原译，不空润色[⑤]”的说法[⑥]。万金川先生发表了关于敦煌石室《心经》的系列文章，试图从对音角度证明译者归属[⑦]。他认为对音的证据，“比福井教授所举出来的那些外部证据更为直接而有力”[⑧]。从整体来看，这五份敦

---

① 细分起来，S. 2464、S. 5648、P. 2322 更近，S. 5627、S. 3178 更近。

② 陈寅恪：《敦煌本唐梵翻对字音般若波罗蜜多心经跋》，原载清华大学研究院《国学论丛》第二卷第二号，1930 年，又见《金明馆丛稿二编》，生活・读书・新知三联书店 2001 年版，第 197—200 页。

③ ［日］长田彻澄：《燉煌出土東寺所蔵両梵本玄奘三蔵音訳般若心経の研究》，《密教研究》第 56 号 1935 年，第 63—94 页。

④ ［日］福井文雅：《新出“不空訳”梵本写本般若心经》，中村瑞隆博士古稀记念会编：《仏教学論集——中村瑞隆博士古稀記念論集》，春秋社 1985 年版，第 229—246 頁。

⑤ S. 5648 作“不空润色”，其余诸本作“不润色”。“不润色”是抄漏了“空”字还是刻意如此，也存在争议。

⑥ 方广锠：《般若心经译注集成》，上海古籍出版社 1994 年版，第 11—12 页。

⑦ 万金川：《敦煌石室〈心经〉音写抄本校释序说》，《中华佛学学报》第十七期，2004 年，第 95—119 页；《石室〈心经〉音写抄本校释初稿之一》，《佛学研究中心学报》第九期，2004 年，第 73—118 页；《石室〈心经〉音写抄本校释初稿之二》，《圆光佛学学报》第九期，2004 年，第 25—83 页。

⑧ 万金川：《石室〈心经〉音写抄本校释初稿之一》，《佛学研究中心学报》第九期，2004 年，第 74 页。

煌文献都反映出了不空对音的特点，比如汉语次浊声母对梵文的鼻音，全浊声母对送气音，宕梗两摄韵尾消变，但是用字又多处与石经不空本有差异，只能当作研究不空对音特点的补充材料。

尤其珍贵的是，这些译本，在对音字旁边，有时加了小注“上、去、引”之类，这为声调的讨论提供了宝贵的材料。

梵文本的来源主要是林光明先生的《心经集成》。该书收集了各种语言的《心经》文本共184个，其中梵本有35个，主要分两大类，一类是依照法隆寺贝叶悉昙体《心经》古写本整理的本子，有净严、田久保周誉、白石真道、穆勒（Max Müller）、孔睿（Edward Conze）、榊略三郎等人的整理本，另一类是后人依照敦煌文书S.2464、S.5648及房山石经不空、慈贤等音译本还原的，主要有贺伟志（Leon Hurvitz）、白石真道、福井文雅等人的整理本[①]。法隆寺贝叶梵本和不空对音在细节方面多有差异，福井文雅依房山石经不空译本整理还原了一个梵本（简称“还原本”），可是仍然有些细节方面对不上，本章在福井本基础上作了修订。详见各句的讨论。

二　梵文的古重音规则和汉语声调的对音关系需要深入研究

用梵汉对音研究汉语的声调，探讨梵文重音和汉语声调的对应关系，这个方法是俞敏先生开创的。他对梵文重音的认识主要依照Whitney的Sanskrit Grammar[②]，“印度人念吠陀，用一种声调重音……带重音的音节用高调udātta，不带重音的音节用低调anudātta。在高调跟后头的低调连起来的时候，再遇上两个音节压缩成一个，从高到低产生了个过度滑音降调svarita”。[③] 俞先生认为svarita并不能跟udātta和anudātta平列，Rigveda样本中svarita的比例比其他样本稍重，占20%弱，因为雕琢气味太重，因此受佛教禁止。梵文咒语只分udātta和anudātta，译经人根据不同方言，使用特定的声调来对应。

可是目前见到的梵文教材，都指出udātta和anudātta之类的重音在古

① 各版本出处简介见林光明先生《心经集成》，嘉丰出版社（台北）2002年版，第6—42页。

② William Dwight Whitney, *Sanskrit Grammar*, Delhi: Motilal Banarsidass, 1962.

③ 俞敏：《后汉三国梵汉对音谱》，《俞敏语言学论文集》，商务印书馆1999年版，第42页。

典梵语中已不再适用。比如 Adolf Friedrich Stenzler 的 *Elementarbuch der Sanskrit-Sprache* 关于"重音"的论述主要有两点：1. 吠陀梵语的古重音规则在古典梵语中已不再适用；2. 从诗律（Metren）上看，音节分轻重，诗律的"轻音节"，是指含短元音、其后唯有一个辅音的音节。诗律的"重音节"，一是指含一个长元音、其后跟随一个或两个辅音的音节，二是指含一个短元音、其后不止一个辅音相随的音节①。Perry 的 *A Sanskrit Primer*② 也是这么处理的。学过这些教材的人读梵汉对音的文章时一定有个疑惑，如果吠陀梵语的古重音规则已经不再适用，那么用梵语重音研究汉语声调的方法是否还有存在的基础？

"吠陀梵语的古重音规则在古典梵语中已不再适用"这个判断有什么依据，笔者还没找到，只是读到 Whitney 的 Sanskrit Grammar 中的有关内容说，在梵文文献中，标注重音的仅仅是较古老的写本（manuscripts only of the older literature），如吠陀文献、婆罗门书（Brāhmaṇas），另外就是语法学家的论述（参看该书 §96，§87）。由此来看，古典梵语（classic Sanskrit）的文献中确实已经不标注重音符号了，或许这是上述论断的依据，但古重音规则失效并非是这个现象的唯一解释，或许还有其他方面的原因。由于个人知识的局限，这个看法只是个推测，还期待方家指导。但是，梵汉对音的研究已经能找出成批的例证来证明在特定的方言中，汉语的声调和梵文乐调重音有对应关系，比如同是对梵文的重音音节，不空用上声字最多，其次是去声、入声和平声，义净用平声最多，其次是入声、上声和去声③，玄奘也是用平声字多，上声字少④。不空对音反映长安话的特点，义净和玄奘对音反映的是洛阳话的特点，不同方言的声调和梵文的古重音之间都能找到明显的对应关系，可见不能轻易否定梵文古重音规则的有效性。

需要注意的是，按照古重音规则，梵文单个词语的重音位置，在不同的语法形式中，或在句中不同的位置，有时会发生变化。比如说，Monier-Williams 的 Sanskrit-English Dictionary 中，dhī́（思想，名词，阴性）一词

① A. F. Stenzler, *Elementarbuch der Sanskrit-Sprache*, Berlin · New York: Walter de Gruyter, 1995. 中译本季羡林译，段晴、范慕尤续补：《梵文基础读本》，北京大学出版社 2009 年版，第 6—7 页。

② E. D. Perry, *A Sanskrit Primer*, Delhi: Motilal Banarsidass Publishers Private Limited, 1936.

③ 刘广和：《音韵比较研究》，中国广播电视出版社 2002 年版，第 80 页。

④ 施向东：《音史寻幽——施向东自选集》，南开大学出版社 2009 年版，第 62 页。

静态重音在末尾的 ī 上。可是具体文献中出现的都是发生了语法变化的形式，重音位置有时有相应的变化，下面依照 Whitney 的 Sanskrit Grammar § 351（以下引述不再出书名，只出章节号）列出所有的变化形式：

表 5－1　　**dhī 的形态变化及重音位置**

	Singular	Dual	Plural
N	dhī́s	dhíyāu	dhíyas
A	dhíyam	dhíyāu	dhíyas
I	dhiyā́	dhībhyā́m	dhībhís
D	dhiyé, dhiyāí	dhībhyā́m	dhībhyás
Ab	dhiyás, dhiyā́s	dhībhyā́m	dhībhyás
G	dhiyás, dhiyā́s	dhiyós	dhiyā́m, dhīnā́m
L	dhiyí, dhiyā́m	dhiyós	dhīṣú
V	dhī́s	dhíyāu	

除了主、业、呼格外，dhī 其他格变化的重音都落在语尾，而不在词根元音 ī 上。表中呼格虽然标有重音，但是否要重读，还取决于在句子中的位置，只有出现在句首或一个诗节（pāda）之首时，才重读，否则，就无重音或用粘着形式（enclitic）（见 § 314b）。其实，Sanskrit Grammar 中每讲到一种语法变化，都有相应的重音方面的规定，可以看出，重音是梵文表示语法意义的重要的语法手段之一。有些形式，从拼写来看完全相同，只是重音位置不同，区别不同的语法意义，完全靠重音①。

梵文《心经》，是一篇流畅的散文，句法多变，所有句子都有音有义，符合语法规则，包括玄奘译本中音译的那一段“揭帝 揭帝 般罗揭帝 般罗僧揭帝 菩提 莎诃”所对应的梵文 tadyathā gate gate pāragate pārasaṃgate bodhe svāhā，都能从梵文语法角度进行分析，并不像梵文咒语那样句法形式单一、有的是有音无义的音节。所以利用梵文《心经》研究汉语声调，不仅可以看到梵文某个词在字典中静止状态下的重音，更可以看出在特定语法形式中的重音表现。

梵本《心经》，有不少学者进行了语法分析，比如韩廷杰《梵本〈心

① 这么重要的一种语法手段，要说到古典梵语时期突然消失了，确实难以理解。

经〉研究》[1] 对梵文逐句语法分析，葛维钧《论〈心经〉的奘译》[2]、程恭让《〈心经〉安心——从梵、汉比较研究的角度看》[3]，也为对音研究提供了极大的便利。

三　梵本《心经》重音与不空音译本声调的对音分析

刘广和先生已经对不空音系做过深入研究，声调方面，他发现，梵文的重音音节，不空用上声字最多，其次是去声、入声和平声。并且和义净的对音相比较，提出上声高、平声低是长安话的特点。他对梵文重音的确定，主要依照《梵英大词典》[4]。聂鸿音先生从字母对音的材料出发谈声调，认为不空和慧琳用上声对译梵文的清音和不送气浊音，用去声对译梵文的送气浊音，说明不空和慧琳译经所反映出的音系，上声是"高平调"，去声是区别于"高平调"（上声）的另一种调型。[5] 两位先生从不同角度都能证明，不空对音音系，上声是高调。

下面逐句分析梵本《心经》与不空音译本的对应关系，梵本的句子，分析语法形式，并且确定重音位置，进而探讨与汉字声调的对应关系。"汉本"指的是《房山石经》中的不空本。

1.

表 5－2　**经题**

梵本	贝叶本	还原本
	无	Prajñā-pāramitā-hṛdayá-sūtrám
汉本	钵啰二合枳娘二合 播啰弭跢上 [口纥]嘌二合乃野 素怛囕	

经题是一个依主释复合词，中心语是 sūtra，中性，单数、体格形式是 sūtram。prajñā-pāramitā 构成持业释复合词，再和 hṛdaya 一起修饰

① 韩廷杰：《梵文佛典研究》，宗教文化出版社 2012 年版，第 4—20 页。

② 葛维钧：《论〈心经〉的奘译》，《南亚研究》1994 年第 3 期，第 2—9 页。

③ 程恭让：《〈心经〉安心——从梵、汉比较研究的角度看》，《哲学研究》2009 年第 11 期，第 89—128 页。

④ 刘广和：《音韵比较研究》，中国广播电视出版社 2002 年版，第 74—81 页。

⑤ 聂鸿音：《从梵文字母表的音译汉字看古代汉语的声调》，《西域历史语言研究集刊》第八辑，科学出版社 2015 年版，第 157—162 页。

sūtra。按照§1267，依主释复合词末支是普通名词时，通常把重音落在最后音节上，所以 sūtra 重音从 sū 移到 tra 上，不空本用“怛𠸎”来对。𠸎，来母敢韵，上声，表示短音，也能表示重音。梵文 am 算长音节，按说不该用上声字对，此处用𠸎，应该是表示重音。依主释复合词允许出现多个重音，这是§1267d 规定的，所以 sūtram 之外的其他词，也允许保留重音。

prajñā-pāramitā 是个持业释复合词。pāramitā 是阴性形式，阳性和中性形式都是 pāramita。不空用“播啰弭跢上”来对。跢，丁箇切，去声，应该对长音，所以福井先生还原为阴性形式 pāramitā 是合理的。为什么不空本在“跢”字下加小注“上”？这恐怕是表示重音。根据 Sanskrit-English Dictionary，词重音在 pārá-上。可是按照§1280a，持业释复合词，重音落在最后一个音节上，所以在复合词中 tā 重读，既是长音，又重读，所以用去声字标注“上”来表示。prajñā，静态的词重音在 jñā 上，但是作为复合词的前支，重音可能消失，所以不空本用平声字“娘”来对，表示长音。当然词重音也可能保留，《慧琳音义·大般若经·理趣分》578 卷“枳娘”下加小注：“引……娘取上声”。用“引”表示长音，用“上声”来表示重音，这说明 jñā 也可重读。

hṛdaya，静态的词重音在 hṛ上，构成复合词后，重音落在最后的音节 ya 上。“野”，上声。

2.

表 5－3　《心经》片段 1

梵本	贝叶本	还原本
	ārya-avalokiteśvara-bodhisattvo	árya-avalokiteśvaró bodhisattvó
汉本	阿上哩也二合 嚩路枳帝湿嚩二合噜 冒地萨怛舞二合	

贝叶梵本中，avalokiteśvara 没有形态变化，是复合词中的一部分。īśvara 最后音节 ra 应该对“罗”或“啰”，不空本用“噜”对，说明这个梵本与贝叶本不同，用的是主格形式，语尾 aḥ在浊辅音前变 o，avalokiteśvaro和 bodhisatvo 同格，共同作主语。ārya 不变格，作为复合词前支，与 avalokite śvara 一起构成持业释复合词。整个复合词的意思是：圣观自在菩萨。

ārya 重音在 ā 上。不空对音，阿，乌何切，歌韵平声，对长元音 ā。加小注“上”，表示这里要重读。

ā́rya-avalokiteśvaró，持业释复合词，重音落在最后的音节 ro 上。不空对音，噜（鲁），郎古切，姥韵，上声，表示重读。敦煌诸本皆作去声“路”，那是因为 ro 是长音节，用去声字表示长音。

bodhisattvo，意思为有觉悟的有情，是依主释复合词，重音落在最后音节 vo 上。不空用“舞”，敦煌诸本用“侮”对，都是上声。

bodhi 之 dhi，诸本皆用“地”对。地，定母至韵，去声，一般对长音。可是止摄能拼定母的只有这一个字，在声调上只能将就了。

3.

表 5－4　　《心经》片段 2

梵本	贝叶本	还原本
	gambhīrāṃ prajñā-pāramitāyaṃ caryāṃ caramāṇo	gambhīrā́ṃ　prajñā-pāramitā-caryā́ṃ cáramāṇo
汉本	俨鼻嚂 钵啰二合枳娘二合 播啰弭跢上 左哩演二合 左啰么喃	

caramāṇo 是动词 car 现在时中间语态分词，单数主格，语尾aḥ在浊辅音前变 o。car 是第一类动词，重音在词根音节上，所以这个分词形式的重音在 ca 上（见 § 741）。不空本用上声“左”来对，既表示短音，又表示重音。“喃”，一般情况对ṇam，难道是宾格形式 caramāṇam？可是从梵文角度解释不通。这或许是个语流音变。caramāṇo 后面的音节是 vya，不空用“弭也”来对。弭，明母，一般对 mi 或 bi，可见此处的 vya 不空念 bya，梵文本来就有 va、ba 相混的说法。ṇo + b，由于同化作用容易增生出同部位的鼻音 m。“喃”是咸韵，可是它的声旁“南”是覃韵，覃韵“唵”对过 oṃ。卷舌辅音ṇ 该用娘母对，娘母不拼一等，所以只有选个二等字。喃对ṇom，或许可从这个角度理解。

prajñā-pāramitā-caryām 是持业释复合词，重音落在最后音节 yām 上。尾音 yām，敦煌诸本用去声“焰”来，是突出长音。而不空用上声“演”对，表示 yām 要重读。梵文尾音 m 在辅音前变 anusvāra，与后面的舌面辅音 c［tɕ］发生同化，读［ɳ］，故 yām 能用山摄字“演”来对。

gambhīra，形容词，深，修饰阴性名词 caryām，亦用阴性宾格。重音在 rāṃ 上，不空用“囕”对。藍，鲁甘切，谈韵，平声。那是因为重音位置同时是长音。

4.

表 5 - 5　　《心经》片段 3

	贝叶本	还原本
梵本	vyavalokayati sma	vyávalokayati sma
汉本	弭也二合嚩路迦野底丁一反娑么二合	

按照 § 591b、592、1083，在独立句子（independent）中，动词的限定形式，即带人称语尾的形式，是非重读的。此时，动词的前缀重读，如果有两个或两个以上的前缀，则最接近动词的那个重读。此处两个前缀 vi + áva 形成 vyava，所以，重音在 vya 上。上声字“也”对 ya，大概同时表示重音。

5.

表 5 - 6　　《心经》片段 4

	贝叶本	还原本
梵本	paṃca-skandhās taśca svabhāva śūnyaṃ paśyati sma	pañca-skandhās tāṃśca sva-bhāva śūnyāṃ paśyati sma
汉本	半左引塞建二合担引娑党二合室者二合娑嚩二合婆去嚩舜引你焰二合钵始也二合底上同娑么	

这一部分，贝叶本和还原本都可能有错。还原本中 skandhā 应与 tāṃ 同格，亦应为复数主格形式 skandhān，连声之后变为 skandhāṃś，不空用咸摄字“擔”来转写，证明梵文 dhā 上有 anusvāra。

pañca-skandhān 是复合词，前支不发生语法变化。相同的意思也可以用短语 pañcāṃ skandhān 表示，pañca 也应该发生形态变化，与 skandhān 同为复数宾格，咝音前的 anusvāra 使前面的元音鼻化，末尾音节实际上读［tɕã:］。不空用“半左引”对，“引”字表示有长音，倒更像后一种情况。

贝叶本中śūnya，形容词，空，阳性或中性，福井先生恢复本用的是阴性形式śūnyā。那是因为不空用去声字“焰”来对应，去声对长音。性属不同，在语义上没什么区别。

下面谈谈重音音节的对音。这段话中，可以确定读重音的是以下几处：pañ（pañcāṃ）、dhāṃ（skandhāṃ）、yāṃ（śūnyāṃ），但都是处于长音节中（páñc是位置长音节，一个短元音在两个辅音之前，也算长音），不空分别用“半、擔、焰”来对，是用去声或平声字来表示长音。

6.

表5-7　《心经》片段5

	贝叶本	还原本
梵本	iha Śāriputra rūpáṃ śūnyatā śūnyataiva rūpáṃ	iha Śāriputra rūpáṃ śūnyaṃ śūnyátaiva rūpáṃ
汉本	伊(上)贺 舍哩补怛啰(二合)噜畔 戍你也(二合)哆 戍你也(二合)带嚩 噜畔	

śūnya，中性名词，空，单数主格形式是śūnyaṃ。加了阴性词缀tā，构成抽象名词，单数主格是śūnyatā。根据林光明先生的《心经集成》，福井先生还原的梵本作（rūpáṃ）śūnyaṃ，这其实是与S.2464、5648中的“戍你焰(二合)”相对应，据不空本“戍你也(二合)哆”，应该还原为śūnyatā，与贝叶本相同。这点疏漏大概是笔误吧。

下面看看重音的对音。śāriputra，呼格，用在句首，故重音在第一个音节śā上，长音śā本应该用平声或去声字对，不空用上声字“舍”，应该是表示重音。

rūpaṃ，重音音节paṃ用了去声字“畔”对，那是因为短元音后面加上anusvāra，可以算作长音。半，博慢切，换韵，山摄。为什么不用咸摄唇音字来对？大概因为咸摄字-m尾的异化作用，重唇音声母一、二等字几乎没有，故借用音近的山摄字对，至于为什么增加了口旁，大概正如万金川先生所说，“半字增入口旁，或许是为了甄别两者收尾鼻音上的不同”。[①]

śūnyátā，是加了阴性词缀tā而构成抽象名词，重音统一在后缀前的一个音节上（§1237a）。重音音节ya对上声字“也”。

① 万金川：《石室〈心经〉音写抄本校释初稿之二》，《圆光佛学学报》2004年第9期，第45页。

7.

表 5 - 8　　《心经》片段 6

	贝叶本	还原本
梵本	rūpān na pṛthak śūnyátā śūnyátāyā na pṛthag rūpaṃ	rūpăn na pṛthak śūnyátā śūnyátāyā na pṛthag rūpaṃ
汉本	噜畔 曩 毕哩$_{\text{二合}}$箨 忖你也$_{\text{二合}}$哆 秫$^{\text{诗律}}_{\text{反}}$你也$_{\text{二合}}$哆夜 曩毕哩$_{\text{二合}}$他$_{\text{入}}$孽噜$_{\text{二合}}$畔	

pṛthak，不变词，没标重音。

pṛthak 要求名词第五格与之配合使用。开头的 rūpān，其实是 rūpa 的单数第五格形式 rūpāt，尾音 t 在鼻音前变成相应的鼻音，变为 rūpăn，所以能对“噜畔”。śūnyatāyā 是 śūnyátā 的单数第五格，标准形式是 śūnyátāyāḥ，āḥ在所有的浊音前都变成 ā，重音在 yá 上。不空用“秫$^{\text{诗律}}_{\text{反}}$你也$_{\text{二合}}$哆夜”对，上声字“也”对重音音节 yá。

不空“忖你也$_{\text{二合}}$哆”对śūnyátā，忖，仓本切，清母，不当对梵文ś。且梵文尾音 k 与起始辅音ś之间不会发生什么连声现象。“忖”对śūn，暂且存疑。

8.

表 5 - 9　　《心经》片段 7

	贝叶本	还原本
梵本	yád rūpaṃ sấ śūnyátā yấśūnyatā tad rūpaṃ	yád rūpaṃ sấ śūnyatā yā śūnyatā sā rūpaṃ
汉本	拽$_{\text{引}}$讷噜$_{\text{二合}}$畔 娑$_{\text{上}}$舜你也$_{\text{二合}}$哆 戍你也$_{\text{二合}}$带嚩 夜$_{\text{引}}$ 娑$_{\text{上}}$噜畔	

“娑$_{\text{上}}$噜畔”还原为 sā rūpaṃ。sā 是阴性形式，与所修饰的中性名词 rūpaṃ 性属不一致，此处贝叶本的 tad 语法正确。另外，按照不空音译本还原，梵本应该为yád rūpaṃ sấ śūnyatā śūnyatā eva yā sā rūpaṃ，林光明先生所录的福井文雅还原本，和不空的音译本并不一致，少一个词 eva，指示代词 yā 的位置有差异。

yat，关系代词，本应重读，但后面有两个辅音 dr，故属韵律长音节，不空用“拽”（《广韵》同抴、曳，入声一读羊列切，薛韵）加“引”来对，是对梵文的长音。

sā，指示代词，重读，不空用“娑$_{\text{上}}$”对。娑，平声，表示梵文长音，加小注“上”，表示梵文的重音。

yā，关系代词，虽然读重音，但由于本身是长音，故用去声“夜$_{\text{引}}$”对。

rūpaṃ，中性单数主格，按说，应该用指示代词 tat 指代，可是敦煌诸本及不空、慈贤音译本都是“娑噜畔”，故只能还原为阴性指示代词 sā。sā 重读，不空用“娑$_{\text{上}}$”对，加小注“上”，表示梵文的重音。

9.

表 5－10 《心经》片段 8

	贝叶本	还原本
梵本	evám evá védanā-saṃjñā́-saṃskāra-vijñā́nāni	evám evá védanā-saṃjñā́-saṃskāra-vijñā́nam
汉本	翳嚩 铭嚩$_{\text{入}}$ 尾那曩 僧$_{\text{去}}$枳娘$_{\text{二合}}$ 僧$_{\text{去}}$娑迦$_{\text{二合}}$啰尾枳娘$_{\text{二合}}$曩	

贝叶本 vijñā́nāni 是中性名词 vijñā́na 的复数主格形式，不空本用的是单数主格形式 vijñā́nam，是把相违释复合词 védanā-saṃjñā́-saṃskāra-vijñā́na（受、想、行、识）理解成一个整体概念。

evam，不空本译作“醫嚩”，敦煌诸本译作“噎嚩”，慈贤译本作“翳嚩”，醫，於其切，之韵；噎翳，於计切，霁韵。按照一般的对音规律，梵文元音 e，多数用齐韵系字对，而止摄之韵系字多数对梵文的 i、ī。查一下刘广和先生的《不空梵汉对音字谱》，“醫”字根本没出现，而“翳”字对 e，比如《金刚顶瑜伽护摩仪轨》中，“翳呬”对 ehi。所以，房山石经不空译本中的“醫嚩”，大概应该同慈贤本一样，作“翳嚩”。

evám evá，重音都在 va 上，两处 va，不空分别用“嚩”和“嚩$_{\text{入}}$”对。不空对音中，嚩一般读上声，比如不空译《文殊问经字母品》中，对音字“嚩”注“無可反”（《大正藏》14 册 469 号经 509 页）。上声字“嚩”正好对梵文的重音。后一个“嚩”字加注“入”，那是把紧随其后的 b 算进去了。

védanā-saṃjñā́-saṃskāra-vijñā́nam 是相违释复合词，根据 § 1258 条，在有重读的文献中，相违释复合词，一致地把重音放在最后一个词干上。所以，重音在 jñā 上。但是 jñā 是长音，故用平声字娘来对。

10.

表 5 - 11　　《心经》片段 9

	贝叶本	还原本
梵本	ihá śắriputra sárva-dhármā śūnyatā-lakṣaṇā	ihá śắriputra sárva-dhármāḥ śūnyatā-lakṣaṇāḥ
汉文	舍哩补怛啰$_{\text{二合}}$　萨啰嚩$_{\text{二合}}$达啰磨$_{\text{二合}}$　戍你也$_{\text{二合}}$哆喏讫叉$_{\text{二合}}$拏$_{\text{上}}$	

dharmāḥ，复数主格，visarga 在咝音 ś 前不变，不会脱落。贝叶本 dharmā 可能漏了 visarga。复数主格lakṣaṇāḥ在元音 a 前变为 lakṣaṇā。还原本的 visarga 似误增。

sarva-dharmāḥ，所有的法，持业释复合词，重音落在最后音节上，但是 māḥ是长音，故用平声字“磨”对。

śūnyatā-lakṣaṇā，空相，持业释复合词，重音落在最后音节ṇā 上，而且ṇā 与下一单词 anutpannā 的首音 a 融合，首音 a 同样是重音。拏，女加切，平声麻韵，对梵文长音，为了表示重音，加小注“上”。

11.

表 5 - 12　　《心经》片段 10

	贝叶本	还原本
梵本	anutpannā aniruddhā amalā avimalā nānā na paripurṇāḥ	anutpannā aniruddhā amalā avimalā nonā nā saṃpūrṇāḥ
汉本	努$_{\text{鼻音}}$怛播$_{\text{二合}}$曩 阿$_{\text{上}}$宁嚗驮　阿$_{\text{上}}$摩攞　阿$_{\text{上}}$吠$_{\text{无每反}}$摩攞　捺那　诺三布啰拏$_{\text{二合}}$	

先说梵本。anutpanna，不生，aniruddha，不灭，amala，不垢，avimala，不净，aparipūrṇa，不圆满。贝叶本的 nāna 不可解，对应玄奘译本的“不减”，大概是 nonā 之误，连声拆开后是词组 na ūna。“还原本” saṃpūrṇa 与 paripurṇa（圆满）同义，之前的 nā，似应为否定词 na。

anutpanna，不生。依主释复合词。否定前缀加上过去分词，重音在前缀上，见 § 1284a 条，故重音在首音 a 上。首音 a 融入上一词 lakṣaṇā 的尾音中，不空用“拏$_{\text{上}}$”对。

aniruddha，不灭；amala，不垢；avimala，不净，都是依主释复合词，故重音在首音 a 上，不空用“阿$_{\text{上}}$”对。

ūna，欠缺，重音在尾音 na 上，复数主格，尾音变为长元音 nā，不空用去声“那”对。

12.

表 5 - 13　　《心经》片段 11

	贝叶本	还原本
梵本	tasmāc chāriputra śūnyatāyāṃ na rūpaṃ na vedanā na saṃjñā na saṃskāro na vijñānāni	tasmāc śūnyátāyāṃ na rūpaṃ na vedanā na saṃjñā na saṃskārā na vijñānāni
汉本	怛娑每二合 ⿰王察上你也二合哆野 曩噜畔 曩吠那曩 曩僧去枳娘二合 曩僧去塞迦二合啰 曩尾枳娘二合曩䫂	

tásmāt，指示代词，单数从格，表示原因。在 ś前，尾音 t 变为 c，而 ś变为 ch。不空译本“怛娑每二合”，用“每”译 māc。

不空译本“⿰王察上你也二合哆野”似乎抄写有误。⿰王察，按照《龙龛手镜》的说法，是璨的俗字。璨，沧案切，清母翰韵，开口，一般不会对 chūn。这句话慈贤译本作“擦哩布怛啰二合”是对 chāriputra，《集韵》中有个“擦”字，七曷切，清母，与“擦”形近，可以对 chār。不空本的“⿰王察”有可能是擦的误字，那也应对 chā°，不该对 śū。照此推理，不空本“⿰王察”字大概是对 chāriputra 的开头儿，把后面的 riputra 对丢了，却紧接着 nyatāyā 的对音字。chāriputra，呼格，在诗节之首要重读，重音 chā 用“⿰王察上”对。

śūnyatāyāṃ 是 śūnyátā 的单数依格形式，anusvāra 仅使前面的元音带有鼻化成分，故能用阴声韵字“野”对 yāṃ。

na rūpaṃ na vedanā na saṃjñā na saṃskārā na vijñānāni 中的否定词 na 都重读，不空用上声字“曩”对，敦煌本 S. 2464、S. 5648“曩”字后还加了“上”字，亦表示重读。

其余的词，或者前文已述，或者没查到重音。

13.

表 5 - 14　　《心经》片段 12

	贝叶本	还原本
梵本	na cakṣu-śrotra-ghrāṇá-jihvā-kāya-manāṃsi	na cakṣuḥ-śrotra-ghrāṇá-jihvā-kāya-manāṃsi
汉本	曩 作屈蒭二合 秫噜二合怛囕 伽啰二合喃上 呛贺嚩二合 迦野 么曩	

按照贝叶本，na 是否定词，cakṣu-śrotra-ghrāṇá-jihvā-kāya-manas 是个相违释复合词，意思为眼、耳、鼻、舌、身、意。最后一词 manas 发生形态变化，用中性复数主格形式 manāṃsi。

相违释复合词，重音落在最后一词的词干上，故 manāṃsi 中 ma 重读，不空用上声字“么”对。

可是不空本“秫噜二合怛囕”“伽啰二合喃上”最后音节“囕、喃”都是收鼻音尾的字，说明对应的梵文词 śrotra、ghrāṇa 发生了形态变化，不应该是复合词的组成部分，其余各词同样也应该发生形态变化，都是单数主格形式。福井文雅的还原本似与不空译本不符。各词的分析及对音形式如下：

cákṣu 阳性，眼睛，单数主格 cákṣuḥ，对“作屈蒭二合”。

śrótra，中性，耳朵，单数主格 śrótraṃ，对“秫噜二合怛囕”。

ghrāṇá，中性，鼻子，单数主格 ghrāṇáṃ，对“伽啰二合喃上”。

jihvá，阳性，舌，单数主格 jihváḥ，对“唅贺嚩二合”。

kāyá，阳性，身子，单数主格 kāyáḥ，对“迦野”。

mánas，中性，意，单数主格 mánaḥ，对“么曩”。

再看重音的对音，除了 cák 对入声字“作”之外，“噜、嚩、野、么”都是上声字，“喃”是平声，但加了小注“上”。

14.

表 5－15　《心经》片段 13

	贝叶本	还原本
梵本	na rūpa-śabda-gandha-rasa-spraṣṭavya-dharmā	na rūpa-śabda-gandha-rasa-spraṣṭavya-dharmāḥ
汉本	曩噜播 湿嚩二合曩 巘驮啰娑上 婆啰二合瑟劄二合尾也二合 达啰磨二合	

śábda，阳性，声音。敦煌诸本音译作“摄那”，符合对音规律。而不空对音本“湿嚩二合曩”颇让人费解。从对音字反推梵文，最接近的大概是＊śvada 或 śvāna，意思又对不上。这个地方到底怎么解释，真说不准。

spraṣṭavya，动词 spṛś的必要分词，触。敦煌诸本音译作“娑播啰二合瑟咤尾也”，不空本的“婆”，大概是“娑”之误，又少刻了个“播”字。

rūpa-śabda-gandha-rasa-spraṣṭavya-dharmāḥ 构成相违释复合词，重音在

最后一个词干 dhar 上，不空用入声字“达”对。

15.

表 5－16　　**《心经》片段 14**

	贝叶本	还原本
梵本	ná cakṣur-dhātúr yāvan na mano-dhātú	na cakṣur-dhātúr yāvan na mano vijñāná dhātúḥ
汉本	曩作屈蒭（二合） 驮覩 夜嚩 曩 么努 尾枳娘（二合） 曩 驮覩	

cakṣu-dhātú，眼界，持业释复合词。重音落在最后一音节 tu 上。复合词末词要发生变格，变为单数主格 dhātuḥ，visarga 在浊音前变成 r。敦煌诸本作“馱都哩”，用“哩”来译尾音 r，不空本作“驮覩”，似乎 visarga 没对出来。按照巴利语，单数主格形式就是 dhātu。覩，上声，对重读音节。

máno-vijñāná-dhātú，意、识界，持业释复合词。manas，心意，词尾 as 在浊音前变为 o。vijñāna，中性名词，认识。

这个复合词中，má、ná、tú 都是重读音节，都用上声字么、曩、覩对应。

16.

表 5－17　　**《心经》片段 15**

	贝叶本	还原本
梵本	na vidyā́na avidyā na vidyākṣayo na avidyākṣayo	na vidyā́na avidyā́na avidyākṣayo
汉本	曩尾你也（二合） 曩阿（上）尾你也（二合） 诺讫叉（二合）喻	

vidyā́，阴性名词，知识，单数主格。kṣáya，阳性名词，尽。由动词 kṣi（损坏）派生而来，单数主格 kṣayaḥ。不空音译本中一些梵词没出现。“诺讫叉（二合）喻”应该还原为 na kṣáyo，与福井先生的还原本不尽相同。

vidyā，重音在尾音 yā 上，不空用上声字“也”对。加上否定前缀构成 avidyā，前缀 a 重读，不空用平声字“阿”加小注“上”对。

否定词 na 重读，一般用上声字“曩”对，nak（ṣáyo）用入声字“诺”对。

17.

表 5－18 **《心经》片段 16**

	贝叶本	还原本
梵本	yā́van ná jarāmáraṇaṃ na jarāmáraṇa kṣáyo	yā́van ná jaraṇā-máraṇaṃ ná jaraṇā-maraṇa-kṣayáḥ
汉本	夜嚩 曩 惹啰拏(二合) 么啰南(二合) 曩 惹啰拏(二合) 阿么啰拏(二合) 讫叉(二合)药	

√jṝ，变老，第一类动词。派生出 jarā́，老年，阴性名词；jarṇa，腐烂的；jāraṇa，使变腐；jā́ra，变老，√jṝ的过去分词。若依不空译本“惹啰拏(二合)”的小注“二合”，还原的梵本应该是 jarṇa 而不是 jāraṇa。

máraṇa，死亡，中性名词，由词根√mṛ加上后缀 aṇa 变来，词根元音二合变 mar，重音在词根 ma 上，见 § 1150、1271 条。jarṇa-maraṇa 构成相违释复合词，意思是老死。重音放在最后一个词干 ma 上。不空译本“么啰南(二合)”的小注“二合”似为误增，因为找不出词形为＊marṇa 的梵词。

不空译本“阿么啰拏(二合)”与“么啰南(二合)”相比，开头多出了“阿”，像是增加了否定前缀 a-。可是从语义上看解释不通，最大的可能是仿照前文“阿(上)宁啤驮”、“阿(上)摩攞”之类误增。

jarṇamaraṇa-kṣayáḥ，依主释复合词，重音在最后一个音节 yaḥ上。

重音位置 ná、má 都用上声字“曩”“么”对，yáḥ用入声字“药”对。yā́由于元音是长音，用去声字“夜”对。

18.

表 5－19 **《心经》片段 17**

	贝叶本	还原本
梵本	na duḥkha-samudaya- nirodha-mārga	na duḥkha-samudaya- nirodha-mārgā
汉本	曩耨佉 三(去)母曩曳 顫噜达啰 摩嚩(上)誐	

duḥ kha-samudaya-nirodha-mārga，相违释复合词，苦、集、灭、道。重音在最后一个词干 mār 上。因为元音是长音，故对平声字“摩”。

19.

表 5－20　　《心经》片段 18

<table>
<tr><td rowspan="2">梵本</td><td>贝叶本</td><td>还原本</td></tr>
<tr><td>na jñānaṃ na prāptir na prāptitvaṃ</td><td>na jñānaṃ na prāptiśca</td></tr>
<tr><td>汉本</td><td colspan="2">曩枳娘二合曩引　纳 钵啰二合钵底 室左二合</td></tr>
</table>

否定词 na 重读，对上声字“曩”。na prāptiś中把 na 和 p 读在了一起，故对入声字“纳”。

jñāna，中性名词，知识。字典中未标出重音。从构词来看，像由动词词根√jñā 加上语尾 ana 派生而来。重音大多数情况下在词根上，但也有在最后一音节或倒数第二音节上的。见 § 1150 条。从不空用“曩”对音看，用上声字对，重音像在尾音上。prāpti，阴性名词。字典中未注重音。

“枳娘二合曩引”中加小注“引”，是因为短元音后加上 anusvāra，后面再出现一个辅音，那么这个音节算长音节，见 § 79 条。

20.

表 5－21　　《心经》片段 19

<table>
<tr><td rowspan="2">梵本</td><td>贝叶本</td><td>还原本</td></tr>
<tr><td>tasmād ná prāptitvāt bodhisattvānāṃ prajñāparamitām aśŕitya</td><td>tásmān ná aprāpti-tvā́d bodhisattvānāṃ prajñāparamitām aśŕitya</td></tr>
<tr><td>汉本</td><td colspan="2">哆溢嗙二合　那引钵啰二合钵底丁以反怛鑁二合 冒地萨怛嚩二合
钵啰二合枳娘二合播啰弭哆沫 室𠼝二合底也二合</td></tr>
</table>

tásmāt，指示代词单数第五格，表示原因。尾音 t 在 na 前，变为 n。不空本“哆溢嗙二合”。哆是上声，正好对重音 tá。选山母缉韵字“溢”来对舌尖音 s 有些怪异，按照一般的对音习惯，用心母缉韵字比如“靸”来对 s 更精确，难道不空念成卷舌音了？但此处又不符合梵文 s 卷舌化的条件，具体原因还说不准，暂且存疑。嗙，《龙龛手镜》普门、普闷二切，读滂母，是“喷”的异体字，慈贤《妙吉祥平等秘密最上观门大教王经》中，嗙字注音“补懑切”，读帮母，无论读哪个音，都是双唇塞音，此处对梵文鼻音。这些都是和梵词不一致的地方，原因还待进一步

研究。

prāptitvá，中性名词，获得。加前缀 a-能表示否定的含义，慈贤译本“阿钵啰二合钵帝二合怛嚩二合”对应的应该是 aprāptitvá。与否定副词 na 连用，也能表示否定含义，敦煌诸本“那钵啰二合比底二合怛嚩二合”对应的就是 na prāptitvá。照不空本“那引钵啰二合钵底丁以反怛鑁二合”来还原，“引”表示长音，梵本应该是 na aprāptitvāt，用了两个否定词，像是把两种本子合在了一起，语义上讲不通。不空大师精通梵文，应当不会犯这样的错，或许错在抄手。

prāpti 加词缀-tva 构成抽象名词 prāptitvá，重音落在后缀上（§1239 条）。单数离格是 prāptitvā́t，巴利语中，尾音 t 脱落。vā 和后面的 b 连读，按说用咸摄入声字来对音最合适，但乏韵无微母字，或许用“鑁”来对是音近替代，也可能对的是宾格形式°tvám̥。鑁，《龙龛手镜》亡敢反，上声，对重音。

bodhisattvá，直译为有觉悟的有情，是依主释复合词，重音在最后一个音节（§1267）。不空译本“冒地 a 萨怛嚩二合”正好与之对应，嚩，无可反，上声，对重音 vá。敦煌诸本及慈贤本译作“冒地娑怛嚩喃”，那梵词应该是复数属格形式 bodhisattvā́nāṃ。

prajñā́-paramitá，持业释复合词，重音在最后一个音节上，不空译本拿上声字“哆”对重音 tá。

ā-√śri，第一类动词，依靠。独立式 āśrítya，是在以短元音收尾的词根后面加 tya，词根要重读。重音 rí用去声字嚟对。

21.

表 5－22　《心经》片段 20

梵本	贝叶本	还原本
	viharati cittāvaraṇaḥ	viharati á-cittá-avaraṇaḥ
汉本	尾贺引攞底也二合 唧哆 阿上嚩啰拏二合	

vi-√hṛ，第一类动词，分开，在佛教梵语中，当居住讲。单数第三人称 viharati。不空对出长音来，那原词应该是＊vihārati，可是第一类动词主动语气单数第三人称词根元音是二合而不是三合，或许是汉文误刻

“引”字。

cittá，心，重音在末尾音节 tá 上，不空用上声字“哆”对。

ā-várạṇa，从词根 ā-√vṛ(阻止，压制）变来。后加 aṇa 构成抽象名词，元音 ṛ 发生二合变化成为 ar。重音本应该在词根上，但前缀 ā 一般情况下要重读（见 § 1082、1083 条)。不空用平声字“阿”加注声调“上”来对。

citta-āvaraṇa 构成依主释复合词，心阻碍，加否定前缀 a，又构成另一层依主释复合词，否定前缀 a 一般要重读（见 § 1288 条)。前缀 a-和前一个动词的语尾-ti 融合成一个音节，不空用上声字“也”对重音 ya。

22.

表 5－23 《心经》片段 21

梵本	贝叶本	还原本
	cittā varaṇa-na-astitvād atrasto	citta-āvaraṇa-na-astitvắd átrastó
汉本	曩悉底二合怛嚩　阿怛啰二合萨哆	

asti，√as 的单数第三人称现在时，加后缀-tva 构成中性名词 astitva，存在。重音在 tvá 上（见 § 1239 条)。前加否定副词 na 构成 nāstitva，不存在，单数第五格形式 nāstitvāt，尾音 t 在浊音前变成相应的浊音 d。可是从不空的对音来看，这个浊塞音似乎没对出来，可能依照巴利文的语法，写成 nāstitvā 了。citta-āvaraṇa 和 na-astitvá 也构成依主释，重音在最后一个音节，故重音在 tvá（见 § 1267)。不空用上声字“嚩”对。citta-āvaraṇa 和上一句末尾的梵词重复，汉文本没再重复译出。

trastá，√tras（恐怖）的过去分词，加否定前缀 a 构成依主释复合词，重音在前缀 a 上。（见 § 1284 条）单数主格形式是 átrastaḥ。不空本用平声字“阿”对重音 á，或许石经本漏了小注“上”。

23.

表 5－24 《心经》片段 22

梵本	贝叶本	还原本
	viparyasa-atikrāntaḥniṣṭha-nirvāṇaḥ	viparyăsa-atikrāntáḥniṣṭhā-nirvāṇáṃ
汉本	尾入钵哩也二合娑 底二合讫嚂二合跢 涅哩二合瑟咤二合 你哩嚩二合拏上	

viparyása，阳性名词，翻转。在动词 vi-pari-√as（翻转，颠倒）后加后缀 a，词根元音三合，表示抽象的动作，重音在词根音节上（见 § 1148 条）。

atikrāntá，远离，动词 ati-√kram 的过去分词。重音在词尾 tá 上。

viparyāsa-atikrāntá 构成依主释复合词，重音在最后一音节上。不空用去声字“跢”对，或许是因为后面紧跟 visarga 和辅音 n，这样的短元音也算长音。

niṣṭhā-nirvāṇá，究竟涅槃，持业释复合词，重音在最后音节。不空本所对应的梵文应该是阳性单数主格形式 nirvāṇáḥ，用“拏上”对译重音 ṇáḥ。福井文雅还原为 nirvāṇaṃ，大概是处理为中性主格。

24.

表 5－25　《心经》片段 23

梵本	贝叶本	还原本
	tri-adhva-vyavasthitā́ḥsarva buddhāḥprajñā pāramitām āśritya	tri-adhva-vyavasthitā́ḥsarva buddhāḥprajñā pāramitām āśŕitya
汉本	底哩也二合特嚩二合　曩 嚩悉体二合哆　萨啰嚩二合　没驮 钵啰二合枳娘二合播啰弭跢沫室哩二合底也二合	

vyavasthita，存在，动词 vi-ava-√sthā 过去被动分词，重音在最后一音节。

trí-ádhva-vyavasthitá，三世一切存在的，依主释复合词，重音在最后一音节。复数主格 vyavasthitā́ḥ。不空用上声“哆”对 tā́ḥ。音节-vya-，敦煌诸本及慈贤本都用“尾”对，不空却用“曩”，音和义都相差甚远，原因是什么还有待深入研究。

sárva buddha，一切佛，持业释复合词，复数主格 buddhā́ḥ。重音在最后一音节。dhā́ḥ由于是长元音，故用平声字“驮”对。

prajñā́-parámitá，持业释复合词。重音在最后一个音节上。复数宾格 pāramitā́m。重音 tā́用上声字“跢”对。

25.

表 5－26　《心经》片段 24

梵本	贝叶本	还原本
	anuttarāṃ samyak saṃbodhim abhisaṃboddhāḥ	anuttarāṃ samyak saṃbodhim abhíśáṃboddhāḥ
汉本	阿耨哆啰　三去藐三去没地　么鼻糁没驮	

anuttara，无上，由否定词头 án 和 úttara 构成的依主释复合词。否定词头一般要重读的。不空对音，阿，平声，耨，去声。“还原本”用的是阴性业格形式，可是不空对音没显示有 m 尾存在，“啰”是阴声韵，所以，与不空对音符合的梵本应该是 anuttarā（阴性形式），不需要加格尾，与后面的阴性名词 samyak-saṃbodhi 一起构成复合词，最后一词加上格尾就行。

samy-áñc，正确的。samyák-saṃbodhí正觉，持业释复合词，单数宾格 saṃbodhím。重音在最后音节。不空入声“藐”对藐 myák，去声“地”对 dhí。

abhisaṃbuddha，证，觉。buddhá，√budh 的过去被动分词。前缀 abhí-sáṃ和以 ta、na 收尾的过去分词结合，前缀要保留重音。如果有两个或多个前缀，最靠近词根的重读（见§1085 条）。糁，桑感切，上声，对重音 sáṃ。

26.

表 5－27　《心经》片段 25

梵本	贝叶本	还原本
	tásmāj jñātávyam	tasmāj jñātavyám
汉本	怛萨么二合 枳娘二合怛尾焰二合	

jñātavya，必要分词，表示可以被知。必要分词的重音，按照语法学家的说法，或在最后一音节，或在倒数第二音节。但是在标有重音的文献中，总是出现在最后音节（见§964c）。不空对音，用去声焰对 yam，依§79，yam 属位置长音节。

27.

表 5－28　《心经》片段 26

梵本	贝叶本	还原本
	prajñā paramitā mahāmaṃtro mahāvidyā-mantraḥ	prajñā paramitā mahāmantro mahāvidyā-mantráḥ
汉本	钵啰二合枳娘二合播啰弭路 摩贺满咄噜二合 摩贺尾你也二合 满怛啰二合	

mahā́-mántra，大咒。持业释复合词。mántra，咒，由动词词根√man加后缀-tra（表示工具）构成，重音在词根上（见§1185条）。但是作为持业释复合词，重音应该在最后一音节 tró 上。不空用上声字“噜”对。

mahā́-vidyā́-mantráḥ，大明咒，持业释复合词，重音在最后音节。啰，《广韵》只有平声鲁歌切一种念法，《集韵》有上声郎可切一读。菩提流志《不空羂索神变真言经》中有小注“凡罗字口傍作者，皆上声弹舌呼之为正”。啰取上声，对重音 raḥ。

28.

表 5－29　《心经》片段 27

	贝叶本	还原本
梵本	anuttara-mantraḥasama-samamantra	anuttara-mantráḥasama-samamantraḥ
汉本	阿耨哆啰满怛啰二合 阿三么三么满怛嚂二合	

an-úttara-mántra 无上咒，持业释复合词，重音在最后音节，单数主格，ásamá-samá-mantraḥ，无等等咒，持业释复合词，重音在最后音节，不空用“嚂”对，像当成中性名词主格形式了。

29.

表 5－30　《心经》片段 28

	贝叶本	还原本
梵本	sarva-duḥkha-praśamanaḥ satyaṃ amithyatvāt	sarva-duḥkham-praśámanaḥ satyáṃ amithyatvā́t
汉本	萨啰嚩二合耨欠 钵啰二合舍么曩 娑底也二合 蜜体拽二合怛嚩二合	

sárva-duḥkhá，一切苦，持业释复合词。不空用“耨欠”对，说明梵本是宾格形式 duḥkham，当长音看待，所以用去声字“欠”。

praśámana，压制，去除。由 pra＋√śam（平息）加上语尾 ana 派生而来。重音大多数情况下在词根上，不管合成词的词义如何。有时也会在最后一音节或倒数第二音节上（见§1150条）。舍，上声，对重音 śá。

satyá，真实，中性名词，单数第一格。也，上声，对重音 yá。

a-mithyā́-tva，不虚，由 amithyā́和后缀-tvá 构成中性抽象名词，重音在 tva 上（见§1239条）。单数离格，表示原因，从对音上看，亦是用巴利式的形式

amithyātvā。“嚩”，无可反，上声，对重音。

30.

表 5－31 《心经》片段 29

梵本	贝叶本	还原本
	prajñā-pāramitāyām ukto maṃtraḥ	prajñā-pāramitām uktó mantraḥ
汉本	钵啰$_{\text{二合}}$枳娘$_{\text{二合}}$　播啰弭跢　穆屈姤$_{\text{二合}}$　满怛啰$_{\text{二合}}$	

依贝叶本，pāramitāyām 是单数依格，整句话的意思是：在般若波罗蜜多中，听说的咒语。可是各汉译本都没有与 yā 对应的音节，所对的应该是 pāramitām，是单数宾格，玄奘译为：故说般若波罗蜜多咒。

ukta，√vac（说）的过去分词。重音在最后音节。

31.

表 5－32 《心经》片段 30

梵本	贝叶本	还原本
	tadyathā gate gate pāragate pārasaṃgate bodhi svā́hā	tadyáthā gate gate pāragate pārasaṃgate bodhi svā́hā
汉本	怛你也$_{\text{二合}}$他 唵$_{\text{引}}$誐谛誐谛 播啰誐谛 播啰僧$_{\text{去}}$誐谛 冒地$_{\text{引}}$娑嚩$_{\text{二合}}$贺$_{\text{引}}$	

tat yáthā，如此。上声“也”对重音 ya。

gáti，离去，阴性，gáte 是单数呼格。呼格若不在句首或诗节之首，一般不重读，故这段咒语重音可忽略不计。pāragate，依主释，重音在后一音节，到彼岸。saṃgata，完全离开。bodhi，阴性名词，玄奘译为“菩提”，那应该对应呼格 bodhe，一般来讲，梵文元音 e 多对应齐韵系字；不空译为“冒地$_{\text{引}}$”，“地”是止摄字，对应的梵词大概是 bodhi 或 bodhiḥ。

四 结语

下面列表把《心经》重音的对音总结一下。梵文重音，两可的都不算，只计算根据语法规定确定是重音的。在相应音节上面加“ˊ”，对应重音的汉字下方加着重号。

表 5－33　　**对音总结**

1	prajñā́-pāramitā́-hṛdayá-sūtrám	《慧琳音义》娘取上声。路上、野、曩都是上声。
	钵啰二合枳娘二合 播啰弭路上 噭哩二合乃野 素怛曩	
2	ā́rya-avalokiteśvaró bodhisattvó	阿上、噜、舞都是上声。
	阿上哩也二合 嚩路枳帝湿嚩二合噜 冒地萨怛舞二合	
3	gambhīrā́ṃ prajñā́-pāramitā́-caryā́ṃ cáramāṇo	娘见第 1 句的讨论。路上、演，上声。平声嚂对长音 rāṃ。
	俨鼻嚂 钵啰二合枳娘二合播啰弭路上左哩演二合 左啰么喃	
4	vyávalokayati sma	也，上声。
	弭也二合嚩路迦野底丁一反 娑么二合	
5	páñcāṃ skandhā́ṃs tāṃśca svabhāva śūnyā́ṃ paśyati sma	重音位置都是长音节，故用去声字"半担焰"来对。
	半左引 塞建二合担引 娑党二合室者二合娑嚩二合婆去 嚩舜引 你焰二合钵始也二合底上同 娑么	
6	ihá Śā́riputra rūpáṃ śūnyátā śūnyátaiva rūpáṃ	上声"舍也"对重音，去声畔对应梵文位置长音节。
	伊上贺舍哩补怛啰二合噜畔 戍你也二合哆 戍你也二合带嚩 噜畔	
7	rūpā́n ná pṛthak śūnyátā śūnyátāyā ná pṛthag rūpáṃ	"曩、也"上声，畔对应梵文位置长音节。
	噜畔 曩 毕哩二合篺 忖你也二合哆 秫诗律反你也二合哆夜 曩毕哩二合他入孽 噜二合畔	
8	yád rūpáṃ sā́ śūnyátā śūnyátā eva yā́ sā́ rūpáṃ	娑上、也，上声。拽、夜引、畔，对长音节。
	拽引 讷噜二合畔 娑上舜你也二合哆 戍你也二合带嚩 夜引 娑上噜畔	
9	evám evá védanā-saṃjñā́- saṃskāra-vijñā́nam	嚩、尾，上声。娘见第 1 句的讨论。
	翳嚩 铭嚩入 尾那曩 僧去枳娘二合 僧去娑迦二合啰 尾枳娘二合曩	
10	ihá śā́riputra sárva-dhármāḥ śūnyátā-lakṣaṇā́ḥ	舍、也、拏上，上声，萨、达，入声。
	舍哩补怛啰二合 萨啰嚩二合达啰磨二合戍你也二合哆　略讫叉二合拏上	
11	ánutpannā ániruddhā ámalā ávimalā ná ūna ná saṃpūrṇāḥ	阿上，上声。捺、诺，入声。
	努鼻音怛播二合曩 阿上宁嚕驮 阿上摩攞 阿上吠无每反摩攞 捺那 诺　三布啰拏二合	
12	tásmāc śūnyátāyāṃ ná rūpáṃ ná védanā ná saṃjñā́ná saṃskārā ná vijñā́nāni	也、曩，上声。怛，入声。吠、畔，去声，对长音节。娘，见第 1 句的讨论。
	怛娑每二合 瑺上你也二合哆野 曩噜畔 曩吠那曩 曩僧去枳娘二合 曩僧去塞迦二合啰 曩尾枳娘二合曩顊	
13	ná cákṣuḥśrótraṃ ghrāṇáṃ jihvā́ḥkāyáḥmánāṃ	曩噜喃上嚩野么，上声。作，入声。
	曩 作屈蒭二合 秫噜二合怛曩 伽啰二合喃上 咔贺嚩二合 迦野 么曩	

续表

14	ná rūpa-śabda-gandha- rasa-sprasṭavya-dhármāḥ	曩，上声。达，入声。
	曩噜播 湿嚩$_{\text{二合}}$曩巘驮 啰娑$_{\text{上}}$ 婆啰$_{\text{二合}}$瑟剳$_{\text{二合}}$尾也$_{\text{二合}}$ 达啰磨$_{\text{二合}}$	
15	ná cákṣur-dhātúr yāvan ná máno-vijñāná-dhātúḥ	曩、靓、么，上声。作，入声。
	曩 作屈蒭$_{\text{二合}}$ 驮靓 夜嚩 曩 么努 尾枳娘$_{\text{二合}}$曩 驮靓	
16	ná vidyā́ná ávidyā́ná kṣáyo	曩、也、阿$_{\text{上}}$，上声。诺，入声。叉，平声。
	曩 尾你也$_{\text{二合}}$ 曩 阿$_{\text{上}}$尾你也$_{\text{二合}}$ 诺讫叉$_{\text{二合}}$喻	
17	yā́van ná jaraṇā-máraṇaṃ ná jaraṇā-maraṇa-kṣayáḥ	曩、么，上声。夜，去声，对长音节。药，入声，对 yáḥ。
	夜嚩曩惹啰拏$_{\text{二合}}$么啰南$_{\text{二合}}$ 曩惹啰拏$_{\text{二合}}$ 阿么啰拏$_{\text{二合}}$ 讫叉$_{\text{二合}}$药	
18	ná duḥkha-samudaya-nirodha-mā́rgā	曩，上声。摩，平声，对长音节。
	曩耨佉 三$_{\text{去}}$母曩曳 顊噜达啰 摩啰$_{\text{上}}$誐	
19	ná jñānáṃ ná prāptiśca	曩，上声。纳，入声。
	曩 枳娘$_{\text{二合}}$曩$_{\text{引}}$ 纳 钵啰$_{\text{二合}}$钵底 室左$_{\text{二合}}$	
20	tásmān ná prāpti- tvā́d bodhisattvá-prajñāparamitā́m aśrítya	鍐、嚩，上声。哆，有上声一读。那、嚇，去声。
	哆溢嗙$_{\text{二合}}$ 那$_{\text{引}}$钵啰$_{\text{二合}}$钵底$_{\text{丁以反}}$ 怛鍐$_{\text{二合}}$ 冒地萨怛嚩$_{\text{二合}}$ 钵啰$_{\text{二合}}$枳娘$_{\text{二合}}$播啰弭 哆沫 室嚇$_{\text{二合}}$底也$_{\text{二合}}$	
21	viharati á-cittá-ā́váraṇaḥ	也、阿$_{\text{上}}$、嚩，上声。哆，有上声一读。
	尾贺$_{\text{引}}$攞底也$_{\text{二合}}$ 唧哆 阿$_{\text{上}}$嚩啰拏$_{\text{二合}}$	
22	ná-astitvā́d átrasto	曩、嚩，上声。
	曩悉底$_{\text{二合}}$怛嚩 阿怛啰$_{\text{二合}}$萨哆	
23	viparyā́sa-atikrāntáḥniṣṭhā-nirvāṇáṃ	也、跢、拏$_{\text{上}}$，上声。
	尾$_{\text{入}}$钵哩也$_{\text{二合}}$娑底$_{\text{二合}}$讫囒$_{\text{二合}}$跢 涅哩$_{\text{二合}}$瑟咤$_{\text{二合}}$ 你哩嚩$_{\text{二合}}$拏$_{\text{上}}$	
24	trí-ádhva-vyavasthitā́ḥ sárva buddhā́ḥ prajñā́-pāramitā́m āśrítya	哩、也、跢，上声。哆，有上声一读。驮，平声，对长音节。
	底哩也$_{\text{二合}}$特嚩$_{\text{二合}}$ 曩 嚩悉体$_{\text{二合}}$哆 萨啰嚩$_{\text{二合}}$ 没驮 钵啰$_{\text{二合}}$枳娘$_{\text{二合}}$播啰弭跢 沫室哩$_{\text{二合}}$底也$_{\text{二合}}$	
25	anuttara- samyak- saṃbodhím abhisáṃboddhāḥ	糁，上声。地，去声。
	阿耨哆啰 三$_{\text{去}}$藐三$_{\text{去}}$没地 么鼻糁没驮	
26	tásmāj jñātavyám	怛，入声。焰，去声，位置长音节。
	怛萨么$_{\text{二合}}$ 枳娘$_{\text{二合}}$怛尾焰$_{\text{二合}}$	
27	prajñā-paramitā́mahāmantró mahāvidyā-mantráḥ	跢、噜、啰，上声。
	钵啰$_{\text{二合}}$枳娘$_{\text{二合}}$播啰弭跢摩贺满咄噜$_{\text{二合}}$摩贺尾你也$_{\text{二合}}$ 满怛啰$_{\text{二合}}$	

续表

28	anuttara-mantráḥ asama-samamantráḥ 阿耨哆啰满怛啰$_{\text{二合}}$ 阿三么三么满怛囕$_{\text{二合}}$	囕、啰，上声。
29	sárva-duḥkhám-praśamanáḥ satyáṃ amithyatvā́t 萨啰嚩$_{\text{二合}}$耨欠 钵啰$_{\text{二合}}$舍么曩 娑底也$_{\text{二合}}$ 蜜体拽$_{\text{二合}}$怛嚩$_{\text{二合}}$	曩、也、嚩，上声。萨，入声。欠，去声，对位置长音节。
30	prajñā-pāramitā́m uktó mántraḥ 钵啰$_{\text{二合}}$枳娘$_{\text{二合}}$ 播啰弭跢 穆屈姤$_{\text{二合}}$ 满怛啰$_{\text{二合}}$	跢、满，上声。姤，去声，对长音节。
31	tadyáthā oṃ gate gate pāragate pārasaṃgate bodhi svā́hā 怛你也$_{\text{二合}}$他 唵$_{\text{引}}$誐谛誐谛 播啰誐谛 播啰僧$_{\text{去}}$誐谛 冒地$_{\text{引}}$ 娑嚩$_{\text{二合}}$贺$_{\text{引}}$	也、嚩，上声。

梵文重音位置对音汉字，上声字最多，娘路$_{\text{上}}$野囕阿$_{\text{上}}$噜舞演也舍曩娑$_{\text{上}}$嚩尾拏$_{\text{上}}$喃$_{\text{上}}$么覩鑁哆哩满啰糁，共 24 个。入声字 8 个，萨达捺诺怛作药纳。去声字 12 个，其中“半担焰�拽夜引吠欠姤”9 字对长音节，“地”对 dhí。平声字 4 个，其中“嚧摩驮”对长音节。只有去声“那�”、平声“叉”3 个字对重音节而没有找出别的原因。

从上面的数据可以看出，不空对梵文重音时，最容易选上声字。说明上声是高调，其他声调在音高方面与之对立。当重音处于长音节位置时，往往优先考虑梵文长音，用音长较长的去声和平声字来描写。所用去声字比平声字多，一是因为不空音系去声比平声长，二是因为去声音高仅次于上声，而平声最低。这些规律都和刘广和先生的研究相一致，不空音系声调的特点，进一步得到了证明。《心经》汉译本对音时为了兼顾梵文重音节和长音节，有时在去声或平声字后面加小注“上”，如 sá是长音节又是重音节，故用“娑$_{\text{上}}$”对，这说明译者在精心地刻画梵文发音的各个方面，为我们留下了汉语及梵语语音史研究的珍贵素材。

本节的探讨能够证明，前贤利用梵汉对音来研究汉语的声调的方法是科学的；同时也能说明，梵文古重音规则，在古典梵文中，或至少在佛教咒语中，恐怕不能轻易否定。

另外，不空音译本《心经》竟然在有的地方表现出了巴利语的特征，这确实出人意料。值得继续研究。

第二节 从《心经》音译本及其他文献看梵文 jña 的发音[1]

一 引言

在早期的婆罗迷（Brāhmī）字母中，jña 是 ja 和 ña 两个字母的叠加，比如在贵霜（Kushāṇa）时代，这个字母写作𑀚𑁆𑀜[2]。William Dwight Whitney 的 Sanskrti Grammar[3]，谈到梵文的 j 源自 g（见该书第 42 条），但没有论及字母组合 jña。Adolf Friedrich Stenzler 的 Elementarbuch der Sanskrit-Sprache 第十七版第 7 条之 VII 在连写字母 jña 后有个注，季羡林先生译为：发音作 dnya[4]。该书德文版第十八版有了改动，段晴先生译为：今天一般读作 dnya 或 gnya[5]。这两个版本都没有提到可念成［ʥȵa］。海德堡大学南亚所古典印度学部 Thomas Lehmann 的梵语讲义 Sanskrit für Anfänger Ein Lehr-und Übungsbuch（未刊）§1.9.4 提到了 jña 的发音，德文原文如下：Zu beachten ist die Aussprache der Lautkombination jñ. Diese wird je nach Region wie dt. “gnj”，“gj” oder “dnj” ausgesprochen. Beispiel：ajña wird wie dt. “agnja/agja/adnja” gesprochen. 笔者同事张丽香老师把这份讲义译成中文（待刊），对应的部分如下“应当注意的是复合音素 jñ 的发音。按照地域的不同，这个音分别读如德文里的‘gnj’，‘gj’或‘dnj’。例：ajña 读如德文里‘agnja /agja/adnja’”。同样也没有提到念［ʥȵa］。

聂鸿音先生根据梵文复合字母 jña 在 12、13 世纪之交河西地区的音译，指出其在西夏、蒙元时代并没有统一的读法，表现出［kȵa］［dzȵa］［tȵa］等几种念法，这是盛唐密宗佛教传入河西以后，译者由于师承各

---

① 本节内容发表于《西域历史语言研究集刊》第 9 辑，科学出版社 2017 年版。

② Ram Sharma, *Brāhmī Script—Development in North-Western India and Central Asia*, Delhi: B. R. Publishing Corporation, 2002, p. 249.

③ William Dwight Whitney, *Sanskrit Grammar—including both the classical language, and the older dialects, of Veda and Brahmana*, Mineola New York: Dover Publications, Inc. 2003 reprint.

④ 参看中译本季羡林译，段晴、钱文忠续补《梵文基础读本》，北京大学出版社 1996 年版，第 3 页。

⑤ 参看中译本季羡林译，段晴、范慕尤续补《梵文基础读本》，北京大学出版社 2009 年版，第 4 页。

异而产生的不同翻译习惯所致。[①] 如果跟 Lehmann 教材中的说法相比，多出了［dzȵa］，少了‘gj’。

John Beames 的 *Comparative Grammar of the Modern Aryan Languages of India* 一书谈到了 jña 在印度七种方言中的发音，下面把这段话翻译并引在这里：

> 除了 Gujarati、Sindhi、Marathi 之外的所有方言区，这个字符规则地念作gy，所以 ājñā 念作 āgyā，jñān 念作 gyān。Bangali 和 Oriya 方言保持着 jña 这个拼写，而 Hindi 和 Panjabi 方言写法和读音一致。Marathi 方言念作 dny，Gujarati 方言念得像 jn 或 dn。[②]

作者列举的方言材料中，除了 Gujarati 方言的 jn 有些近似，其他方言都没有念［ʥȵa］。另外，他试图探讨gy 这样的音出现的时代，所找的材料已经是晚到 16 世纪莫卧儿王朝 Akbar 皇帝时代的文献，以及比 Akbar 早两个半世纪的 Chand 的文献，那也到了 14 世纪了。汉语及其他语言转写梵语的对音文献中，早于 14 世纪的反映 jña 语音线索的文献比比皆是，这不仅能研究汉语的语音面貌，也能为印度历史语言学研究提供些线索。这一节打算利用《心经》及其他对音材料探讨梵文 jña 在不同译本中所体现的梵语语音面貌。

二　《心经》音译本关于 jña 的对音概况

梵文字符 jña 主要出现在动词 jñā（知道）及其派生的词中，梵本《心经》中有大量以 jñā 为词根的词，汉语音译本有的保存在敦煌文献中，那至晚也是 10 世纪，房山石中有题名为唐代不空的音译本，不空是 8 世纪中期的，还有辽代慈贤译本。这是探讨字符 jña 发音的主要材料。

《心经》当中含有 jñā 的音节有 prajñā、saṃjñā、vijñā、jñāna、jñātavya，对音情况如下：

---

① 聂鸿音：《梵文 jña 的对音》，《语言研究》2008 年第 4 期，第 14—16 页。

② John Beames, *Comparative Grammar of the Modern Aryan Languages of India*, Volume 1: *On Sounds*, London: Cambridge University Press, first published 1872, digitally printed 2012, p. 303.

表 5－34　　《心经》jñā 的对音

	prajñā	saṃjñā	vijñānam	na vijñānaṃ	na jñānaṃ	prajñā	jñātávyam	prajñā paramitā
S. 2464	钵啰二合誐攘二合	散誐攘	尾誐攘二合喃		曩誐攘喃	钵啰誐攘二合	誐攘二合哆尾演	钵啰誐攘二合播啰弭哆
S. 5648	钵啰二合誐攘	散誐攘	尾誐攘二合喃	曩尾誐攘二合喃	曩誐攘喃	钵啰誐攘二合	誐攘二合哆尾演	钵啰誐攘二合播啰弭哆
P. 2322	钵啰二合誐攘	散誐攘	尾誐攘二合喃	曩尾誐攘二合喃	曩誐攘喃	钵啰二合誐攘	誐攘二合哆尾演	钵啰二合誐攘二合播啰弭跢
S. 5627	钵啰 穣	散誐攘	尾誐攘喃	曩尾誐攘喃	曩誐攘喃	钵啰攘	誐攘　哆演	钵啰攘　播啰弭跢
S. 3178	钵啰 穣	散誐攘	尾誐　喃	曩尾誐攘喃				
不空	钵啰二合枳娘二合	僧去枳孃二合	尾枳孃二合曩	曩尾枳孃二合曩	曩枳孃二合曩引	钵啰枳孃二合	枳孃二合怛尾焰二合	钵啰二合枳孃二合播啰弭跢
慈贤	钵啰二合倪也二合	僧拟惹二合	尾倪也二合喃	拏尾倪也二合捺	拏倪也二合喃	钵啰二合倪也二合	倪也二合驮尾焰二合	钵啰二合倪也二合播啰弭跢

复合字母 jñā，不空用“枳孃二合”来对，敦煌写本用“誐攘二合”对，有时也写作“誐穣”，攘、穣形近，似乎是抄写的问题。还有单写一个“穣”的。慈贤用“倪也二合”、“擬惹二合”对。

除了《心经》之外，其他的对音材料中也会偶尔见到 jñ-的对音，恐怕不能穷尽性搜集，所以只作为《心经》对音的补充。

三　梵文 jña 念 gnya 的证据

“誐攘二合”对梵文 jña，体现了不空一派的对音特点。敦煌写本《心经》中，疑母字誐对 ga，俨对 gam，蘖对 g（蘖噜二合对 grū），彦对 gan，泥母字怒对 d（怒噜二合对 drū），那对 da，你对 d（你也对 dya），耨对 du，明母冒对 bo，没对 bud，这些都是拿次浊声母字对梵文的不送气浊塞音。所以“誐攘二合”之“誐”，记录的是梵文音［g］。S. 5627 中“攘”也有写作“穣”的。攘穣，《广韵》只有日母音，《集韵》中“攘”字除了日母音外，还收有娘母一读，庚韵尼庚切，用在叠韵联绵词“搶攘”（搶，锄庚切）中，但是庚韵的主要元音很少对长元音 ā，恐怕不当取这个音，应当是读日母。根据刘广和先生的研究，不空对音，日母念［ȵʥ］，多数情况下对 j，也有的对 ñ、ny，所以“誐攘二合”可以还原成梵音 gnya。或者“攘穣”是“孃”字的误字。《慧琳音义·卷十》释《仁王护国般若波罗蜜多经下卷》云：“枳孃二合，上鸡以反，孃取上声，经从禾，误也。”① 孃字一般对 ṇa［ɳa］，音近替代可对 ña［ȵa］，则

① 《大正藏》第 54 册 2128 号经 366 页下栏。

“誐攘二合”亦可以描写梵文音［gɲ̥a］。这说明至晚公元10世纪，梵文jña念［gɲ̥a］在汉语文献中就有记录了。

四　不空“枳孃二合”的对音

万金川先生检索CBETA中的用例，发现在不空、慧琳等人的著作中，都出现“枳孃二合”这种形式，他推测，“这个转写语形或可视为是不空翻译集团的标志之一”[1]。他引用柯蔚南[2]的观点，指出在《慧琳音义》中“枳”字章母“之耳反”一读只出现在“枳园”等专有名词中，见母一读，一是用于植物名“枳椇上吉以反，下俱宇反”中，除此之外，“所有其他的用例都只出现在梵文语词的汉音转写里”。至于“枳孃”对应jña[3]的问题，由于万金川先生认为梵语jña只读［dʑɲ̥a］，“枳”字的对音只好算作“慧琳音译系统里的一项例外”[4]。但是《慧琳音义》中“枳孃”之“枳”的注音清清楚楚为见母：“枳孃二合，枳音鸡以反。”[5]且“枳”字在《广韵》中也有“居纸切”的读音，与慧琳注音大致相同。所以聂鸿音先生推测，在不空一派的僧人中，jña读作［kɲ̥a］[6]。

我们检索《大正藏》（CBETA）不空译咒中“枳”字的梵文对音形式，除了“枳孃”之外，其余如下：

表5－35　不空译咒“枳”字的对音

《大正藏》册—经号—页—栏—行	对音字	梵本
18—873—301—a26	咤枳	（ṭa）（kki）
18—873—301—c15	枳啰尼	（ki）（ra）（ṇi）
18—873—0307—b10	枳哩	（ki）（ri）

① 万金川：《石室〈心经〉音写抄本校释初稿之一》，《佛学研究中心学报》2004年第9期，第84页。

② Coblin, *A Compendium of Phonetics in Northwest Chinese*, Journal of Chinese Linguistics Monograph Series Number 7, 1994, pp. 1－117, 119－504.

③ 柯尉南认为“枳孃”转写-jñyaḥ，万金川先生作了纠正。

④ 万金川：《石室〈心经〉音写抄本校释初稿之一》，《佛学研究中心学报》2004年第9期，第85页。

⑤ 《大正藏》54册2128号经第313页下栏。

⑥ 聂鸿音：《梵文jña的对音》，《语言研究》2008年第4期，第14—16页。

续表

《大正藏》 册—经号—页—栏—行	对音字	梵本
18—874—0311—c22	嚩枳	(va) (ki)
18—874—0313—a01	吒引枳重声	(ṭa) (kki)
18—874—313—b18	枳啰	(ki) (ra)
18—874—0319—c22	枳哩	(ki) (ri)
18—874—320—b11	枳哩二合弩	(krī) (nū)
18—874—321—b04	枳礼二合	(kle)
18—874—0321—b22	嚩枳也二合	(va) (kya)
19—944a—100—a23	舍引枳也二合牟曩曳	(śā) (kya) (mu) (na) (ye)
19—944a—101—b04	枳引罗上耶弭	(kī) (la) (yā) (mi)
19—944a—0102—a18	枳引罗演底	kīlayanti
19—944a—0102—a18	拏去枳儞引	ḍākinī
19—944a—0102—a18	枳智上	kiṭi
19—962—336—b23	枳曳	(ki) (ye)
19—972—367—a25	路引枳也二合	(lo) (kyā)
19—982—0416—c04	枳腻	(ki) (ḍi)
19—982—0416—c04	枳引啰拏	(ki) (lā) (ṇa)
19—982—0416—c04	枳枲	(ki) (sī)
19—982—0418—a10	枳枲	(ki) (si)
19—982—0418—b03	枳孃，枳惹	(jñā) (jñā)
19—982—0419—a06	枳枲	(ki) (si)
19—982—0419—a06	枳哩	(ki) (li)
19—982—0420—a10	枳哩	(ki) (li)
19—982—0420—a10	枳枲	(ki) (si)
19—982—0421—a21	枳里	(ki) (li)
19—982—0421—b06	枳里	(ki) (li)
19—982—0434—a29	枳哩	(ki) (li)
19—982—0434—a29	嚩枳黎	(va) (ki) (le)
19—982—0435—a05	枳哩	(ki) (ri)
19—982—0438—a02	枳止	(ki) (ci)

续表

《大正藏》册—经号—页—栏—行	对音字	梵本
19—982—0438—a02	枳哩比	(ki) (ri) (piṃ)
19—982—0439—a11	驮啰枳	(dha) (ra) (ki)
19—1005—0624—a22	卢枳帝	(lo) (ki) (te)
20—1037—0020—a01	卢枳帝	(lo) (ki) (te)
20—1056—0075—c02	路引枳帝引	(lo) (ki) (te)
20—1056—0079—b19	路引枳鸡以反帝	(lo) (ki) (te)
20—1056—0079—b19	枳里	(ki) (li)
20—1153—0618—b04	怛嚇二合路引枳野二合	trailokya
20—1153—0626—a17	舍引枳也二合母曩曳	sākyamunaye
20—1153—0626—a17	拏引枳顊引南引	ḍakininām̊
20—1153—0626—a17	枳里尾二合灑曩引	kilviṣanā
20—1176—0724—a15	枳野二合	(kya)
21—1225—0137—a11	枳里	(ki) (li)

从上面的材料可以看出，不空译咒中，除了“枳孃”之外，“枳”都对梵文的 ki 或 k-。如果从对音字表示读音的单一性方面考虑，“枳孃”之“枳”也应读见母。可是《金刚顶一切如来真实摄大乘现证大教王经》中，不空用“惹拏二合”对 (jñā)[①]，而且出现多次。“惹”是日母字，不会有舌根音的成分，应该是描写［ʥ］。拏，娘母，一般对ṇ［ɳ］，与 ñ［ɲ］音近，如果从音近替代的角度考虑，“惹拏二合”可还原成［ʥɳa］。然而，按照 John Beames 的说法，梵文词语 jñā 的读音在有的方言中和形态变化有关，作为动词，在 Panjabi、Oriya、Gujarati、Marathi、Sindhi 方言中变成 jāṇa°，在 Hindi、Bangali 方言中变成 jāna°；作为名词，在 Panjabi、Oriya、Hindi、Bangali 方言中都有 gyāna 这样的形式[②]。“惹拏”若

① 《金刚顶一切如来真实摄大乘现证大教王经》在《大正藏》第十八册 874 号经，“惹拏二合”出现多次，比如第 318 页下栏；梵本在《大正藏》875 号经中，比如第 324 页中栏 20 行有 (jñā)。

② John Beames, *Comparative Grammar of the Modern Aryan Languages of India*, *Volume* 1: *On Sounds*, London: Cambridge University Press, first published 1872, digitally printed 2012, p. 303.

不加“二合”，对 jāṇa 正合适。不空对音中的 jña 如何理解，现在还说不准，把线索写在这儿，供大家参考。

五 梵文 jña 念 gya 的证据

《心经》慈贤译本中，jñā 的对音，“倪也二合”出现 11 次，“擬惹二合”出现 2 次[①]。万金川先生认为，“倪也二合”之“倪”，“对译梵语舌面塞擦音串 jñ，而在实际音读里，因于语流音变而出现了……舌面塞擦音 j 的‘减音’现象”。他引用储泰松先生的观点，北宋时期，疑母三四等由于介音的影响，使得前面的ŋ的发音部位前移而变成 ȵ，所以能够对梵文的 ñ[②]。这种解释的不足之处在于必须承认存在 j［dʑ］的脱落，而且慈贤译经中，疑母细音已经变成 ȵ。可是实际情况是，慈贤译本《心经》中，疑母字俨对 gam，孽对 g（孽噜对 grū），巘对 gan，誐对 ga，俨孽巘都是细音，但都对 g，并未变成 ȵ，由此可推理，“倪”字也应对应 g。可见万先生的推测不符合对音事实。“也”，以母，一般对 ya，那么“倪也二合”正好对 gya，慈贤用的梵本，jñā 读作［gja:］。至于“擬惹二合”，显然也是记录梵文 jñā。“擬”是疑母，表示音素［g］没有什么问题，日母字“惹”之后有“二合”，说明此字仅取声母之后的部分，同类的现象还有“吠钵哩惹二合娑”对 viparyāsa，“哩惹二合”对 ryā，这两个例子中，“惹”都是只用声母之后的部分对 yā［ja:］。所以“擬惹二合”是记录 gya［gja:］这样的音。

另外，（宋）施护译《圣观自在菩萨不空王秘密心陀罗尼经》“倪踰二合引”对 jño，“倪也二合”对 jñā，倪，疑母，踰也，以母，同样是梵文 jñ 读 gy 的证据。所以，梵语方言 jñā 读作［gja:］的证据至晚在宋辽时期就已经有了。

六 jña 读作［dȵa］的证据

聂鸿音先生曾指出，prajñā 中的 jñā，失译西夏文《般若心经》作[illegible][illegible]，对音汉字为“（波啰）得娘”[③]。西夏文[illegible]，李范文先生《夏汉字典》

① 表 5－34 中把重复的句子去掉了，“倪也二合”出现 7 次，“擬惹二合”出现 1 次。如果重复的句子也算，则应是文中所列的结果。

② 万金川：《石室〈心经〉音写抄本校释初稿之一》，《佛学研究中心学报》2004 年第 9 期，第 85—86 页。

③ 聂鸿音：《西夏文藏传〈般若心经〉研究》，《民族语文》2005 年第 2 期，第 25 页。

拟音为［tjɨ］[①]，聂先生猜想，这个音是经过藏文 dzñā 转换而来[②]。结合梵语方音想一想，这可能就是 jña 读［dɳ̥a］的证据。在敦煌藏文文献中能找到确实的证据。《不空羂索陀罗尼》梵本中有 jñopavīta、sarva jñā 这样的词，P. t. 0056 藏文本分别作 dnyopavïta、sarva dnya。藏人用 dny 记录 jñ，说明他们听到的音是［dɳ̥］。敦煌文献一般是 8—10 世纪的，所以梵文方言 jña 读［dɳ̥a］至晚在 10 世纪就已经存在了。

七 jña 读作其他音的证据

全面收集整理梵汉对音中有关 jña 的材料，一时还不具备条件，这里只谈目前所掌握的材料中及前贤文章中谈到的 jña 的语音面貌。

1. jña 读作［ʥɳ̥a］

阇那崛多《不空羂索咒经》"社儒"对 jño，"肾若"对 jñā。菩提流志译《不空羂索咒心经》"实乳"对 jño、"实若而可切"对 jñā。菩提流志译《不空羂索神变真言经》"肾二合饶去"对 jño，"肾二合惹"对 jñā。"社实肾"都是禅母，是浊塞擦音，"儒乳若饶惹"都是日母字，有舌面鼻音成分，故所依据的梵本，梵文 jñ 念［dʑɳ̥］。

义净《金光明最胜王经》"僧慎尔耶"对 saṃjñeya[③]，"钵喇底慎若"对 prati-jñā[④]，禅母字"慎"加上日母字"尔、若"一起对 jñe、jñā[⑤]，说明他所传的梵文 jñ 念［dʑɳ̥］。

施护译《佛说智光灭一切业障陀罗尼经》"惹拏二合曩"对 jñāna，日母字"惹"加上娘母字"拏"对 jñā，与不空译《金刚顶一切如来真实摄大乘现证大教王经》中的现象一致，前面的讨论已经说过，有读［ʥɳ̥a］的可能。但是施护译《圣观自在菩萨不空王秘密心陀罗尼经》中 jñ 念

① 李范文：《夏汉字典》，中国社会科学出版社 1997 年版，第 959 页。

② 聂鸿音：《梵文 jña 的对音》，《语言研究》2008 年第 4 期，第 15 页。

③ 《大正藏》中所附的梵文作 sañciñjaya，显然是个误字。段晴新发现了两片于阗文的《金光明最胜王经》残片，恰好有对应的这一段咒语，相应的词是 saṃjñeya，见 Duan Qing（段晴），"Two New Folios of Khotanese Suvarṇabhāsottamasūtra", *Annual Report of the International Research Institute for Advanced Buddhology at Soka University for the Academic Year* 2006, vol. 10, Tokyo 2007, pp. 325 – 336.

④ 《大正藏》中所附的梵文作 pratiśiñjā，显然是 prati-jñā 之误。

⑤ 柯蔚南认为义净对音禅母字"慎"能对 ś和 c，他依据的是《大正藏》所附的错误的词形，结论显然是靠不住的。参看 W. South Coblin（柯蔚南），*A Survey of YIJING's Transcriptional Corpus*，《语言研究》1991 年第 1 期，第 68—92 页。

[gj]，这两部经主译都是施护，jña 的念法不同，其原因有待深入研究。

2. jña 读作 ña [ȵa]

于阗高僧提云般若等译《智炬陀罗尼经》“南無 壤奴嗢迦(上)写(斯舸反)”对 namo jñānolkasya，单用日母字“壤”对 jñā，中原音日母字是个舌面鼻音，说明此处 jñ 读作 ñ [ȵ]。这个念法还有一条旁证，梵词 saṃjñā 在于阗语《赞巴斯特之书》中作 saṃñā[①]，jñā 就转成 ñā。

施向东先生认为，玄奘是把 jñ 念成 ñ，用日母字对[②]。根据施先生提供的线索，找出相关证据如下：《大般若波罗蜜多经·理趣分》卷 578 “钵剌壤波啰弭多曳……奴壤多，邲壤多”[③]，“鉢剌壤”对译 prajñā，“奴壤多，邲壤多”《慧琳音义》作“弩鼻枳孃(二合上引)多，鬫枳孃(二合引)多(上引)曳(引)”[④]，则“壤”对 jñā。《阿毗达磨显宗论》“爾焰”[⑤] 是对 jñeyaṃ，“爾”对 jñe。另外补充一个例证，玄奘译《地藏十轮经咒》出现了“钵剌惹”，是对 prajñā。这都是单独的日母字对 jñ，jñ 读作 ñ [ȵ]。

jña 用日母字对音，在隋唐之前的对音材料中经常出现。比如，法显《大般泥洹经》、昙无谶《大般涅槃经》都有字母对音和释义，腭音第五母 ña 分别译为：

显：若者，智也。知法真实，是故说“若”。

谶：喏者，是智慧义。知真法性，是故名“喏”。

从二人的释义均为“智慧”，由此来反推，所举的梵语例词应该是包含 jñā 这样的音的 jñāpana。jñā 都用单独的日母字“若”“喏”对，可见他们所传的本子，jña 大概也念 ña。

后汉三国的对音材料中，也能发现这类对音现象。不过，人们一般把早期对音中的这类现象解释为转写巴利语或其他语言。俞敏先生《后汉三国梵汉对音谱》jña 对“若”，加了说明“P. ñ = skt. jñ”[⑥]。刘广和先生《东晋译经对音的晋语声母系统》指出“对音材料里有 pali 文音的影

① 段晴：《于阗·佛教·古卷》，中西书局 2013 年版，第 105 页。

② 施向东：《音史寻幽——施向东自选集》，南开大学出版社 2009 年版，第 16 页。

③ 《大正藏》第 7 册 220 号经第 990 页下栏。

④ 《大正藏》第 54 册 2128 号经第 353 页下栏。

⑤ 《大正藏》第 29 册 1563 号经第 821 页下栏。

⑥ 俞敏：《后汉三国梵汉对音谱》，《俞敏语言学论文集》，商务印书馆 1999 年版，第 12 页。

响，比如般若，与其说是对梵文的 prajñā，不如说对巴利式的 pañña”①。

如果把这类对音也算上，那么 jña 读［ɲ̥a］的证据要早得多了。

八　结语

根据梵汉对音的证据，梵文 jña 至晚在 10 世纪就有［gɲ̥a］、［dɲ̥a］的念法，至晚在宋辽时期，就有［gja］的念法儿。另外 jña 还可以读成［dʑ̥ɲ̥a］和［ɲ̥a］，而且，后两种读音的证据比前面三种的早。梵文教材不录后两种读音，是没照顾到汉语对音文献所反映的梵语历史面貌。

① 刘广和：《音韵比较研究》，中国广播电视出版社 2002 年版，第 150 页。

参 考 文 献

北京大学图书馆、上海古籍出版社编:《北京大学图书馆藏敦煌文献》，上海古籍出版社 1995 年版。

[日] 长田彻澄:《燉煌出土東寺所蔵両梵本玄奘三藏音訳般若心経の研究》,《密教研究》第 56 号 1935 年，第 63—94 页。

陈寅恪:《敦煌本唐梵翻对字音般若波罗蜜多心经跋》，原载清华大学研究院《国学论丛》第二卷第二号，1930 年；又见《金明馆丛稿二编》，生活·读书·新知三联书店 2001 年版，第 197—200 页。

程恭让:《〈心经〉安心——从梵、汉比较研究的角度看》，《哲学研究》2009 第 11 期，第 89—128 页。

储泰松:《施护译音研究》，谢纪锋、刘广和主编《薪火编》，山西高校联合出版社 1999 年版，第 340—364 页。

储泰松:《中古佛典翻译中的“吴音”》，《古汉语研究》2008 年第 2 期，第 2—9 页。

储泰松:《佛典语言研究论集》，安徽师范大学出版社 2014 年版。

[法] 迪罗塞乐:《实用巴利语语法》，黄宝生译，中西书局 2014 年版。

丁锋:《如斯斋汉语史丛稿》，贵州大学出版社 2010 年版。

董同龢:《汉语音韵学》，文史哲出版社（台北）1996 年版。

段晴:《波你尼语法入门》，北京大学出版社 2001 年版。

段晴:《于阗语明咒护身符》，新疆考古研究所、日本佛教大学尼雅遗迹学术研究机构编《丹丹乌里克遗址——中日共同考察研究报告书》，文物出版社 2009 年版；又见段晴:《于阗·佛教·古卷》，中西书局 2013 年版，第 225—244 页。

段晴:《对治十五鬼护身符》，《敦煌吐鲁番研究》第 11 卷，上海古籍出版社2009年版，第101—119页；又见段晴：《于阗·佛教·古卷》，中西书局2013年版，第203—224页。

段晴：《钱与帛——中国人民大学博物馆藏三件于阗语—汉语双语文书解析》，《西域研究》2014第1期，第29—38页。

［日］福井文雅：《新出“不空訳”梵本写本般若心経》，中村瑞隆博士古稀記念会编：《仏教学論集——中村瑞隆博士古稀記念論集》，春秋社1985年版，第229—246頁。

方广锠：《般若心经译注集成》，上海古籍出版社1994年版。

［日］高楠顺次郎编：《大正新修大藏经》，东京 大正一切经刊行会1924—1934年版。

［日］高田时雄：《敦煌·民族·语言》，钟翀等译，中华书局2005年版。

［日］高田时雄：《敦煌資料による中國語史の研究——九·十世紀河西の方言》，（东京）创文社1988年版。

钢和泰：《音译梵书和中国古音》，胡适译，《国学季刊》第1卷第1号，1923年，第47—56页。

格桑居冕、格桑央京：《藏语方言概论》，民族出版社2002年版。

葛维钧：《论〈心经〉的奘译》，《南亚研究》1994年第3期，第2—9页。

龚煌城：《十二世纪末汉语的西北方音（声母部分）》，《历史语言研究所集刊》（台北）第52本第1分，1981年，第37—78页。

韩廷杰：《梵文佛典研究》，宗教文化出版社2012年版。

华侃：《安多藏语声母中的清浊音——兼谈它与古藏语中的强弱音字母的关系》，《西北民族大学学报》1980年第1期，第67—74页。

黄布凡：《十二、十三世纪藏语（卫藏）声母探讨》，《民族语文》1983年第3期，第33—42页。

黄布凡主编：《藏缅语族语言词汇》，中央民族学院出版社1992年版。

黄布凡：《从巴尔蒂话看古藏语语音》，《中央民族大学学报》1994年第4期，第87—94页；又见《藏语·藏缅语研究论集》，中国藏学出版社2007年版，第38—57页。

黄淬伯：《慧琳一切经音义反切考》，中华书局2010年版。

黄淬伯：《唐代关中方言音系》，中华书局2010年版。

黄笑山：《切韵于母独立试释》，《古汉语研究》1997年第3期，第7—

13 页。
黄永武主编:《敦煌宝藏》,(台北)新文丰出版公司 1983—1986 年版。
黄征:《敦煌俗字典》,上海教育出版 2005 年版。
江荻:《藏语语音史研究》,民族出版社 2002 年版。
金雪莱:《慧琳〈一切经音义〉语音研究》,博士学位论文,浙江大学,2005 年。
金雅声、[法]郭恩主编,西北民族大学、上海古籍出版社、法国国家图书馆编纂:《法国国家图书馆藏敦煌藏文文献》,上海古籍出版社 2006 年版。
黎新第:《对几组声母在五代西北方音中表现的再探讨》,《语言研究》2015 年第 1 期,第 1—15 页。
李范文:《宋代西北方音——〈番汉合时掌中珠〉对音研究》,中国社会科学出版社 1994 年版。
李荣主编,许宝华、陶寰编纂:《上海方言词典》,江苏教育出版社 1997 年版。
李小荣:《敦煌密教文献论稿》,人民文学出版社 2003 年版。
林光明:《梵字悉昙入门》,(台北)嘉丰出版社 1999 年版。
林光明:《心经集成》,(台北)嘉丰出版社 2002 年版。
林家妃:《慈贤音译梵咒所反映的汉语音系——以梵本〈般若波罗蜜多心经〉、〈大随求陀罗尼〉、〈佛说如意轮莲花心如来修行观门仪〉和〈妙吉祥平等观门大教王经略出护摩仪〉为中心》,硕士学位论文,“国立”中央大学(台湾),2014 年。
刘广和:《音韵比较研究》,中国广播电视出版社 2002 年版。
刘广和:《南朝梁语声母系统初探》,中国音韵学研究会、石家庄师范专科学校编:《音韵论丛》,齐鲁书社 2004 年版,第 213—230 页。
刘广和:《南朝梁语韵母系统初探》,董琨,冯蒸主编:《音史新论——庆祝邵荣芬先生八十寿辰学术论文集》,学苑出版社 2005 年版,第 209—216 页。
刘广和:《元朝指空、沙罗巴对音初释》,耿振生主编:《近代官话语音研究》,语文出版社 2007 年版,第 109—121 页。
刘广和:《〈佛顶尊胜陀罗尼经〉大正藏九种对音本比较研究——唐朝中国北部方音分歧再探》,《中国语言学》第五辑,北京大学出版社 2011

年版，第57—70页。
陆志韦：《陆志韦语言学著作集》（一），中华书局1985年版。
罗常培：《唐五代西北方音》，科学出版社1961年版。
马学良主编：《汉藏语概论》，民族出版社2003年版。
聂鸿音：《慧琳译音研究》，《中央民族大学学报》（哲学社会科学版）1985第1期，第64—71页。
聂鸿音：《西夏文藏传〈般若心经〉研究》，《民族语文》2005年第2期，第22—29页。
聂鸿音：《从梵文字母表的音译汉字看古代汉语的声调》，《西域历史语言研究集刊》第八辑，科学出版社2015年版，第157—162页。
瞿霭堂：《谈谈声母清浊对声调的影响》，《民族语文》1979年第2期，第120—124页。
瞿霭堂：《藏语的声调及其发展》，《语言研究》创刊号1981年，第177—194页。
瞿霭堂：《藏文的语言文字学基础》，《中国语言学》第三辑，北京大学出版社2009年版，第51—70页。
瞿霭堂：《普里克藏语介绍》，《民族语文》2010年第1期，第65—81页。
瞿霭堂：《〈音势论〉和藏文创制的原理》，《民族语文》2011年第5期。
荣新江：《关于唐宋时期中原文化对于阗影响的几个问题》，《国学研究》第一卷，北京大学出版社1993年版，第401—422页。
上海古籍出版社、法国国家图书馆编：《法国国家图书馆藏敦煌西域文献》，上海古籍出版社1994年版。
邵荣芬：《敦煌俗文学中的别字异文和唐五代西北方音》，《邵荣芬音韵学论集》，首都师范大学出版社1997年版，第280—343页。
［德］A. F. 施坦茨勒著、季羡林译，段晴、范慕尤续补：《梵文基础读本》，北京大学出版社2009年版。
施向东：《音史寻幽——施向东自选集》，南开大学出版社2009年版。
施向东：《鸠摩罗什译经与后秦长安音》，《芝兰集》编委会编《芝兰集》，人民教育出版社1999年版，第203—217页。
施向东：《北朝译经反映的北方共同汉语音系》，中国音韵学研究会、石家庄师范专科学校编：《音韵论丛》，齐鲁书社2004年版，第231—249页。

（辽）释行均：《龙龛手镜》，中华书局 1985 年版。
孙伯君：《西夏佛经翻译的用字特点与译经时代的判定》，《中华文史论丛》总第八十六辑，2007 年版。
孙伯君：《法藏敦煌 P. 3861 号文献的梵汉对音研究》，《语言研究》2008 年第 4 期，第 17—24 页。
孙伯君：《西夏新译佛经的梵汉对音研究》，中国社会科学出版社 2010 年版。
唐作藩：《汉语语音史教程》，北京大学出版社 2011 年版。
［日］田久保周誉：《燉煌出土于闐語秘密経典集の研究》，（东京）春秋社 1975 年版。
万金川：《敦煌石室〈心经〉音写抄本校释序说》，《中华佛学学报》第十七期，2004 年，第 95—119 页。
万金川：《石室〈心经〉音写抄本校释初稿之一》，《佛学研究中心学报》第九期，2004 年，第 73—118 页。
万金川：《石室〈心经〉音写抄本校释初稿之二》，《圆光佛学学报》第九期，2004 年，第 25—83 页。
王力：《汉语语音史》，中国社会科学出版社 1985 年版。
王青山：《古藏文札记》，《青海民族学院学报》1982 年第 1 期。
王新华：《唐五代敦煌语音研究》，博士学位论文，山东大学，2008 年。
王尧：《吐蕃金石录》，文物出版社 1982 年版。
王尧：《法藏敦煌藏文文献解题目录》，民族出版社 1999 年版。
［日］武内康則：《ブ－ラフ－ミ文字で音注を附した漢文経典について——北大 D020『金剛般若波羅蜜経』》，《京都大学言語研究》第 27 期，2008 年，第 169—188 页。
［日］辛嶋静志：《長阿含経の原語言の研究》，東京平河出版社 1994 年版。
向筱路：《〈不空羂索陀罗尼〉梵本校勘》，《华西语文学刊》第 10 辑，四川文艺出版社 2014 年版，第 160—170 页。
向筱路：《梵本〈心经〉不空和慈贤译音的比较研究》，中国人民大学国学院编：《雏凤集》，中国人民大学出版社 2015 年版，第 446—459 页。
徐时仪：《一切经音义三种校本合刊》，上海古籍出版社 2008 年版。
俞敏：《俞敏语言学论文集》，商务印书馆 1999 年版。

虞万里、杨蓉蓉:《唐五代字韵书所反映之唐代避讳与字形》,《古汉语研究》1983 年第 3 期,第 26—35 页,第 50 页。
尉迟治平:《周隋长安方音初探》,《语言研究》1982 年第 2 期,第 18—33 页。
张保胜:《永乐大钟梵字铭文考》,北京大学出版社 2006 年版。
张福平:《天息灾译著的梵汉对音研究与宋初语音系统》,谢纪锋、刘广和主编《薪火编》,山西高校联合出版社 1996 年版,第 264—339 页。
张广达、荣新江:《关于敦煌出土于阗文献的年代及其相关问题》,《于阗史丛考》,上海书店 1993 年版。
张琨、张谢贝蒂:Tibetan Prenasalized initials,《历史语言研究所集刊》(台北)第 48 本第 2 分,1977 年,第 229—243 页。
赵晓星:《吐蕃统治敦煌时期的密教研究》,博士学位论文,兰州大学,2007 年。
照那斯图、杨耐思:《蒙古字韵校本》,民族出版社 1987 年版。
中国佛教协会、中国佛教图书文物馆编:《房山石经》,华夏出版社 2000 年版。
中国国家图书馆编、任继愈主编:《国家图书馆藏敦煌遗书》,北京图书馆出版社 2005—2009 年版。
周季文、谢后芳编著:《敦煌吐蕃汉藏对音字汇》,中央民族大学出版社 2006 年版。
周祖谟:《问学集》,中华书局 1966 年版。
周祖谟:《唐五代韵书集存》,中华书局 1983 年版。
《中华大藏经》编辑局编:《中华大藏经》(汉文部分),中华书局 1984—1996 年版。

Bailey H. W. , *Khotanese Texts Volume Ⅲ* , Cambridge : Great Britain at the University Press, 1956.
Bailey H. W. , *Khotanese Buddhist Texts*, London: Taylor's Foreign Press, 1951.
Bailey H. W. , *Khotanese Texts Volume Ⅴ* , Cambridge, Great Britain at the University Press, 1963.
Beames J. , *Comparative Grammar of the Modern Aryan Languages of India*,

Volume 1: *On Sounds*, London: Cambridge University Press, first published 1872, digitally printed 2012.

Brough J. , *The Gāndhārī Dharmapada*, Delhi : Motilal Banarsidass Publishers Private Limited, 1962.

Burrow T. , *The Language of the Kharoṣṭhi Documents from Chinese Turkestan*, Cambridge : Cambridge University Press, 1937.

Coblin W. South（柯蔚南）, *A Survey of YIJING's Transcriptional Corpus*,《语言研究》1991 年第 1 期，第 68—92 页。

Coblin W. South, "On certain functions of ' a-chung in early Tibetan transcriptional texts", *Linguistics of the Tibeto-Burman Area*, Volume 25. 2, pp. 168 - 184, 2002.

Dalton J. and S. van Schaik, *Tibetan Tantric Manuscripts from Dunhuang—A Descriptive Catalogue of the Stein Collection at the British Library*, Leiden-Boston : Brill 2006.

Duan Qing（段晴）, "Two New Folios of Khotanese Suvarṇabhāsottamasūtra", *Annual Report of the International Research Institute for Advanced Buddhology at Soka University for the Academic Year* 2006, vol. 10, Tokyo 2007, pp. 325 - 336.

Edgerton F. , *Buddhist Hybrid Sanskrit grammar and dictionary*, *Volume* I : *Grammar*, New haven: Yale University Press, 1953.

Emmerick R. E. and E. G. Pulleyblank, *A Chinese text in Central Asian Brahmi script: new evidence for the pronunciation of Late Middle Chinese and Khotanese*, Roma : Istituto italiano per il Medio ed Estremo Oriente, 1993.

Emmerick R. E. and M. I. Vorob'ëva-Desjatovskaja, *Saka Documents VII*, *The St. Petersburg collections* , London: SOAS 1993.

Emmerick R. E. , "The vowel phonemes of Khotanese", *Festschrift for Oswald Szemerényi*, ed. Béla Brogyanyi. Amsterdam. 1979 : pp. 239 - 250.

Emmerick R. E. , *A Guide to the Literature of Khotan*, Tokyo: The International Institute for Buddhist Studies , 1992.

Emmerick R. E. , *The Book of Zambasta* , London: Oxford University Press, 1968.

Emmerick R. E. , *The Khotanese Sumukhasūtra*, Indologica Taurinensia Volume23 – 24, Professor Gregory M. Bongard-Levin Felicitation Volume, Torino, 1997 – 1998 , pp. 387 – 421.

Emmerick R. E. , "The Consonant Phonemes of Khotanese", *Acta Iranica* 21 (= *Monumentum Georg Morgenstierne* I), 1981, pp. 185 – 209.

Franklin E. , *Buddhist Hybrid Sanskrit grammar and dictionary*, New Haven : Yale University Press, 1953.

Konow S. , *Primer of Khotanese Saka*, Oslo 1932.

Leumann E. , *Buddhistische Literatur, Nordarisch und Deutsch, I. Teil, Nebenstücke* (= *Abhandlungen für die Kunde des Morgenlandes XV.* 2), Leipzig 1920 (repr. Liechtenstein 1966.)

Li Fang Kui (李方桂) and W. South Coblin, *A study of the Old Tibetan Inscriptions* , Taipei: ROC (台湾"中央"研究院历史语言研究所专刊第91号), 1987.

Perry E. D. , *A Sanskrit Primer*, Delhi : Motilal Banarsidass Publishers Private Limited, 1936.

R. Pischel, *A Comparative Grammar of the Prākrit Languages, translated from the German by Subhadra Jhā*, Delhi : Motilal Banarsidass, 1957.

Sharma R. , *Brāhmī Script—Development in North-Western India and Central Asia*, Delhi : B. R. Publishing Corporation, 2002.

Skjœrvø P. O. , *Khotanese manuscripts from Chinese Turkestan in the British Library*, London: The British Library, 2002.

Skjœrvø P. O. , *This Most Excellent Shine of Gold, King of Kings of Sutras, The Khotanese Suvarṇa Bhāsottama Sūrtra*, Harvard: Harvard University, 2004.

Stenzler A. F. , *Elementarbuch der Sanskrit-Sprache*, Berlin · New York: Walter de Gruyter, 1995.

Whitney W. D. , *Sanskrit grammar-including both the classical language, and the older dialects, of Veda and Brahmana*, Delhi : Motilal Banarsidass, 1962. Mineola New York : Dover Publications, Inc. 2003 reprint.

Герценберг Л. Г. , *Хотано-сакский язык* , Moscow 1965.

后　　记

梵汉对音是现代音韵学研究中探讨音值和音类的一种重要方法，受到大家的普遍关注，同时也经常听到一些质疑的声音，主要集中在早期对音材料的原始语言问题上。早期佛经的原始语言问题比较复杂，而我们主要是根据梵文的词形来对音，学术界存在这种质疑，实在不为怪。

不过，在这几年的对音实践中，我深深体会到，目前所采用的方法，应该是一种切实可行的方法。下面简单说说理由。

一般认为，早期汉译佛经原始语言不是梵语，即便如此，这些语言与梵语的差别也是在有限范围之内的。巴利语、犍陀罗语和梵语同属一语支，它们的差别咱先不说，就拿属于伊朗语支的于阗语和梵语比，辅音方面，于阗语没有送气浊音，有［ts］、［dz］、［z］，元音方面，于阗语没有“四流音”，晚期于阗文献中 e、ai 容易混，o、au 容易混，其他的音位基本一致，连书写符号都是一个体系的。只要在对音的时候妥善处理这些差别，就可以归纳出客观的对音规律。

整部佛经即使是用其他语言写的，但咒语部分记录的往往也是梵词。咱们拿一段于阗文佛经来举例。比如旅顺博物馆藏的《出生无边门陀罗尼》于阗文残片中有这么一句，…… balysä āysda gäde u ggāhäna tta hvānätä ‖ 这句话开头残缺，balysä 前面应该有个 gyasta。gyasta 指值得尊敬的、高贵的、神圣的对象，于阗文用 gyasta balysa 特指佛祖释迦牟尼。balysä 是单数主格形式。āysda yan-是一个动词词组。āysda：安全的，放心的，可靠的。洛伊曼（E. Leumann）用德文 gefaßt 解释，gefaßt 是 fassen（理解、体会）的过去分词。gäde 相当于 yan-的过去分词，这里是完成时第三人称单数形式。hvāñ 是动词，宣说，这里是现在时第三人称单数形式。ggāha 就是梵文的 gāthā，偈，诗节，阳性名词，这里是单数工具格-离格（ins. -abl.）形式。这句话的大意为：佛为了（让大家都）理解，又用偈颂如此宣说。词汇、语法都是于阗的。下面紧接着的内容就是段咒语，在P. 2855、P. 2782、P. 2026、P. 2029中都有保存，咒语部分的词汇显然变成了梵词，比如说，“佛”用buddha，而不再用于阗语的gyasta balysa。只不过有的本子，在拼写方面略有点不规范或带点于阗色彩，把buddha写成budha、baudha或bhaudha。

实际上，在对音实践当中，所有的材料都要经过鉴别。符合对音规律的材料，才会拿来作为证据，不合对音规律的材料，一定要具体分析，有时会从梵文之外，比如巴利文、俗语、犍陀罗语或其他语言等方面找原因，一般来看，大部分都能得到合理的解释，并不是随便拿来一条材料就机械地从梵文出发来对音。

梵汉对音研究中的每条对音规律都是经过大量的材料证明过的，而且还不断地被新材料反复验证。这说明从梵文出发所总结出的对音规律是客观的。从后汉三国到隋唐，历代的梵汉对音规律之间有内在的一致性。一般的说法，承认唐代的对音规律是可靠的，那么有什么理由轻易去否定早期的对音规律呢？要否定它，得去证明每条材料都不该是梵文，可是这个工作有谁踏实做过？

佛经的原始语言问题存在不少复杂的情况，一时恐怕很难有统一的看法，而从对音规律出发恰能为这个问题的探讨提供重要线索。比方说，梵词karma在俗语文献中确实有写作kamma的形式，可是早期汉译佛经拿“羯磨”来对，“羯”是入声字，有足够多的证据能够证明它的对音形式该有个尾巴，这正能说明此处所对的不是俗语形式kamma，而与梵文形式相同。

任何研究都是从实际出发在现有材料的基础上进行。早期的对音研究，最理想的方法当然是找出最原始的佛经写本，再和汉译本对比。可是这类文献保存下来的太少了，印度的传统是重口传轻文字，中亚或西域发现的早期佛经写本多只鳞片羽，其中和汉语音译词相关的又很少，要进行系统的研究，恐怕只能首先靠梵文。当然，前面说过，这并非机械地从梵文出发，而且是充分考虑对音规律及可能出现的相关语言的词形，选择符合对音规律的形式。我认为这是现阶段最为可行的办法。

我们欢迎健康的学术批评，同时希望更多的新生力量关注和参与对音研究，推动这项事业不断深入。

做对音研究，不仅需要音韵学知识，更需要梵语及其他相关语言的知识。我从读博士起才接触梵文、于阗文、藏文，又是零敲碎打，对很多问题一知半解，坦率地讲，在从事研究过程中时常感觉知识匮乏，力不从心。幸运的是，能够经常得到刘广和、段晴、瞿霭堂等多位先生的悉心教导，这不仅保证我少走弯路，而且许多观点就是直接来源于诸位先生的智慧。本书如果在这方面有些许创见的话，那全是得益于诸位先生的无私馈赠，在此表示由衷的感谢！当然论证过程中的所有不足之处，概由本人承担。

本书所涉及的相关研究开始于2007年博士后阶段，得到过第四十二批中国博士后科学基金的资助。以博士后的研究成果为基础，2009年申请到国家社科基金青年项目“敦煌文献中的于阗文咒语对音研究”（09CYY023）的资助。本书的内容，绝大多数陆续发表过，汇集了审稿专家及编辑的意见。修改成书时，吸收了国家社科基金五位结项评审专家的中肯意见。本书的出版，得到中国人民大学科学研究基金项目“敦煌文献中的藏文咒对音研究”（15XNL014）的资助。本书特殊符号多，内容生僻，中国社会科学出版社编辑吴丽平先生及排版校对人员一丝不苟，付出极大的辛劳，让本书避免了不少错误，这是尤其应该感谢的。

由于本人水平有限，许多问题还有待于深入探讨，祈请方家批评指正。

作　者

2016年8月